뉴노멀 시대의
기독교 리더십

뉴노멀 시대의 기독교 리더십
Christian Leadership in the Era of the New Normal

2020년 9월 3일 초판 1쇄 인쇄
2020년 9월 9일 초판 1쇄 발행

지은이 | 계재광
펴낸이 | 김영호
펴낸곳 | 도서출판 동연
등   록 | 제1-1383호(1992. 6. 12)
주   소 | 서울시 마포구 월드컵로 163-3
전   화 | (02)335-2630
전   송 | (02)335-2640
이메일 | yh4321@gmail.com
블로그 | https://blog.naver.com/dong-yeon-press

Copyright ⓒ 계재광, 2020

이 책은 저작권법에 따라 보호받는 저작물이므로 무단 전재와 복세를 금합니다.
잘못된 책은 바꾸어드립니다. 책값은 뒤표지에 있습니다.

ISBN 978-89-6447-606-2 03230

이 도서의 국립중앙도서관 출판예정도서목록(CIP)은 서지정보유통지원시스템 홈페이지
(http://seoji.nl.go.kr)와 국가자료종합목록 구축시스템(http://kolis-net.nl.go.kr)에서
이용하실 수 있습니다. (CIP제어번호: CIP2020037774)

Christian Leadership in the Era of the New Normal

NEW NORMAL

뉴노멀 시대의
기독교 리더십

계재광 지음

동연

머 리 말

한국교회의 통계는 명확치 않으나 2020년 현재, 미국 교회들은 매년 7,000개 교회가 문을 닫고 있고, 그 수는 점점 늘어나고 있다. 매일 20개의 교회들이 문을 닫고 있는 것이다. 통계적으로 살펴보면 10년 전에 미국의 교회는 10% 정도가 급격하게 쇠락해 갔었으나 지금은 그 수치가 19%가 되었다. 즉 10년 전에 거의 35,000개의 교회가 쇠퇴해 갔다면 지금은 그 수가 66,000개로 늘어났다.[1] 라이너Thom S. Rainer는 66,000개의 교회 중에 현재 변화를 통한 소생이냐 아니면 죽음이냐(change or die)는 갈림길에 놓여 있는 미국 교회의 수는 그 교회들 중 3/4인 49,500개가 된다고 주장한다.[2] 이 교회들은 결코 죽음의 길을 택할 필요가 없다. 그러나 그 교회들은 변화보다는 전통을, 안락함을, 하고 싶은 것만을 택함으로써 죽음의 길로 가고 있다는 것이다. 이러한 교회가 실질적인 변화를 해야 한다면, 대부분의 교회 리더와 교인들은 부흥을 향한 변화(change and live)보다는 쇠락으로 걷는 죽음의 길을 택한다는 것이 문제이다.[3] 한국교회도 미국 교회의 상황과 많이 다르지 않다. 혹자는 코로나19 팬데믹COVID-19 Pandemic으로 1/3 정도의 교회만이 살아남을 것이라고 예측하기도 한다.

감염병과 함께 살아가야 하는 불편한 새로운 일상New Normal[4]이 시작되었지만, 따르고 존경할만한 롤모델Role Model이 될 만한 교회나 리더가 부족한 세상이다. 한국교회에서 발생하는 굵직한 문제나 논란을 살펴보면 그 중심에는 대부분 리더의 부적절한 행동이 있다. 일부 이상 행동이라 하기에는 그 사안이 가볍지 않고 기독교 내부뿐만 아니라 사회적으로 심각한 지탄을 받고 있다. 이는 세상의 교회에 대한 신뢰에는 물론이요, 교인들의 하나님에 대한 신뢰에도 고스란히 악영향을 미친다. 리더의 자성과 갱신의 필요성이 제기된 것은 어제오늘의 일이 아니다. 그럼에도 리더의 문제는 한국교회사 속에도 계속 나타났고, 유감스럽지만 앞으로도 한동안은 계속될 것 같다. 2020년 1월 기독교윤리실천운동에서 조사한 한국교회의 사회적 신뢰도 여론조사의 결과를 보면 '한국교회를 신뢰한다'는 31.8%, '신뢰하지 않는다'는 63.9%로 나타났다.[5] 또한 한국교회 교인들 중 신앙은 가지고 있지만 교회를 떠나 있는 가나안 성도는 23%에 달하고 있다.[6] 목회데이터연구소의 리포트에 따르면 코로나19 이후 개신교인 이미지에 대한 시선이 싸늘하다. 개신교인을 보는 일반 국민의 시선은 '거리를 두고 싶은' 32%, '이중적인' 30%, '사기꾼 같은' 29% 등의 이미지가 형성된 것으로 나타났다.[7] 한국교회는 진지하게 스스로에게 질문해봐야 한다. 그동안 누누이 변화와 개혁을 부르짖었고, 여러 형태로 노력해 왔음에도 왜 유사한 문제가 반복되고 있는 것일까?

우리가 바람직한 리더상像을 알지 못해서일까? 목회자를 포함한 모든 기독교 리더들의 모델이 교회의 머리 되신 예수 그리스도인 것은 교인들은 물론이며 교회 밖의 사람들조차 알고 있다. 그럼에도 불구하고 현실 속 기독교 리더 대다수가 예수 그리스도처럼 살지 못한다는 것 역시 모두가 잘 알고 있는 사실이다. 예수 그리스도는 이상적이기는 하나 현실적이지 못한 리더이기 때문일까? 이것이야말로 교회의 의의를 부정하는 질문일 것이다. 교회는 하나님의 아들을 믿는 것과 아는 일에 하나가 되고 온전한 사람을 이루어 그리스도의 장성한 분량이 충만한 데까지 이르도록(엡4:13) 마땅히 힘써야 하는 공동체이다. 인간의 연약함에 의한 어쩔 수 없는 결함도 존재하겠지만, 모든 교회가 인간적인 이유로 타락하는 것이 필연이라면 교회를 '빛과 소금'으로 부르기는 어려울 것이다.

그렇다면 질문을 조금 바꾸어서 한국교회의 리더들은 예수 그리스도의 장성한 분량에 이르는 이른바 '바람직한 리더'가 되는 방법에 대해서 체계적으로 훈련받고 있는가? 2015년 '목회자의 목회에 대한 인식'에 대한 조사에서 목회자들은 '자신의 가장 큰 부족함에 대해서 무엇이라고 생각하는가?'라는 질문에 첫째로 '리더십'(18.4%)을 꼽았다.[8] 목회자가 되기 위해서는 교단을 막론하고 신학교에서 수년 이상의 훈련을 받아야 하지만 그럼에도 평생 어려운 것이 목회이다. 그나마 설교는 중요성을 깊게 인식하고 어떻게든 배우려고 하지만, 리더십에 대해서는 그 필요성도 잘 느끼지 못할뿐더러 느끼더라도 어떻게 키울 수 있을지 알려주는 곳 역시 없다. 많은 교회의 리더들은 리더십이 무엇인지 잘 모를 뿐 아니라 잘 훈련되지 않은 상황에서 시행착오를 거치며 목회현장을 감당하고 있을 때가 많다. 목회현장은 리더십을 훈련하는 곳이 아니라 리더십을 발휘해야 하는 곳이다.

많은 이들이 리더십을 '리더의 자질' 혹은 '아랫사람을 효과적으로 부리기 위한 기술' 정도로 생각하고, 한국에서 쉽게 접할 수 있는 리더십 관련 서적들 역시 대부분 자기계발 관련 내용이다. 하지만 적절한 자질을 갖춘 리더가 변화를 주도한다고 늘 성공하는 것은 아니다. 조직 전체가 필요성을 느낌에도 변화가 일어나지 않는 이유로 전문가들이 제일 먼저 제시하는 문제가 '익숙한 방식대로 행동하려는 구성원들의 관성inertia'이고, 다음으로 '리더만 바꾸면 변화가 쉽게 일어난다는 인식' 때문이라고 진단한다.9 우리의 상식과는 정반대의 결과다.

리더십 초기 연구에서는 학자들 역시 대중과 유사하게 리더의 관점에서만 생각했지만, 1980년대 이후부터 팔로우십과 리더-구성원 상호작용에 대해 다루면서 리더 개인의 능력이 아닌 '조직의 변화를 이끌어내는 과정'에 초점을 맞추게 되었다.10 현재 많은 리더십 학자들은 리더십을 '공동목표를 달성하기 위하여 한 개인이 집단의 성원들에게 영향을 미치는 과정'11으로 정의한다. 결국 조직의 문제는 단순히 리더를 갈아치워서 해결할 것이 아니라, 리더와 구성원이 서로에게 미치는 영향을 함께 점검하며 더 바람직한 형태로 개선해 가야 한다는 것이다.

일반 리더십 이해도 뒤쳐진 마당에 기독교 리더십에 대해서는 말할 것도 없다. 시중에 유통되는 기독교 리더십 서적의 경우, 성경적으로 옳다고 생각되는 부분에 초점을 맞춘 개인 소견 위주의 리더십이든지, 일반 리더십의 자기계발 부분을 강조하며 포장만 기독교식으로 바꾼 책들이 많다. 앞에 '기독교'가 붙는다 해도 '하나님의 뜻을 위해 다른 사람을 움직이는 방법', '예수처럼 사람들을 인격적으로

섬기는 것' 이상으로 받아들이지 않는다. '강력한 개인으로서의 리더'
만 드러나고, 사람들의 상호작용과 그로 인한 조직 문화가 리더와 해
당 조직에 미치는 영향에 대해서는 고려하지 않고 있다. 서구는 물론
국내 학계에서도 현대 리더십 흐름을 반영하여 기독교 리더십의 이
론적–실증적 연구가 수행되고 있으나, 이러한 내용이 한국 기독교계
에 영향을 주고 있지는 못한 실정이다.

　이 책은 코로나19 이후 이전과 같은 삶으로 돌아가는 것이 거의
불가능한 뉴노멀New Normal이라 불리는 새로운 일상이 기준이 되고 있
는 이때, 한국교회의 변화를 위해 필요한 기독교 리더십의 방향을 현대
리더십 이론과 리더십의 성경적 원칙을 통해 정리하고자 한다. 먼저, 이
를 위해서 뉴노멀시대에 한국교회의 리더들이 해야 할 일에 대한 우
선순위를 먼저 알아볼 것이다. 해야 할 일을 살펴본 후 어떤 리더십
을 발휘해야 할지 알아보기 위해서 리더십 이론을 통해 우리가 주목
해야 하는 부분을 살펴볼 것이다. 최근 리더십의 흐름은 리더의 자질
보다는 정체성과 성품에 초점을 맞추고 있으며, 또한 리더와 구성원
의 상호작용을 통한 변화 과정에 무게를 두고 있다. 이러한 리더십의
다양성 및 역동성을 이해하기 위해서 리더의 관점, 팔로워와 상황까
지 고려한 관점 그리고 마지막으로 동기와 성품에 초점을 맞춘 리더
십의 이론을 살펴볼 것이다.
　이어서 기독교 리더십을 정의하고, 일반(세속적) 리더십과 명확
히 구분되는 지점인 리더의 정체성과 소명을 다룰 것이다. 또한 최근
사회에서도 기독교계에서도 주목받고 있는 '섬김의 리더십'이 성경

에서 제시되는 리더십 원칙과 어떤 지점에서 유사하며 또 차이가 있는지 알아볼 것이다. 또한 포스트코로나시대 한국교회 변화를 위한 기독교 리더십이 지향해야 할 방향성을 리더십의 통합적 분석 틀거리인 개인내면 차원, 일대일 관계 차원, 공동체 차원에서 알아볼 것이다. 끝으로 뉴노멀 시대에 필요한 기독교 리더십의 주체가 될 목회자와 교인들의 정체성을 위해 핵심적으로 훈련해야 할 중점leverage point을 리더십 학자들의 견해를 통해서 살펴볼 것이다. 또한 성경의 다윗과 예수님의 삶을 통하여 성경이 말하는 기독교 리더십의 중점을 알아볼 것이다. 이렇게 중점에 초점을 맞추는 이유는 너무 많은 행동 목표를 제시하기보다는 가장 중요한 부분을 찾아 중점적으로 바꾸는 것이 조직 변화에 더 유리하기 때문이다.[12] 따라서 리더십의 통합적 관점으로 개인 내면 차원, 일대일 관계 차원, 공동체 차원에 집중해서 훈련할 부분들을 알아볼 것이다.

『리더십 리셋』(2018년) 출간 후에 나온 이 두 번째 작은 책이 한국교회 성도들과 목회자들의 개개인과 그들 모두의 일상, 나아가 교회 공동체를 건강하게 만들어가는 데 조금이라도 기여할 수 있기를 간구한다. 끝으로 본 저서가 나오기까지 격려와 도움을 주신 모든 분들께 감사를 드린다. 부족한 제자를 위해서 기꺼이 추천사를 써 주신 서정운 목사님, 삶의 멘토 되신 임성빈 총장님, 열심히 섬기지 못한 협동목사를 끝까지 지지해 주신 김경진 목사님, 함께 글을 읽고 토론하며 잘 다듬어 준 이승옥 자매, 이세영 목사님, 글이 책으로 나올 수 있도록 도와주신 도서출판 동연의 김영호 사장님과 편집실무자들 그리고 무엇보다 부족한 남편을 이해하고 격려해 준 사랑하는 아내 박경희와 두 아들 명석, 한석에게 사랑의 마음을 담아 고마움을 전하고 싶다.

2020년 6월에

계재광 목사

차 례

I. 코로나19와 함께 온 뉴노멀New Normal, 목회자가 할 일

1. 코로나19 이후 돌아갈 자리는?

필자는 한국이 아닌 캘리포니아에 머물면서 코로나19 팬데믹 COVID-19 Pandemic을 경험했다. 필수업종을 제외한 모든 상업시설이 문을 닫게 되었고 외출자제령stay-at-home order으로 도시는 사람들의 이동 자체가 드물어, 산책을 하다 보면 별안간 멈춰버린 유령도시를 걷고 있는 듯한 기분이 들었다. 불확실성과 두려움이 길어지면서 한국은 팬데믹 상황 속에서도 다른 나라들과 달리 대처를 잘했지만, 교회는 현장예배가 중단되어 온라인 예배의 현실화를 경험했다. 성도들이 한 명도 없는 예배 환경의 변화가 주는 공허함이 있었고, 모이는 예배의 소중함을 체험하는 기회이기도 했다. 교회는 이제 현장예배를 회복하는 중이다.

코로나19 이후 '교회는 어디로 어떻게 가야 할까'라는 고민을 하지 않은 목회자는 거의 없을 것이다. 사회적 거리를 지켜서 예배드리기보다는 원래 예배드리던 모습을 그리워해 과거로 돌아갈 시기만 조율해야 할까? 아니면 코로나19의 2차 대유행을 대비해 또 다른 길을 모색해야 할까? 한국에 코로나19 사태가 엄중하고, 2차 팬데믹이 올지도 모르는 상황에서 기독교 리더십의 관점에서 어떻게 기독교 리더들이 감당할 일을 모색해야 할지 실질적인 리더의 책임과 해야 할 일, 태도 등을 우선 모색해보자.

2. 기독교 리더십의 목표: 하나님의 뜻

세계 최대 기독교 관련 연구 센터인 '라이프웨이리서치' 대표 스테처Ed Stetzer와 저자 라이너Thom S. Rainer는 7,000개 교회를 조사한 후 "교회는 변화의 고통보다 같은 자리에 머무르고 있는 고통이 더 클 때까지 변화되지 않는다"라고 결론 내렸다.[1] 이렇듯 변화를 하지 못하는 이유들은 과거의 성공 경험 때문에, 또 변화를 하더라도 무엇을 변화시켜야 할지 몰라서, 새로운 것에 대한 두려움으로 인한 관성inertia 때문에 변화하지 못한다고 한다. 그러나 코로나19는 교회 변화의 촉매자가 되고 있다. 더 이상 교회는 코로나19 이전의 시대로 돌아갈 수 없는 큰 도전 앞에 서 있다. 그렇다면 진정한 교회의 변화를 위해 어떻게 해야 할까? 그 변화의 모습은 뉴노멀new normal이라는 새로운 일상 속에 비대면uncontact, 안전safety, 디지털digital transformation이라는 새로운 화두를 담고 있다. 진정한 변화의 방향은 교회가 왜 존재하고 무엇을 하는 공동체인지를 다시 물음으로써 본질을 회복하는 곳으로 향해야 한다. 중요한 것은 교회의 현재 모습이나 변화를 향한 노력은 모두 목회자의 리더십을 그대로 반영하기 때문에 우리는 교회 리더십의 역할과 태도를 고민할 필요가 있다.

리더십의 현대적 정의는 '공동의 목표를 달성하기 위하여 한 개인이 그룹의 성원들에게 영향을 미치는 과정'이다.[2] 따라서 기독교 리더십Christian leadership은 '하나님의 뜻을 이루어 나가기 위하여 하나님이 주신 능력과 책임감을 가진 사람이 그룹의 성원들에게 영향력을 미치는 과정'이라고 정의할 수 있다.[3] 기독교 리더십의 정의는 첫째로 '이루고자 하는 목표가 하나님의 뜻'에 있으며, 둘째로 '하나님이 주신 능력과 책임감을 가진 자'라는 부분에서 일반 리더십의 정의와 차이점을 보인다. 그렇다면 코로나19 속 교회 리더가 감당해야 할 책임은 무엇이고, 이뤄야 할 하나님의 뜻은 무엇일까?

3. 리더의 책임: 교인들에게 소망과 용기를 주기

2020년 4월 24일에 있었던 라이너Thom S. Rainer가 인도한 화상토론회[4](Reaching Your Community after COVID-19)에 참석했다. 함께한 1,200여 명의 목회자와 교회 리더들에게 '코로나19 이후의 당신이 섬기는 교회에 대한 전망과 당신의 태도는 어떠한가?'라는 질문(poll)에 37%가 '굉장히 긍정적이다', 44%가 '긍정적이다'라고 대답했다. 세미나가 있었던 날 미국의 누적확진자는 90만 명이었고, 그

중 5만 명이 숨진 부정적 상황이었다. 하지만 이 세미나에 참석했던 80%가 넘는 교회 리더들은 긍정적인 답변을 했다. 이러한 긍정은 두려움을 극복하고 용기와 사랑으로 선을 행함으로 하나님을 영화롭게 할 수 있다는 믿음에서 비롯된 것이라고 하겠다.

새들백교회Saddleback Church의 온라인 사역자 케빈Kevin Lee 목사와 지난 4월 22일 통화를 통해 알게 된 사실이 있다. 코로나19라는 안타까운 이 상황을 어떻게 타개해야 할까 고민이 많은 상황 속에서도 리더인 릭 워렌 목사는 '교회가 교회 될 수 있는 기회는 지금이 아닌가?'라는 질문을 던지며 '우리는 계속 소망의 빛이 되어야 하며, 감당해야 할 일이 많다'는 고백을 통해 열정이 넘치는(exiting) 모습으로 교역자들과 교인들에게 소망을 불어넣어주고 있다는 것이다.

미국 동남부의 네쉬빌 지역에 있는 크로스포인트교회Crosspoint Church는 4월 중순에 코로나19와 함께 그 지역을 지나는 토네이도까지 겪게 되어 건물의 파손이 있었다. 이로 인해 교회는 코로나19가 아니더라도 현장예배를 함께 드릴 곳이 없었다. 이때 담임목사인 퀸Kevin Queen의 주된 메시지는 '용기를 내는 것encouraging'에 대한 강조였다. 모두가 두려움과 예측할 수 없는 현실 가운데 있을 때 리더로서 감당할 것은 안정감을 찾고 용기를 불어넣어 주는 것이다. 위 세 가지 장면을 통해 확인할 수 있는 것은 코로나19의 상황에서 리더의 책임은 프로그램을 만드는 것보다 따르는 이들로 하여금 소망을 갖게 하고 용기를 북돋아 주는 것이다.

4. 리더의 지향점: 신학적 비전 세우기

라이트N. T. Wright는 타임Time지에 '왜 이런 일이 일어났는지 재난의 원인을 따지는 것보다는 이 일을 통하여 애통하는 자들과 함께 하는 것이 기독교인의 소명'임을 말하면서 사회적 책임을 다할 것을 강조했다. 한편 파이퍼John Piper는 이 의견을 받아들이면서도 '모든 일에는 이유가 있기 때문에 왜 하나님이 이런 일을 행하셨는지 그분의 일을 이해하고자 성경을 펼치는 건 어리석은 일이 아니다'라고 하면서 우리 자신이 하나님이 무엇을 하려고 하시는지 예비할 것을 주문했다. 두 사람의 의견을 정리하면 코로나19에서 기독교 리더는 '하나님의 뜻을 잘 분별해서 우리가 감당할 수 있는 섬김의 소명으로 나아가야할 것'이라고 할 수 있다. 이를 위해선 우리에게 신학적 비전Theological Vision이 있어야 한다.5 우리에게 하나님의 뜻을 아는 믿음이 있다고 해서 자동적으로 그에 맞는 목회 사역이 도출되는 것이 아니라, 그것을 해석한 비전이 도출될 때에만 교리적 신념이 사역을 이끌어갈 수 있게 된다.6 신학적 비전은 교리적 신념(무엇을 믿을 것인가)과 구체적 사역들(복음이 어떻게 표현되며, 무엇을 할 것인가) 사이에 가교가 되어 하나님 나라의 사역을 어떻게 할 것인가에 대한 틀을 교회에 제공해준다. 코로나19를 통하여 단지 우리 교회를 살리기 위해서 애쓰기보다는 이때 우리가 어떻게 예수 그리스도를 통한 하나님의 선교에 참여할 수 있을지를 고민해야 할 것이다. 필자는 코로나19 이후의 목회자의 역할을 '신학적 비전을 세우기'라는 주제로 정리하고, 이것을 리더십의 통합적 관점의 세 가지 차원인 개인 내면 차원, 일대일 관계 차원, 공동체 차원으로 살펴보고자 한다.

1) 개인 내면 차원: 새 일상 속 주님과 더 친해지고 닮아가기

(1) 교회의 상황: 교회의 새 일상(New Normal)을 준비하기

카카오 의장 김범수는 한 인터뷰에서 "지금은 기존의 경험이 현재에도 적용되지 않는 시대죠? 완전히 변화되고 있고 기존과는 전혀 다른 세상이 펼쳐지고 있어요"라고 이야기했다.[7] 슬프지만 코로나19 이후의 시대가 코로나19 발생 이전과 같을 것이라고 예상하는 이들은 거의 없다. 시대변화에 따라 새로운 기준이 부상하는 뉴노멀New Normal의 시대가 가까워 왔다. 뉴노멀은 이전에 비정상적인 것으로 생각되던 일들이 이제는 상식적인 현상들로 변했다는 의미를 담고 있다. 코로나19를 겪으면서 사람들의 마음이 이전의 기준normal에서 새로운 기준new normal으로 옮겨가고 있다. 교회의 리더들은 이 시점에서 '코로나가 완전히 끝나면 해야지'라는 가정을 접고, 새 일상에 대한 깊은 논의가 필요하다. 4월 29일에 있었던 화상토론회에서 스테처Ed Stezter는 '다가오는 새 일상의 시대에 교회 리더들은 무슨 질문을 먼저 던져야 할지'에 대해서 조언을 했다. 그 질문은 '우리가 개선해야 할 것은 무엇인가? 어떻게 개선할 수 있을까? 무엇이 바뀌어야 하는가? 우리가 바꿀 수 있는 것은 무엇인가? 추가해야 할 사항은 무엇인가? 우리가 사역을 멈추거나 없애려면 무엇이 필요한가?'[8]이다. 코로나 사태가 해결의 기미가 보여서 다시 집회를 시작하게 되었어도 코로나 이전의 평범한 모습으로 돌아가서 예배드릴 수 있을까? 목회데이터연구소가 전국의 교인 1,000명에게 지난 '4월 19일 부활절 예배를 현장예배로 드릴 것인가?'라고 물었다. 그 질문에 18%만 '그렇다'라고 대답했다.9

사람들은 코로나가 잠시 왔다가는 바이러스가 아니라 우리 삶과 신앙의 문명사적 전환을 요구하고 있음을 느끼고 있다. 이제 코로나19가 가져온 위험, 불확실성, 불편함과 함께 살아가야 하는 새로운 일상이 시작되었다. 안전을 먼저 생각하고safety, 직접적으로 접촉하는 것을 멀리하고untact, 디지털의 편리함digital을 누리려고 하는 사람들이 늘어난다. 이때 교회는 본질을 고수하되 나머지는 유연해질 필요가 있다. 예배 환경의 안전은 이제 필수가 되어야 하며 교회의 사역은 이전과는 다른 변화된 환경에 맞는 준비를 해야 한다. 그동안의 방식에만 머무를 수 없는 것은 자명하다. 뉴노멀은 우리가 하나님 나라의 가치를 우선순위로 놓고, 존재 목적과 사명에 맞게 교회 공동체가 작은 일들부터 실천할 수 있도록 도와주는 새로운 기준이 되어야 한다. 교회의 리더들은 교인들로 하여금 먼저 교회는 건물이 아니라 우리가 곧 교회라는 것과, 모이는 교회가 있고 흩어지는 교회가 있음을 알려줘야 한다. 곧 삶의 현장에서 하나님 앞에 드리는 예배, 온라인으로 예배드리는 것에 대한 훈련을 해야 한다. 또한 함께하는 영성과 더불어 섬기는 영성에 대한 교육을 함으로써, 우리의 사역을 하나님께서 가장 급박하게 하시길 원하는 부분에 집중할 수 있도록 도와줌으로 코로나19 이후 새 일상을 대비해야 할 것이다.

(2) 리더의 역할: 예수 그리스도와 친해지고 닮아가기

우리는 너무도 쉽게 주권자이신 하나님께서 어떤 상황 속에서도 우리의 영혼을 지탱하고 계시다는 것을 잊게 된다. 이에 코로나19도 예외는 아니다. 이때에 우리는 두려움을 이기고 소망을 불어 넣어주시는 하나님의 살아계심을 붙잡아야 한다. 코로나19 속에서도 놓치지 말아야 할 신학적 비전은 우리의 정체성이 살아계신 하나님과 더 친해지고 닮아가는 일에 힘써야 한다는 것이다. 주님과의 친밀감으로 인해 흔들리지 않는 소망 가운데 거하는 것이 중요함을 강조하며 가르쳐야 한다.

사람들이 '언제 복음 메시지에 대해서 가장 수용적인지'에 대한 질문에 새들백교회 교인들이 대답하길, '삶의 변화와 긴장이 있을 때'(When people is going through transition and tension)라고 대답했다고 한다. 그런데 지금 전 세계가 코로나19로 변화와 긴장(transition and tension) 가운데 있다. 어쩌면 지금 우리가 겪고 있는 코로나19의 시기가 사람들이 복음에 대해서 가장 수용적인 시기일 수 있다. 이때에 친구와 가족들이 복음과 사랑의 메시지를 듣고 회복할 수 있도록 도와야 할 것이다. 하나님은 이 상황을 헛되이 흘려보내기 원치 않으신다. 하나님은 코로나19를 통해 현실에 안주해서 변화를 거부하는 우리를 깨우셔서 주님과 친밀해지게 하시며, 믿지 않는 사람들에게 복음을 전하게 하신다.

2) 일대일 관계 차원: 디지털 참여로 복음에 더욱더 연결되기

코로나19로 인하여 언택트untact 사회를 경험하게 되었다.[10] 언택트는 '접촉하다'는 뜻의 콘택트contact에 언un이 붙어 '접촉하지 않는다'는 뜻으로 사람과의 접촉을 최소화해 정보를 전하는 비대면, 비접촉 소통 방식을 말한다. 그러나 언택트는 불안과 위험의 시대에 사람들과 더 접촉하고 계속 연결하기 위해서 선택한 더 편리하고 안전한 방법이다.[11] 사람과 사람이 연결되는 컨택트를 지키기 위해 시간과 공간의 제약을 넘어서 더 원활하고 효율적인 언컨택트를 도구로 쓰는 초연결사회가 도래했다.[12] 물리적 제약에서 벗어나 더 많은 사람들을 만날 수 있는 방법이 생긴 이 시대, 교회가 실제적인 지혜를 발휘하고 창조적인 사역 방법을 탐구할 때이다. 만약 기독교가 이 기회를 살리지 못하고 사람들이 가진 위기의식이나 불안감을 해결해주지 못한다면 IT기술이나 다른 것이 교회의 자리를 대신하게 될 수도 있다.

(1) 교회의 상황: 디지털 참여 경로 만들기

코로나19에서 새들백교회의 워렌 목사가 강조한 것은 '언제 다시 모여 예배드릴 수 있을까에 대한 논의를 하지 말자'는 것이었다. 워렌 목사는 확실한 백신이 나오거나 과학적인 대처방법이 나오기 전까지는 아주 보수적인 마음(conservative mind-set)을 가지고 대처하기로 결정했다. 이와 같은 리더의 결정은 교회의 모든 사역들을 온라인 사역으로 전환시켰고, 교역자들도 또한 온라인 사역자로 변화했다.

한국교회에도 코로나19를 통과하며 온라인 사역을 위해서 노력하는 교회가 많이 있겠지만, 창동염광교회(담임목사 황성은) 같은 경우 마스크 기부와 미자립교회 섬김 등 대사회적인 사역과 더불어 목양사역에 디지털 참여 경로를 만드는 탁월함을 보여주었다.

주기적인 목회서신과 교역자들의 일상을 담은 브이로그를 제작하여 교인들에게 발송하여 성도들을 위로하고 격려하고 있으며, 유튜브 실시간 방송뿐 아니라 온라인 예배에 가장 취약한 농인들을 위한 수어 통역까지 실시간 채널을 함께 운영했다. 리더교육과 소그룹 모임을 화상으로 진행해 온라인에 익숙해지도록 하고, 감염에 취약한 70세 이상의 어르신들이 혹시라도 무증상 감염자들과 접촉하는 일이 없도록 토요일 오전 예배를 새로 만들었다. 디지털교인 등록증을 만들어 오프라인예배 참석 시 모든 출입기록을 디지털로 남기도록 하였다.

헌금문제에 있어서 만나교회(담임목사 김병삼) 같은 경우는 미국교회처럼 온라인 헌금digital giving으로 바꿀 계획을 세우고 있음을 고백하고 있다. 미국의 대부분 교회에서는 지폐로 헌금하는 액수가 현저히 줄어들고 있고, 페이팔paypal이나 벤모venmo 등의 앱을 통해서 스마트폰을 이용한 디지털 헌금을 한다. 한국교회의 경우에 온라인예배로 전환하면서 많은 교회들이 계좌이체를 통한 온라인 헌금 방식을 운영했는데 교회의 온라인 헌금 방식 운영에 대한 찬반을 교인들에게 물은 결과 '찬성' 60.8%, '반대' 18.7%로 찬성 의견이 훨씬 높게 나타났다.[13] 그러나 코로나19로 인한 교회 헌금 변화에 대해서 68.8%의 교회가 줄었다고 응답했고 이전과 비슷하다고 대답한 목회자는 31.1%였다. 줄어든 헌금의 감소 비율은 이전 대비 28.7%이었다.[14] 그런데 미국 교회들 중 헌금액이 코로나19 이전과 거의 같다고 말한 교회들이 78%나 된다.[15] 현금을 가지고 다니지 않는 시대에 교회가 어떻게 변해갈 것인가에 대해서 생각해야 한다.

한국의 코로나19 상황은 생활방역으로 전환할 정도로 호전되었으므로 교회도 예전의 사역형태로 자연스럽게 돌아가고자 할 것이다. 그러나 하나님이 이 유행병의 시대에 하시길 원하시는 부분이 있다면 우리는 디지털 세상을 저주받을 악이 아닌 복음전파의 기회로 삼고 디지털 참여 경로를 만들어야 할 때이다. 교인들은 의외로 디지털 경험을 선택하기 위해 위해서 그 어느 때보다도 잘 준비되어 있다. 교회로서의 기능을 하기 위해 이 디지털 도구들이 필수적 사항이 될 날이 멀지 않았다.

(2) 리더의 역할: 전문성보다 연결에 대한 강조

모든 교회가 온라인 사역자가 있을 필요는 없지만 모든 교회가 온라인 전략은 있어야 한다. 한국교회의 경우 현재 주일예배 시 온라인으로 동시 중계를 하는 교회가 6%에 불과하고, 아예 온라인을 활용하지 않는 교회도 61%가 되는 것으로 밝혀졌다. 그만큼 인력과 기술여건이 되지 않는다는 것이다.[16] 하지만 온라인 사역을 위한 시스템을 쉽게 갖출 수 없는 상황의 다수 미자립 교회들도 예외는 아니다. 지금 미국 전체에서 흐르고 있는 큰 트렌드는 전문성professionalism 보다는 연결connection에 대한 강조이다. 레이트나이트쇼Late Night Show[17] 같은 유명한 쇼프로도 진행자가 집에서, 차고에서, 키친에서 휴대폰으로 진행한다. MC의 전문성, 방송의 전문성만을 앞세워 진행하기보다는 시청자와의 연결을 더욱 강조하는 트렌드를 확인할 수 있다. 캘리포니아의 브레아에 있는 뉴호프커뮤니티교회New Hope Community Church는 온라인 예배 전 10분 그리고 예배 후에 줌Zoom으로 교인들이 접속해서 나눔의 시간을 갖도록 도와준다. 샌디에고에 있는 리디머교회Redeemer Church는 예배 후에 소그룹별로 만나는 시간을 정해서 온라인상에서 소그룹 모임을 하고 있다. 코로나19 이후 새들백 교회의 릭 워렌 목사는 우리가 생각하는 이전 교회의 모습으로 돌아가기보다는, 코로나 사태 이후 새로운 교회의 모습으로 들어가게 될 것(We are not going back to the normal, we are going into a new normal)을 강조하면서 교회 사역 방향의 다섯 가지 변화에 대해서 교역자들에게 강조했다고 케빈 목사는 전하고 있다. 첫째, 교인들이 언제든지 필요한 것이 있으면 온라인으로 교회를 찾을 것이라는 그 기대에 대해서 준비하라는 것이다(Anytime Accessibility). 둘째, 실시간 교인들의 필요를 채워줄 수 있는 사역을 준비하라 것이다(Real Time Delivery). 교인들이 신앙적인 궁금증이나 실질적인 필요가 생겼을 때, 실시간으로 교회에 접속해서 자료를 다운down하고 또 훈련할 수 있도록 준비해 놓는 것이다. 셋째, 교인들이 어느 곳에 있든지 교회 사역에 참여할 수 있도록 온라인 참여 경로를 준비한다는 것이다(Anywhere Availability). 교역자가 생각하는 것보다 의외로 교인들은 장소에 구애받지 않고 온라인으로라도 사역에 참여하기를 원한다는 것이다. 넷째, 교인들이 교회에 원하는 것과 피드백을 표현할 수 있도록 돕고 그 의견을 반영할 수 있도록 상호소통의 경로를 마련한다는 것이다(Interactivity). 마지막으로 교인 개개인의 취향에 맞춘 사역을 준비한다는 것이다(Multiple Choices Customization and Personalization). 제자훈련도 교인들의 특징에 맞도록 보는 것에 초점이 맞춰진 성도들에게는 영상으로, 듣는 것이 편한 분들에게는 들을 수 있도록 다양한 옵션으로 준비한다는 것이다. 이러한 실천들은 단순히 교인들 간의 연결만을 위한 것이 아니다. 교인 개개인이 복음에 연결되게 하기 위한 다양한 장치 중에 하나이다.

언택트 사회에서 온라인화가 더 가속화될 것이고, 사회적 거리두기와 방역에 대한 일상화가 나타날 것이다. 대형 행사와 집회는 줄이고, 본질적인 것에 더 집중하고 그렇지 않은 것은 사역에서 덜어내야 한다. 코로나19 이후 사람들은 더 외로워할 것이다. 이때 교회가 있다는 것을 상기시키고 비대면으로 채워지지 않는 부분들에 대한 목회적 준비와 더불어 비대면을 활용한 복음의 전파의 방법을 찾는 데 힘써야 한다. 언택트 사회에서 목회자가 온라인 사역에서 놓치지 말아야 할 것은 프로페셔널리즘이 아니라 목회자와 교인, 교인과 교인, 교회와 세상이 복음으로 연결될 수 있도록 그 참여 경로를 찾는 것이다.

3) 공동체 차원: 지역사회와 소통하며 희망 되기

(1) 교회의 상황: 재난대처공동체 되기

코로나19 상황 속에서 대한민국은 투명한 행정과 적극적 대처, 국민들의 성숙한 시민의식과 더불어 의료시스템의 탁월함을 경험했다. 더불어 큰 교회들은 교회시설을 공공재로 내놓았고, 작은 교회들의 섬김 또한 자랑스러웠다. 그중에 아쉬운 부분은, 연일 언론은 공무원들이 예배를 감시하러 나온듯한 뉘앙스를 풍겼고, 교회도 강성 발언으로 갈등을 빚었다. 매스컴은 신천지 집단과 정통교회를 구분 없이 같이 조명을 하는 모습도 보였다. 이런 부분에 대해서 한국교회는 올바른 정보를 제공하고 가이드라인을 제시함으로 능동적으로 대처해야 한다. 한국교회를 대표할 소통 채널을 준비해서 언론과 정부에 어떤 자료를 보내고, 교회는 어떻게 대처해야 할지 선제적으로 대처할 수 있는 재난과 위기에 대한 매뉴얼(protocol)을 준비할 필요가 있다.

한국교회 개신교인들은 코로나19 대응력에 대해서 '한국교회가 얼마나 잘 대응하는지'에 대한 질문에 59%가 '잘하고 있다'고 평가했으며 정부의 대응에 대해서는 73%가 '잘하고 있다'고 응답해 정부를 더 높게 평가하는 것으로 나타났다.[18] 교회가 적어도 교인들에 대해서는 어려움에 선제적으로 대처할 수 있는 재난대처공동체가 되어야 한다. 매뉴얼대로 교회 내부의 안전을 위한 장치를 하고, 이로 인해 어려운 이웃을 돕는 섬김의 사역을 감당해야 한다. 코로나19로 인해 한국교회는 가정과 공동체 회복의 시간을 갖기도 하고, 교회가 지역 사회에 필요한 재정적 도움과 패키지 전달을 하는 등 대사회적 섬김을 잘 감당했다. 코로나19를 통해 교회가 먼저 재난대처공동체가 됨으로써 지역사회에서 부정적인 교회 인식을 뒤로하고 '사랑받는 지역교회'로 새롭게 이해될 수 방법에 대한 전략적 모색이 필요하다. 따라서 교회의 사역은 교회 내부적으로는 그동안 준비되지 않았던 온라인에 집중하지만, 지역사회를 위해서는 오프라인에 더 힘을 쓰는 올라인목회All-line Ministry가 요청된다. 또 경우에 따라서는 온·오프라인 사역을 자연스럽게 넘나드는 옴니버스목회Omnibus Ministry가 필요하다.

(2) 리더의 역할: 교회가 지역사회의 희망되기

한국 사회에서 떨어진 교회의 신뢰도는 교회의 진심을 지역사회가 경험하게 될 때 회복할 수 있을 것이다. 교회가 지역사회에 다가가기 위해서 필요한 단계를 톰 라이너는 3단계로 제시하고 있다. 지역 사회를 '알고Konw - 기도하고Pray - 초대하라Invite'는 것이다. 첫째로 누가 우리의 공동체 인가라는 부분을 알아야 하고, 둘째로 지역사회를 위한 기도는 의도적이고 조직적Intentional and Organized으로 해야 하며, 셋째로 공동체에 대한 명확한 목표와 책임의식Purposeful and Accountable이 있어야 한다는 것이다.[19] 톰 라이너는 이러한 세 가지 원칙이 코로나19 이후에 교회가 지역공동체를 섬길 때 성공적으로 도와줄 수 있는 틀이 된다고 강조한다. 공동체를 섬길 수 있는 적기는 지금이다. 교회가 속한 공동체를 공부하고 섬김으로써 하나님의 인도하심을 경험해야 한다. 청주상당교회(담임목사 안광복) 같은 경우에 선교적 교회의 사명을 감당하기 위해 이웃 섬김 프로젝트로 '오병이어 프로젝트'를 시행함으로써 교회와 지역을 섬기는 일에 균형을 잡아가고 있다. 코로나19로 인해 긴급 재정이 필요한 교인들을 돕기 위한 '마중물 사역', 지역사회의 어려운 교회들을 선정해서 3개월간 소그룹으로 지역교회 주일 예배에 참여하여 함께 예배하고 섬기고 헌금을 드리게 하는 '작은교회 섬김사역'을 하고 있으며, 청주 지역 내에 있는 도움이 필요한 기관과 외국인 노동자, 다문화가정 지원센터, 하나원 등 재정적 지원과 필요한 섬김을 하는 '지역사회 섬김사역'을 하고 있다. 코로나19 이후 교회의 리더들은 교회가 지역사회와 소통하는 재난대처 공동체가 됨으로써 지역사회가 다시금 살아갈 희망 있음을 경험하게 해주는 역할을 감당해야 한다.

5. 코로나19 이후의 신학적 도전과 기회 살피기

코로나19 이후 시작될 새 일상 속에 교회의 리더들은 더욱더 교인들에게 주님이 구원자 되심을 일깨워 소망과 위로를 줄 뿐 아니라, 우리 교회가 하나님 나라의 공동체적 연대성을 선포하는 전초기지가 될 수 있음을 알게 해줌으로써 교회가 생존을 넘어 본질을 찾고 이웃에게 다가갈 수 있도록 해야 할 것이다.

브레네 브라운은 지난 7년 동안 전 세계의 변화와 혁신을 주도한 리더와 팀을 연구한 후에 위기를 돌파한 세계 상위 1%의 대담한 리더들의 공통점을 찾아냈다.[20] 그들의 특징은 '정답'을 가진 척하지 않았으며, 불편하거나 거북한 대화와 상황을 회피하지 않았고, 자신의 취약함vulnerability을 인정했다고 말한다. 그들은 '소통하며 신뢰와 공감을 잃지 않는 리더'로 거듭났다고 설명한다. 교회가 대사회적으로 보여줘야 할 리더십의 모습 또한 '연약함을 함께 나눌 수 있는 리더십'의 모습이어야 한다. 톰 라이너는 *Anatomy of a Revived Church*에서 '죽음'을 피한 교회의 일곱 가지 특징 중 하나로 교인들이 교인됨을 중요시 여기고 제대로 훈련받고 실천한 교인들이 있는 교회라고 주장한다.[21] 코로나19로 모든 확신과 소망이 흔들리는 때에 교회는 외부적으로 대사회적인 섬김의 끈을 놓지 말고 우리의 연약함을 가지고 지역사회와 소통함으로 신뢰와 공감을 잃지 않아야 하고, 교회 내부적으로는 교인들의 사명을 깨워 제대로 된 제자훈련을 통해서 교인들에게 더 예수 그리스도와 복음 그리고 선교적교회의 역할과 본질에 대해서 알게 해줘야 한다.

이를 위해서는 본질에 대한 훈련과 더불어 리더십에 대한 훈련도 필수적일 것이다. 그렇다면 리더십은 무엇이고, 기독교 리더십은 일반 리더십과 어떻게 다른가? 리더십을 발휘한다는 것은 무슨 뜻이고, 그것이 신앙인들에게 무슨 의미가 있을까?

II. 리더십이란 무엇인가?

1. 리더십의 정의와 구성요소

리더십이란 무엇인가? 막상 알 듯하면서도 쉽게 정의 내리지 못하는 주제가 아닐까? 리더십에 대한 명확한 정의를 내리는 일은 쉽지 않다. 리더십을 정의하려는 순간 다양한 세대, 환경과 상황에 따른 리더십에 대한 정의는 셀 수 없을 만큼 많다. 또한 리더십에 대한 이미지가 있다고 해도 말로 그것을 정의하기란 쉬운 일이 아니다. 리더십의 권위자들조차도 리더십을 100가지 이상으로 각기 다르게 정의하고 있고, 계속해서 다른 형태의 정의가 내려지고 있는 중이다.[1] 리더십의 정의 개수를 찾아본 베니스Warren Bennis와 나누스Burt Nanus는 850가지의 정의를 찾아내기도 했다.[2] 그럼에도 불구하고 리더십을 개념화했을 때 중요한 몇 가지 요소들을 구분해낼 수 있다. 곧 리더십은 기본적으로 영향력influence이고, 집단상황에서 일어나는 현상groups이며, 목표 달성을 위한goals 과정process이라는 것이다. 앞서 설명한 것처럼 다양한 관점의 리더십 정의와 연구가 존재하지만, 공통적으로 나타나는 몇 가지 구성 요소를 기초로 하여 학문적으로는 다음과 같이 정의할 수 있다.

> 리더십이란, 한 개인이 공동목표를 달성하기 위하여 그룹의 구성원들에게 영향력을 미치는 과정이다.
> (Leadership is a process whereby an individual influences a group of individuals to achieve a common goal).[3]

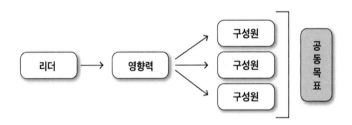

위와 같은 리더십 정의를 좀 더 자세히 논의하기 위해 위에서 논의한 리더십의 다섯 가지 구성요소를 살펴보면 다음과 같다. 첫 번째 구성요소는 '리더십으로 미치게 되는 영향력'(influence)이다. 리더십은 리더leader가 자신을 따르는 구성원들followers에게 어떻게 영향력을 미칠 것인가와 연관되어 있다. 리더십은 지위position를 갖는 것보다는 영향력과 더 관련이 있다. 구성원들에게 리더가 영향력을 미칠 때만이 리더십을 이야기할 수 있기 때문에 영향력은 리더십의 필수 조건이다. 리더를 따르려고 하는 사람들이 없다면 리더십은 존재하지 않듯이, 따르는 자들에게 영향을 미치지 못한다면 리더십은 존재하

지 않는다. 따라서 리더십을 정의할 때에 리더를 따르려는 사람들에게 미치는 영향력이 하나의 구성요소가 될 수 있다. 두 번째 구성요소는 '리더십을 일으키는 집단상황'(a group)이다. 리더십은 항상 사람과 사람 사이의 관계relationship 속에서 일어나는 일이다. 하지만 이것이 일대일의 관계가 아닌 곧 공동의 목적을 갖고 함께하는 그룹(작은 팀에서부터 전체를 포괄하는 조직으로써의 공동체)에 영향을 미치는 과정이라고 말할 수 있다. 세 번째 구성요소는 '리더십을 통해서 이루는 목표달성'(a goal or purpose)이다. 리더와 구성원들은 어떤 목표를 달성하기 위해서 동일한 방향의식을 가지고 있다. 리더십이 집단의 구성원들로 하여금 어떤 일이나 목표를 달성하도록 하는 것과 관련된 현상이라는 것을 의미한다. 다시 말하자면 리더십은 리더를 따르는 공동체가 목표를 성취할 수 있도록 영향력을 발휘하는 것이다. 네 번째 구성요소는 '리더십이 이루어지는 과정'(process)이다. 목표를 이루어 가는 모습 속에 리더와 구성원들이 상호 영향을 끼치는 것을 "과정"이라고 한다. 여기서 알 수 있는 것은 리더십이 결코 일방향적인 것이 아닌 상호적이라는 의미다. 마지막 리더십의 구성요소는 '집단을 구성하는 한 개인'(an individual)이다. 한 개인이라는 구성요소는 리더십을 정의할 때 간과하기 쉬운 부분이다. 리더십은 어떤 그룹이나 팀이 아닌 한 개인인 리더가 행사하는 영향력이다. 리더십이 이 같은 식으로 정의될 경우, 리더십은 모든 사람에게 통용되는 개념이고 단지 그룹에서 공식적으로 임명된 리더에게만 제한적으로 적용되는 개념이 아닌 것이다.

2. 리더십 이론의 변천

리더십 이론은 시대의 필요에 따라서 변화해 왔다. 변화의 흐름을 자세히 살펴보면 리더십에 대한 이해에 따라 발휘되는 리더십이 전혀 다른 결과를 낳는다는 것을 확인할 수 있다. 곧 리더십에 대한 이해 차이는 발휘되는 리더십의 차이를 불러온다. 리더십 이론을 살펴보기 전에 리더십에 대한 다양한 이해와 관점들을 살펴볼 필요가 있다. 그 중 대표적인 것은 특성론적 관점의 리더십과 과정론적 관점의 리더십이 어떻게 다른지, 또한 조직에서 임명된 리더십과 구성원들의 인정을 받게 되어 얻은 자생적 리더십이 어떻게 다른지 살펴볼 필요가 있다.

먼저 특성론적 관점과 과정론적 관점을 살펴보면 다음과 같다. 특성론trait적 관점에 따른 리더십은 어떤 사람들은 리더가 될 수 있는 특별한 자질을 가지고 태어난다는 이해를 갖고 리더십을 바라보는 것을 말한다. 개인이 타고난 재능이 리더십의 바탕이 된다는 관점이다. 이때에 리더와 비리더의 차이는 '천부적 특성이나 자질을 가지고 있느냐 그렇지 않느냐'의 차이로 설명될 수 있다. 특성론적 관점에서는 어떤 사람이 리더가 될 수 있는지의 여부는 그 사람이 가지고 있는 개인적 특성을 살펴봐야 한다는 것이다. 먼저 신체적 특성으로서 키가 큰지, 성격특성으로서 성격이 내향적인지 외향적인지, 능력특성으로서 말을 유창하게 하는지를 살펴보면 그 사람이 리더가 될 수 있는지 없는지를 알 수 있다는 시각이다. 따라서 특성론적 시각에서 리더십은 특별한 리더로서의 재능을 갖고 태어난 사람들에게만 부여될 수 있다는 주장이다. 하지만 과정론$_{process}$적 시각에서 리더십은 특성론이 말하고 규정하는 리더로서의 특별한 자질이 없다고 해도, 후천적으로 학습에 의해 습득될 수 있는 것으로 보기 때문에 누구나 리더가 될 수 있다는 관점이다. 따라서 리더십은 상황 속에 존재하는 현상이고, 리더십 발휘는 누구나 가능하다고 주장한다. 리더십의 과정론적 정의는 앞에서 정의한 리더십 정의와 그 궤를 같이하고 있다. 또한 이 책도, 기독교 리더십도 리더십의 과정론적 정의에 더 무게를 두고 있다.

다음으로 임명된 리더십과 자생적 리더십에 대해서 알아볼 필요가 있다. 어떤 사람은 조직 내의 공식적 직위 때문에 리더가 되는가 하면, 어떤 사람은 공식적 직책은 없지만 조직의 구성원들이 그에게 반응하는 방식 때문에 리더가 되는 경우도 있다. 리더십의 이 같은 두 가지 모습에 대해서 전자는 임명된$_{assigned}$ 리더십, 후자는 자생적$_{emergent}$ 리더십이라고 부른다. 임명된 리더십은 조직 내의 어떤 공적인 직위를 근거로 한 리더십이다. 그러나 어떤 상황에서는 공동체의 한 사람이 다른 구성원들에 의해 가장 영향력 있는 사람으로 인식되고 있을 때, 그의 직위와는 상관없이 리더십을 발휘하게 된다. 이 같은 리더십을 자생적 리더십이라고 한다. 자생적 리더십은 리더로 인정받는 사람의 행동을 지지하고 따르는 구성원들을 통하여 리더십을 획득하게 되는 것이다. 임명된 리더십과 자생적 리더십은 기독교 공동체 안에서도 발견할 수 있는 부분이고, 공동체의 리더십이 잘 세워져나가고 구성원들이 행복할 때는 임명된 리더십과 자생적 리더십이 합치될 때이다. 이러한 리더십에 대한 선이해를 바탕으로 리더십 이론의 흐름을 살펴볼 필요가 있다.

기본적인 리더십의 세 가지 주요 변수는 리더$_{leader}$, 팔로워$_{follower}$, 상황$_{situation}$이다. 리더십 이론도 리더의 관점에 초점을 맞춘 이론에서 팔로워와 상황까지 맞춘 이론들이 등장했다. 거기다가 최근에는 동기와 성품을 중요시하는 리더십 이론들이 등장하기 시작했다. 그에 따라서 지난 60년 동안 리더십을 정의하고 리더십의 차원들을 알아보기 위해서 65개의 다른 분류 시스템을 사용해 왔다.[4] 리더십 이론이 발전된 역사의 큰 흐름을 살펴보면 세 가지 단계로 구분할 수 있다. 첫 단계는, 리더의 관점에 초점을 맞춘 리더십에 대한 연구로 특성 연구, 역량 연구, 유형 연구가 있다. 두 번째 단계는 리더뿐 아니라 팔로워와 상황까지 고려한 리더십 연구의 단계로 팀리더십, 상황적 접근법, 경로-목표이론이 있다. 세 번째 단계는 동기와 성품에 초점을 맞춘 리더십 연구의 단계로 윤리적 리더십, 진성 리더십, 섬김의 리더십이 있다.

1) 리더의 관점에 초점을 맞춘 리더십: 특성 연구, 역량 연구, 유형 연구

20세기 들어 비로소 체계적 접근이 시작된 리더십 연구는, 리더 그 자체에 중점을 두고 있으며, 당대의 위대한 리더들에게서 훌륭한 리더의 자질과 특징을 찾아내려고 노력해 왔다.[5] '지능, 성격, 동기, 가치관, 능력 등에서 천부적으로 특별한 특성을 갖춘 사람이 리더가 된다'는 특성$_{Trait}$이론부터 시작되어 리더들이 실제로 취하는 행동에 주목하여 바람직한 리더의 스타일을 찾아가려고 하는 행위Behavior이론, 주어진 상황에 따라 효과적인 리더십이 다르게 나타난다고 보는 상황Contingency이론 등으로 변화해 왔다. 다시 말해, 어떤 특정 분야에서 리더가 자기를 따르는 이들에게 그의 힘과 능력을 어떻게 효과적으로 영향을 끼칠 수 있는가를 고민하는 리더 관점의 리더십 연구였다. 특성 연구, 역량 연구, 유형 연구는 모두 리더십을 리더 중심적 시각에서 보는 접근법이다.

(1) 특성 연구(Trait Approach)

리더십 연구에 있어서 최초의 체계적인 시도는 20세기 전반에 있었던 특성 연구trait approach였다.6 특성 연구는 '무엇이 어떤 사람들을 위대한 리더가 되게 만드는가?'를 알아보기 위한 연구였다. 이 연구는 소위 '위인이론great man theory'에 바탕을 두고 시작되었다. 즉 사회적, 정치적, 그리고 군사적으로 훌륭한 리더들이 갖고 있는 타고난 특성과 성품을 찾기 시작했다.7 하지만 중요한 리더십의 특성이 수없이 많은데 그중에 어떤 특정한 성격과 특성이 훌륭한 리더가 되기 위해 꼭 필요한 필수 불가결한 요소인지는 판단하기 쉽지 않았다. 수천 가지의 리더십에 관한 연구와 논문들이 이러한 요소들을 찾으려고 노력했고 그 결과, 지능intelligence, 자신감self-confidence, 결단력determination, 성실성integrity, 사교성sociability등 다섯 가지의 특성을 발견했다.8 특성론적 관점에서 위와 같은 다섯 가지 특성을 두루 갖춘 사람이라면 훌륭한 리더가 될 수 있다는 것이다. 또한 특성론적 관점에서 리더는 만들어지는 것이 아니라 날 때부터 정해지는 것임을 주장한다. 하지만 이러한 특정 성격에 근거한 소위 엘리트주의적인 리더십에 대한 해석은 위의 요소를 갖춘 특정 인물만이 리더십을 가질 수 있으며 나아가 리더의 위치를 특정 소수에게 제한하게 될 수 있다.[9] 다섯 가지 리더십 특성 목록을 살펴보면, 첫째는 지능이다. 리더의 지적 능력이 팔로워들의 지적 능력보다 더 높은 지능을 가지는 경향을 말한다. 둘째로 자신감은 자신이 가진 역량을 확신하는 것을 의미한다. 셋째로 결단력은 자신이 맡은 일을 완성하겠다는 의지를 가리키는 말이며, 넷째로 성실성은 신뢰성과 정직성을 포함하는 의미이고, 다섯째로 사교성은 즐거운 사회적 관계를 추구하는 리더의 성향을 가리킨다. 그런데 최근에는 위의 다섯 가지 특성 외에도 '정서지능emotional intelligence'이라는 특성을 추가하고 있다. 20세기 인재상에서 중요하게 여기게 되는 것 중 하나가 타인과의 소통 능력이다. 타인과의 소통 능력을 찾다 보니 그 키워드가 바로 '정서지능'이었던 것이다. '정서지능'은 다른 사람들의 정서를 이해하고 그 같은 이해를 일상생활에 적용하는 능력과 관계된 개념이다. 즉 '정서지능'이란 정서를 지각하고 표현하는 능력이고, 정서를 활용하여 사고thinking를 촉진하는 능력이며, 그와 같은 정서의 해결책을 추론하여 자신의 내적인 정서와 다른 사람과의 관계에서 정서를 효과적으로 관리하는 능력이다.[10] 특성 연구를 기독교적 관점에서 본다면 리더가 가지고 있는 영성, 성품에 초점을 두는 것이다.

(2) 역량 연구(Skills Approach)

　역량 연구는 리더가 가지고 있는 능력이 효과적인 리더십 발휘에 중요하게 작용한다는 것을 전제로 한다. 특성 연구의 초점이 리더의 고정화된 타고난 특성 연구에 두었다면, 리더 역량 연구는 후천적으로 학습될 수 있고 개발될 수 있는 리더의 능력에 초점을 두고 있다. 선천적으로 지도자의 능력을 타고난 이들이 있는가 하면, 어떤 이들은 노력과 연습을 통해서 리더십의 능력과 기술을 습득해 나가기도 한다. 대체로 능력과 기술은 후천적인 노력으로 습득이 가능하다는 전제하에, 리더십을 이러한 기술 중의 하나로 본다면 리더십 역시도 사람들이 배우고 익힐 수 있음을 알 수 있다.[11] 기존의 리더십 연구는 앞서 언급한 특성적 개념이 중요한 개념으로 자리 잡아 왔다면, 지난 30여 년 동안은 리더십의 능력과 기술적인 개념이 연구가들에게 좀 더 많은 연구의 대상이 되어왔다.[12] 역량 연구에서는 리더십을 습득될 수 있고 훈련할 수 있는 능력$_{skills}$이라고 보며, 여기서 능력이란 '조직의 목표를 달성하기 위하여 자신의 지식이나 역량의 활용'이라고 정의한다. 그리고 리더십 기술은 전문적 기술, 인간관계 기술, 개념적 기술로 구분하고 있다.

　① 전문적 기술: 전문적 기술은 일선 전문영역에서 요구되는 적절한 도구나 작업을 할 수 있는 지식과 능력을 의미한다. 탑리더는 이같은 전문적 기술이 일선에서 일하는 사람들만큼 필수적이지 않기 때문에 전문적 기술과 연관된 문제의 해결은 그 분야에 능숙한 일선의 실무자들에게 의존하게 된다.

② 인간관계 기술: 인간관계 기술은 사람들과 함께 주어진 업무를 추진해 나가는 능력이다. 여기에 필요한 것은 인간기술$_{people\ skills}$인데 이것이 전문적 기술과 다른 점은 사물이 아닌 사람과 관계되는 기술 이라는 점이다. 따라서 이 인간관계 기술은 탑리더부터 일선의 실무 자에게까지 모두 필요한 기술이다.

③ 개념적 기술: 개념적 기술은 대체로 복잡한 사항들을 해결해 내 는 아이디어 혹은 추상적 개념과 가정적 추론이 요구되는 일에 능숙 함을 보이는 것과 관련된 능력이다. 전문적 기술이 사물을 다루고, 인간관계 기술이 사람 간의 관계에 대한 능력이라면, 개념적 기술은 전략계획수립, 조직의 방향성에 대한 이해능력을 포함한 관련된 능 력이다. 탑리더에게 개념적 기술은 매우 중요한데, 조직의 비전을 마 련하고 목표를 이루기 위한 전략적 계획을 수립하는 역할을 감당하 기 때문이다.

(3) 유형 연구(Style Approach)

1950년대 초기의 많은 연구자들로부터 리더의 특성론적 접근방 법이 회의적이 되어감에 따라 연구가들은 리더들의 실제적 행위를 통해 리더십에 접근하는 방법에 주목하기 시작했다.13 이 접근 방식 은 "리더가 어떤 행동을 하는가"에 초점을 맞추고 있다. 리더의 행동 은 크게 과업$_{task}$ 행동과 관계성$_{relationship}$ 행동이 있다. 이 두 가지 행동 을 어떻게 조합하여 사람들의 행동에 영향을 미칠 것인가에 초점을 맞추고 있는 것이 유형 연구이다. 여기에서 과업 행동이란 리더가 구성원들에게 목표를 달성할 수 있도록 취하는 행동이며 관계성 행동은 구성원들이 목표를 수행하는 데 만족감을 느끼도록 또한 구성원들 간에 좋은 관계를 유지할 수 있도록 적절하게 취하는 행동을 말한다. 행위적 관점에서, 리더는 이러한 두 가지의 행동을 적절히 결합함으로 리더십을 발휘해 나갈 수 있다.[14] 전체적으로 보았을 때 유형 연구는 '효과적인 리더십 행동을 위하여 정연하게 짜인 처방들을 제공하는 세련된 이론'은 아니지만, 광범하게 리더십을 측정할 수 있는 과업 행동 차원과 관계성 행동 차원이라는 유용한 틀을 제공하고 있다. 또한 유형 연구는 리더가 다른 사람에게 영향을 미치는 일이 두 행동 차원을 따라 일어난다는 사실을 상기시켜 주고 있다. 그리고 두 행동 차원을 따라서 리더십 행동유형을 일곱 가지로 구분할 수 있다.

첫 번째 권한-순응형(9.1)은 사람에 대한 관심이 매우 낮고, 일을 지시하는 것 이외의 의사소통이 강조되지 않는 리더십의 유형으로서 팔로워들에게 직무상의 요구를 심하게 강조한다. 두 번째 컨트리클럽형(1.9)은 어떤 일을 완수하기보다는 사람에 대한 관심이 높은 리더십 유형으로서 팔로워들의 개인적 요구에 집중하며 긍정적 분위기를 조성하려고 노력한다. 세 번째 방관형(1.1)은 과업 수행과 사람에 대한 관심, 어느 쪽에도 거의 힘쓰지 않는 리더십 유형이다. 일 처리도 신경 쓰지 않고 팔로워들과도 거의 접촉하지 않고 공동체에서 쫓겨나지 않을 정도로만 책임을 감당한다. 네 번째 중도형(5.5)은 절충형 리더로 갈등을 피하고 적당한 정도의 생산 활동과 대인 관계를 유지한다. 작업상의 요구사항과 사람과 관련된 사항에 균형을 맞추려고 한다. 다섯 번째 팀형(9.9)은 과업 수행과 대인 관계 모두를 강조하는 리더십 유형으로 높은 정도의 참여와 팀워크를 촉진한다. 맡은 일을 끝까지 완수하고, 열린 마음으로 일하는 것을 즐긴다. 그리고 위 그림에 나오지 않는 여섯 번째 온정주의 리더의 모습이 있는데 온정주의 리더는 팀형과 권한-순응형 모두를 활용하지만 그 둘을 통합하지는 않는 리더이다. 순종의 대가로 인정과 보상이 주어지지만 순응하지 않으면 처벌이 주어진다. 일곱 번째 임기응변적 리더는 기본적인 다섯 가지 유형들을 조합하여 리더십을 발휘하는 리더로서 유익의 극대화를 위해 필요하다면 어떤 리더십 유형이든 채택하여 활용한다.

2) 팔로워와 상황까지 고려한 관점의 리더십: 팀 리더십, 상황적 리더십, 경로-목표이론

역사적으로도 리더십에 관한 연구는 전적으로 리더 그 자체에 집중되어왔고, 팔로워들에 대한 연구는 충분하게 이루어지지 않았다. 그러나 1980년대 이후 리더십 연구는 리더와 구성원의 관계성에 주목하면서 리더가 자신을 따르는 구성원에게 끼치는 영향과 동시에 리더를 따르는 구성원이 자신의 리더에게 끼치는 영향까지 고려하는 양방향 관계에 관심을 더 두게 되었다. 그래서 현대사회의 리더십 이론가들은 리더십을 리더의 선천적 또는 후천적인 특성보다도, '리더와 팔로워 간의 관계에서부터 비롯되는 과정'이라고 정의한다.15

이러한 정의는 모든 리더는 또한 팔로워라는 사실을 접어 두고서라도, 현대 사회의 리더십에 관한 합리적인 이해에 팔로워에 해당하는 구성원들의 힘과 중요도가 비중 있게 기여한다는 사실 때문에 점차 더 중요하게 받아들여지게 되었다.16 심지어 로스트Josep Rost는 "리더십이 리더와 팔로워 간의 상호적 관계로 정의된다면, 리더와 팔로워는 서로 모두 리더십을 발휘한다"고 주장했다.17 다시 말해, 리더십은 누구든지 집단 내 다른 사람에게 영향을 미치고, 그들에 의해 영향을 받으며 공동의 목표를 달성하기 위해 준비하고 노력하는 상호작용적 과정이라는 것이다. 따라서 리더십은 집단 내 공식적으로 임명된 리더에게만 제한적으로 적용되는 것이 아닌, 모든 사람에게 적용 가능한 개념이 된다.

지난 35년 동안, 학자들은 리더를 따르는 구성원들에 대한 이해와, 현대적 리더십 이론들의 연구를 통해 리더는 혼자가 아닌, 따르는 구성원들에 의해 정의됨을 알게 되었다.18 몇 가지 예를 들어 살펴보면, 먼저 리더와 구성원 각자 간에 존재하는 개별적 관계에 관심을 두고 그 과정을 연구하는 리더-구성원 교환Leader-Member Exchange이론, 구성원의 정서, 가치관, 윤리, 행동규범, 장기적 목표 등을 바꾸어줌으로써 개인을 변화시키고 조직을 변혁시키는 과정을 연구하는 변혁적 리더십Transformational Leadership이론, 팀의 성공을 확보하기 위해 필요한 리더십과 의사결정 방법을 연구하는 팀 리더십Team Leadership 등이 있다. 이러한 이론들은 리더십의 관계적인 요소를 강조하는데, 그 중에서도 리더와 그 구성원들 간의 상호관계에 초점을 맞추고 있다.19

(1) 팀 리더십(Team Leadership)

팀 리더십은 리더십 이론과 연구영역에서 가장 인기를 얻고 있으며 빠르게 발전하고 있는 분야이다. 팀이란, 공동의 목표를 달성하기 위해 서로 의존하면서 상호 간의 활동을 조정해 가는 조직 내의 집단들이다. 오늘날의 조직들은 새로운 기술, 새로운 조직구조, 글로벌 경쟁, 다양성의 증가 등의 많은 변화들과 함께 급변하고 있다. 그리고 급변하고 있는 사회 속에서 팀중심의 조직구조는 그 상황에 신속하게 대응하도록 도와줬다.[20] 따라서 팀이 더 효과적이 되도록 하기 위해 필요한 것이 무엇인가에 대한 이해는 매우 중요하다. 팀의 성공을 확보하기 위해서 필요한 리더십 기능들을 이해하고 또 거기에 집중적인 연구를 하는 것이 필요하다. 팀리더십은 팀 구성원 모두가 리더십을 발휘할 수 있어야 하기 때문에 공식적인 팀리더에 의해 수행되지만 또 팀 성원들에 의해 공유될 수 있어야 한다. 최근의 연구가 지적한 바에 의하면 리더십이 공유되고 있는 팀들이 단일 리더의 팀들보다 더 우월하다는 것이다.

팀 리더십에서 리더가 당면하는 리더십 결정에는 세 가지 결정단계가 있다.[21] 첫 번째 결정은 리더가 '나는 집단의 여러 요인들을 계속 관찰(감시)할 것인가, 아니면 내가 이미 수집하여 분류해 놓은 정보를 바탕으로 개입(조치)을 할 것인가?'이다. 이같이 관찰과 개입을 결정해야 하는 과정은 두 과정으로 이뤄진다. 팀의 현재 상태를 이해하기 위한 '정보의 탐색'과 그 정보를 해석해서 어떻게 조치를 취할

Hill의 팀 리더십 모델

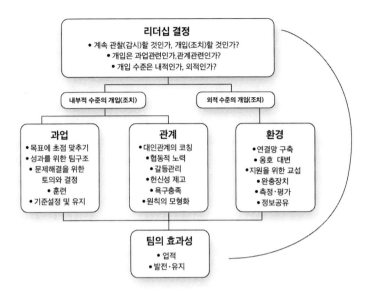

것인가를 결정하는 '정보의 구조화' 과정이다.22 정보의 탐색과 구조
화 후에 팀의 기능을 개선하기 위해 개입할 것인가의 여부, 개입해야
한다면 어떻게 개입할 것인가에 대한 결정을 해야 한다. 여기서 팀
리더는 팀의 문제점들을 진단하고 이해하는 데 개방적이고 객관적
이 되어야 하고, 또 팀의 목표달성에 도움이 되는 가장 적절한 조치
(조치를 취하지 않은 것을 포함하여)를 선택하는 데 능숙해야 한다.23 두
번째 결정과정은 그 개입이 과업에 관련한 개입인지 관계에 관련한
개입인지를 결정해야 한다. 과업을 위한 개입에는 일의 수행, 의사결
정, 문제 해결, 변화에 대한 적응, 계획수립, 목표달성 등이 포함되어
있다. 팀 성원들 간의 관계를 관찰한 결과, 리더가 집단의 구성원들
간에 갈등이 있는 것을 알게 되었다면, 리더는 갈등을 관리하기 위해

개입할 필요가 있다. 관계를 위한 개입에는 집단 성원들 간의 갈등 해결, 협동적 팀 분위기, 대인간문제 해결, 의사소통, 응집성의 개발 등이 포함된다. 세 번째 결정 과정은 두 번째 결정 과정과 동시에 일어나는데, 관찰 후의 개입이 집단 내부 문제의 개입인지 집단 외부문제의 개입인지를 결정해야 한다. 곧 내부적인 과업, 혹은 팀 내부 팀원들의 역동적 관계인지, 아니면 팀 외부의 역동적인 환경인지를 분별해야 한다. 유능한 리더는 팀의 내부적 요구와 외부적 요구를 분석하여 균형을 유지하고 상황의 변화에 적절하게 대응해간다. 리더십 개입이 외부의 환경을 위한 조치라면 리더는 팀과 환경 간의 상호작용을 개선시키기 위해 행동을 해야 한다는 의미이다. 외적 조치는 외부 환경에 대한 팀을 옹호하고 대변하는 것과 팀을 위해 필요한 자원을 확보하고 상부와 교섭을 해야 할 경우도 있다. 또한 환경적 혼란으로부터 팀 구성원들을 보호할 완충장치를 마련해야 하는 것도 외적인 부분에 대한 개입이 될 것이다.

(2) 상황적 리더십(Situational Approach)

상황적 리더십은 다른 상황은 서로 다른 유형의 리더십을 요구한다는 대전제를 가지고 있다[24]. 탁월한 리더들은 본인이 가지고 있는 리더십 유형을 다양한 상황에 적합하게 발휘할 수 있는 능력이 있는 사람들이다. 어떤 특정 상황에 어떤 리더십 유형이 필요한가를 결정하기 위해서는 리더는 먼저 구성원의 성숙도를 평가함으로 그 성숙도에 맞춰서 리더십을 발휘해야 한다. 구성원의 성숙도는 팔로워가 특정한 과업을 수행할 수 있는 유능성competence이 있는지, 업무에 대한 의욕인 헌신성commitment이 있는가를 측정함으로 알 수 있다. 상황적 리더십에서 나타나는 리더십 유형은 지시적 차원a directive dimension과 지원적 차원a supportive dimension으로 이루어져 있다. 지시적 차원은 과업task과 연관된 행동과 연관이 있고 지원적 차원은 관계성relationship 행동으로 이루어진 구성개념이다. 상황적 리더십은 이러한 각 차원을 특정한 상황에 따라 적절하게 사용해야 한다는 것이다.

지시적(과업) 행동은 목표와 역할을 결정하고 사역시간 등을 설정함으로써 구성원들이 목표달성을 위해 매진하게 하는 행동이다. 이것은 한 방향의 일방적인 의사소통을 수행하며 '담당해야 할 업무, 수행방법을 지시하며 수행의 책임을 명백하게 하는 행동'이다. 반면 지원적(관계성) 행동은 쌍방향적 의사소통을 수행하며 구성원들의 정서를 고려한 상호 간의 관계를 살핀다. 더불어 진행되는 업무상황에 대해 만족을 느끼도록 하는 행동이다. 아래의 표에서 두 차원(지시적행동과 지원적행동)을 통해 드러나는 네 가지 리더십 유형이 무엇인지 살펴볼 수 있다.

S1: 지시적 리더십유형(Directing Style)~ 낮은 유능성과 높은 헌신성이 있는 팔로워(D1)에게 필요한 리더십 행동은 높은 지시적 행동 / 낮은 지원적 행동

S2: 코치형 접근법(Coaching Approach)~ 낮거나 약간 더 높은 유능성과 낮은 헌신성이 있는 팔로워(D2)에게 필요한 리더십 행동은 높은 지시적 행동 / 높은 지원적 행동

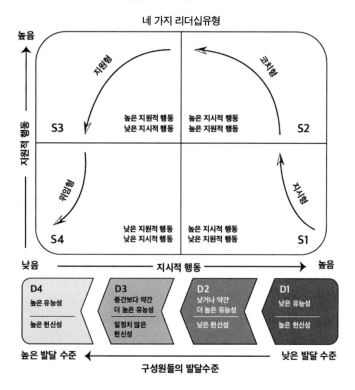

상황적 리더십(SL II)

네 가지 리더십유형

S3: 지원적 접근법(Supporting Approach)~ 중간보다 약간 더 높은 유능
성과 일치 않은 헌신성을 가진 팔로워(D3)에게 필요한 리더십 행동은 낮
은 지시적 행동 / 높은 지원적 행동

S4: 위임적 접근법(Delegating Approach)~ 높은 유능성과 높은 헌신성을
가진 팔로워(D4)에게 필요한 리더십 행동은 낮은 지시적 행동 / 낮은 지원적
행동

(3) 경로-목표이론(Path-Goal Theory)

경로-목표이론은 리더가 구성원들을 "어떤 동기유발을 통해 목표를 달성할 수 있을 것인가?"라는 점에 초점이 맞춰져 있는 이론이다. 곧 경로-목표이론은 구성원들의 동기유발에 초점을 두어 구성원의 업적과 구성원의 만족을 증진시키기 위한 것이다.25 앞선 상황적 리더십 이론이 리더의 행동을 성원들의 발달(성숙) 수준에 적응시키는 것이라면 경로-목표 이론은 리더의 리더십 유형과 구성원들의 특성 및 과업 특성 간의 관계를 강조한다는 점에서 다르다. 이 이론의 기본적인 가정은 기대이론expectancy theory26에 바탕을 두고 있다. 기대이론이 말하는 동기유발의 경우는 다음과 같다. 첫째로 노력하면 주어진 과업을 수행할 수 있다는 기대가 생길 때이며, 둘째로 쏟은 노력의 결과를 통해 얻게 되는 보상에 대한 기대가 생길 때, 마지막으로 과업수행을 통해 얻어지는 보상이 가치가 있는 것이라는 기대를 가질 때 구성원들의 동기가 유발된다는 것이다. 경로-목표이론은 구성원들의 필요motivational needs에 가장 적합한 리더십 유형을 활용하라는 것이다. 이 이론은 과업지향과 관계지향의 두 가시 차원만을 다루었던 과거의 리더십에 대한 접근을 확대시켜 뚜렷하게 구분되는 네 가지 행동(지시, 지원, 참가, 성취지향)을 실제적으로 밝힌 이론이다.27 경로-목표이론은 리더가 구성원들에게 목표로 가는 경로를 명확하게 제시해 주고, 그 과정 속에서 경험하는 장애물들을 제거 혹은 극복하게 해 주는 것을 통해 구성원들이 목표를 향해 수월하게 나아가도록 지도·안내·코치해 줄 수 있다는 점에서 큰 장점을 갖는다.

3) 동기와 성품에 초점을 맞춘 리더십: 윤리적 리더십, 진성 리더십, 섬김의 리더십

일선 현장의 리더십은 2001년 미국 사회에 충격을 안겨준 엔론 Enron사태[28]를 경험하면서 리더의 능력과 기술skill, 혹은 구성원들과의 관계 부분보다는, 리더 자신이 어떤 사람이어야 하는가의 중요함을 알게 되었다. 리더의 동기, 성품, 정체성에 좀 더 초점을 맞춘 후 구성원들과의 관계에 초점을 맞추기 시작했다. 따라서 최근에는 리더의 정체성에 초점을 맞추는 섬김의 리더십Servant Leadership, 윤리적 리더십 Ethical Leadership, 진성 리더십Authentic Leadership 등의 이론이 추가되고 있다. 섬김의 리더십, 윤리적 리더십, 진성 리더십과 같은 최근의 리더십 이론은 정체성과 성품에 많은 초점을 맞추고 있는데 이 부분은 초기 리더십의 특성 연구trait approach가 집중했던 '리더가 가지고 있는 특성적 능력'[29]보다 더 중요한 리더 내면의 정체성, 더 나아가 소명에 초점을 맞추고 있다. 특히 이러한 리더십은 리더가 개인적으로나 공동체적으로 명확한 정체성과 소명의식이 있어야만 감당할 수 있는 리더십의 모습이다. 그런데 이러한 동기와 성품에 초점을 맞춘 리더십을 살펴보면, 원래의 리더십의 정의인 '공동의 목표를 달성하기 위해서 한 개인 집단의 성원들에게 영향력을 미치는 과정'을 더 강화하기 위한 또 다른 세밀한 원칙을 제시해 주고 있는 느낌이다.

(1) 윤리적 리더십(Ethical Leadership)

윤리적 리더십은 누가 리더가 될 수 있고 또한 리더는 무엇을 해야 하는가와 관련이 있으며 리더십 상황에서 일어나고 있는 현안들에 대한 윤리적 지침을 제공한다.[30] 윤리적 리더십은 리더십 기술이라기보다는 리더가 보여주는 행동을 통해 리더의 내면 및 도덕성과 관련이 있는 원칙을 다룬다. 아직은 이 분야에 대한 체계적인 이론이 형성되어 있다고 말할 수 없으며,[31] 초기 단계의 수준이라는 것이 현실이다. 번스$_{Burns}$는 리더의 책임과 의무는 구성원들의 가치와 욕구를 평가하게 해주고 현재보다 더 높은 수준의 가치들을 강조하는 수준에 이르도록 도와주는 것이라고 주장한다.[32] 리더가 어떻게 구성원들로 하여금 갈등에 대처하게 하고, 갈등으로부터 더 높은 가치를 추구할 수 있도록 새로운 변화를 이끌어내는 데 영향을 미칠 수 있을까? 윤리적 리더십의 다섯 가지 원칙들을 살펴보면 다음과 같다.[33]

윤리적 리더십의 원칙들

첫째, 윤리적 리더는 타인을 존중한다. 타인을 존중하는 리더란 의미는 함께 하는 구성원들의 의견을 경청하고 공감하며 반대의 의견일지라도 받아들이는 것이며 그들을 수단이 아닌 목적으로 대한다.

둘째, 타인을 위해 봉사한다. 초점이 나 아닌 다른 사람을 향해 있는 리더의 모습을 통해 드러나는 구성원 중심적 사고하며 조직의 비전과 더불어 실제 구성원을 이롭게 하는 방향으로 행동하는 것이다.

셋째, 공정하다. 윤리적 리더는 구성원들을 공정한 보상배분을 위한 명확한 규칙에 근거하여 평등하게 대하는 것이다. 결정과정 중에 공정성을 최우선시한다.

넷째, 윤리적 리더는 정직하다. 조직은 정직의 필요성을 강조하고 정직한 행동에 대한 보상이 필요하며, 리더가 정직하지 못하면 리더에 대한 존경이 사라지게 되고, 리더는 나쁜 영향력을 끼칠 수밖에 없다. 여기서 정직은 단순 진실을 말하는 것을 넘어 구성원들에게 마음을 다해 있는 그대로를 완전하게 표현하는 것을 말한다.

다섯째, 윤리적 리더는 공동체를 구축한다. 리더가 자신의 의지만을 강조하기보다는 공동체의 목표를 달성하기 위해서 구성원들에게 영향을 끼치는 사람이다.[34]

(2) 진성 리더십(Authentic Leadership)

진성$_{authentic}$ 리더십은 가장 최근에 나타나고 있는 연구 분야 중 하나로서 "꾸밈이 없이 진실한가 그리고 현실에 맞게 실질적인 것인가"에 초점을 맞추고 있다.[35] 진성 리더십은 리더가 스스로에 대한 바른 이해를 갖고 있으며 자신이 지닌 가치와 표현하는 감정등이 서로 다르지 않도록 행동하며 도적적이고 투명한 의사결정에 따라 드러난다.[36] 곧 진성 리더십은 리더의 정직성과 진정성에 관한 것이라고 하겠다. 진정성은 팔로워 및 동료들과의 관계에 있어서 ⓐ 투명성, 개방성 및 신뢰(transparency, openness, and trust) ⓑ 가치 있는 목표를 향한 지침(guidance toward worthy objectives) 그리고 ⓒ 팔로워 계발에 중점(an emphasis on follower development)이라는 요소로 점검된다.[37] 진성 리더십에 영향을 미치는 요인들이 있는데 그것을 살펴보면 다음과 같다.

첫째, 긍정적인 심리적 능력이다. 이러한 긍정적 심리적 능력에는 자신감. 자기유능감, 희망(기대), 의지력, 낙관주의, 복원력 등이 있다.[38] 둘째는 도덕적 분별력이다. 도덕적 분별력은 '옳고, 그른가'와 같은 윤리적 결정을 내릴 수 있는 능력이며 개인차를 초월하여 공동목표를 지향하게 하는 의사결정을 가능케 한다. 이러한 긍정적 심리적 능력과 도덕적 분별력은 생애의 중대사건을 거치면서 사람들의 삶에 큰 영향을 미치며 변화의 촉매제 역할과 개인의 성장을 촉진하고 보다 더 강력한 진성리더가 되는 데 도움을 주게 된다.[39] 그렇다면 진성 리더십의 구성요소는 어떻게 되는가? 구성요소는 네 가지로 이뤄진다.[40] 첫째로 자아 인식이다. 리더의 자기 자신에 대한 통찰을 의미한다. 자신의 가치와 정체성 그리고 자신의 감정과 동기 목표 등을 명확하게 인지한 상태엥서 구성원들의 피드백을 그대로 수용함으로 영향력을 행사할 수 있다. 둘째로 내면화된 도덕적 시각이다. 자기조절의 과정을 가리키는 말로서, 리더는 내재화된 도덕적 시각관점(internalized moral perspective)에 따라 자기인식에 따른 행동 윤리적인 기준에 맞추어 행동하면서 구성원들의 목소리가 의사결정에서 반영될 수 있도록 한다. 더불어 자신의 내면적 도덕 기준과 가치관을 행동의 지침으로 삼음으로써 외부의 압력이 자신을 통제하지 않도록 한다. 셋째는 균형 잡힌 정보처리 능력이다. 어떠한 결정을 내리기 전에 정보를 객관적으로 분석하는 능력이다. 또한 자신과 다른 구성원들의 의견을 무시하지 않고 받아들이면서 최종 의사결정에 반영될 수 있도록 하는 특징을 갖는다. 마지막으로 관계의 투명성이다. 자신의 참된 모습을 다른 사람들에게 공개적으로 정직하게 나타내는 것을 가리킨다. 이것은 리더 자신에게 당당할 수 있도록 만들 뿐만 아니라 구성원들의 진정성 성취까지 도울 수 있다.[41]

(3) 섬김의 리더십(Servant Leadership)

섬김의 리더십은 다른 사람을 먼저 섬기고 싶다는 자연스러운 감정으로 시작하여 그 같은 감정을 가지고 다른 사람을 지도하고 싶다는 의식적인 선택으로 이어진다. 다른 리더십과의 차이점은 리더가 성원들을 위한 봉사자로서 성원들을 돌보고 보살핀다는 데에 있다.[42] 초기 섬김의 리더십 이론에는 섬김의 리더십의 열 가지 특성에 대한 강조가 있었다.[43] 최근에 와서는 연구자들이 섬김의 리더십 구성개념을 연구 검토하여 개념화를 시도하였다. 새로운 섬김의 리더십의 개념화는 섬김의 리더십을 촉진하는 일곱 가지 섬김의 리더 행동이 있다.[44]

첫째, 개념화Conceptualizing 행동이다. 개념화 행동이란 조직의 사명과 목표를 명확하게 이해하고 그에 맞게 행동하는 것을 의미한다.

둘째는 정서적 치유Emotional Healing 행동이다. 이는 다른 사람들의 문제를 인지하고 그 해결을 위해서 시간을 기꺼이 내어주는 행동이다.

셋째는 성원우선Putting Followers First 행동이다. 리더의 말과 행동이 구성원들의 관심과 성공에 초점을 맞추는 성원을 우선시하는 행동이다.

넷째는 성원의 성장과 성공에 도움Helping Followers Grow and Succeed을 주는 행동이다. 리더가 성원들의 개인적 목표를 알아서 그들의 잠재능력을 발휘할 수 있도록 도움을 주는 것이다.

다섯째는 윤리적 행동Behaving Ethically이다. 섬김의 리더는 올바른 일을 올바르게 하기 위해서 강한 윤리적 원칙을 따른다.

여섯째는 권한 위임Empowerment 행동이다. 성원들에게 의사결정을 할 수 있는 권한을 위임한다.

마지막 일곱째는 지역사회를 위한 가치창조Creating Values for the Community 행동이다. 섬김의 리더는 지역사회의 활동에 참여하고 성원들로 하여금 자원하여 지역사회에 봉사하도록 독려한다.

III. 기독교 리더십이란 무엇인가?

1. 기독교 리더십의 정의

리더십의 현대적 정의를 '공동 목표를 달성하기 위하여 한 개인이 그룹의 성원들에게 영향을 미치는 과정'이라고 하였다.[1] 그렇다면 기독교 리더십Christian leadership은 어떻게 정의할 수 있을까? 풀러신학교에서 30여 년 넘게 기독교 리더십을 가르쳤던 클린턴J. Robert Clinton 교수는 기독교 리더십을 '하나님의 뜻을 이루어 나가기 위하여 하나님이 주신 능력과 책임감을 가진 사람이 특정 그룹의 사람들에게 영향력을 미치는 과정'이라고 정의하고 있다.[2]

일반 리더십의 정의와 기독교 리더십의 정의는 비슷하게 보일 수 있으나 앞서 살펴본 리더십의 다섯 가지 요소 중 중요한 두 가지 요소가 다르다. 첫째는 이루고자 하는 목표가 그룹의 공동목표가 아닌 '하나님의 뜻'이며, 둘째는 리더가 그냥 '한 개인'이 아니라 '하나님이 주신 능력과 책임을 가진 자'라는 부분에 있어서 차이점이 있다. 즉 영향력을 발휘해서 리더와 구성원들이 이루고자 하는 목표(공동의 목표 vs. 하나님의 뜻)와 리더가 누구인가 정의하는 부분(한 개인 vs. 하나님이 주신 능력과 책임을 가진 자)에서 일반 리더십과 기독교 리더십의 차이가 나타난다.

기독교 리더십

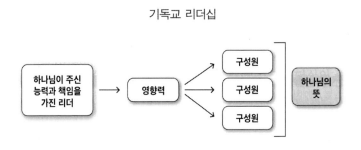

세상의 리더십은 '자기 자신'에게 초점이 맞추어져 있다. 자신이 가진 돈이나 명예, 권력(힘)을 통해 내가 원하고자 하는 영역에 얼마만큼 영향을 미칠 수 있을까에 중점을 둔다. 그러나 기독교 리더십은 나의 뜻이 아닌 하나님의 뜻을 어떻게 이룰 수 있을 것인가에 초점이 맞춰져 있다. 하나님의 뜻을 이루기 위해서 그 뜻대로 살아갈 수 있다면, 제자로 부름받은 우리에게 그것이 복된 일이다. 따라서 '우리를 향한 하나님의 뜻을 이루도록 하나님이 주신 능력과 하나님이 주신 책임감을 가지고 구체적인 집단의 구성원들에게 영향을 주는 사람'이 예수님의 제자이고 기독교의 리더이다.[3] 이는 리더가 하나님의 뜻을 인식하고 분별하는 소명vocation의식 및 하나님 안에서 자신을 이해하는 방식인 정체성identity과 연결된다.

정체성과 연관해서 미국의 정신분석학자이자 발달심리학자인 에릭슨Erik H. Erikson은 자기 자신에 대한 명확한 이해와 확신, 즉 명확한 자기 정체성이 있어야 타자와의 친밀감을 가져갈 수 있다고 주장한다.[4] 이러한 정체성은 자기이해, 자아개념 혹은 자아주체성 등의 다양한 용어로 표현되며 개인이 이해하는 역할, 지위 그리고 능력에 대한 자각을 포함하고 있다.[5] 따라서 정체성은 내가 누구인가 하는 질문에 대해 스스로 답할 수 있는 것으로서 행동으로 나타나는 일관성을 말하고 있는 동시에 자신이 관계하는 공동체와 구성원 사이에서 안정된 역할을 해낼 수 있도록 한다. 개인의 정체성은 개인의 결정에 영향을 끼치며 행동에 동기를 부여하기도 하는데, 한 사람의 정체성과 자아에 대한 개념은 사상, 신념과 가치에 대한 이해와 연관이 있다. 이는 그리스도인에게 있어서 그리스도와의 인격적 친밀감이 그리스도인의 신앙 정체성과 연관되어 있음을 의미한다. 개인의 삶에 대한 자각이 그 사람의 결정과 행동에 영향을 미치는 것처럼, 기독교인은 자신의 신앙에 대한 자각, 즉 신앙에 대한 정체성 없이는 기독교적 삶을 살 수 없다. 따라서 그리스도인은 그리스도께 응답하고 예수의 부르심을 좇을 때에만 진정한 자아와 본연의 모습을 갖게 된다.[6]

기독교 리더십에서 기독교 리더는 하나님의 뜻에 대해서 확신하지 않으면서 우리 자신에 대해서 확신하는 체하면 안 된다. 그리스도를 따르는 자들은 우리 자신에 대해서는 확신할 수 없지만 하나님에 대한 확신을 가질 때 비로소 확신을 가질 수 있다.[7] 그러므로 하나님과의 관계에서 출발한 신앙이 전인적, 인격적 변화를 낳고 정체성에까지 영향을 끼치기 위해서는 하나님과의 지속적인 관계가 요구될 뿐만 아니라 하나님의 뜻을 분별해나가는 과정이 필요하다.

2. 기독교 리더십의 핵심

기독교 리더십에서 리더가 추구해야 할 목표는 '하나님의 뜻'을 이루는 것이다. 하나님의 뜻은 세상을 구원하려는 하나님의 사명이 중심에 있고, 그리스도인은 부르심에 합당한 증인으로서의 삶과 섬김을 통해서 그 뜻을 이뤄나가야 한다. 하나님의 뜻을 이루는 것은 기독교 리더십의 목표가 되고, 바로 기독교 리더가 이 소명을 감당하기 위해서 준비해야 하는 것이다. 부르심이 명확한 사람들에게는 하나님께서 부여하신 책임감이 생기게 되고, 그 소명을 감당하기 위해 필요한 준비를 하게 된다.

1) 기독교 리더십의 목표: 하나님의 뜻 이루기

기독교 리더의 목표는 구성원들에게 선한 영향력을 미쳐서 하나님의 뜻을 이루는 것이다. 따라서 리더는 무엇이 하나님의 뜻인지를 이해하는 것이 중요하다. 기독교 리더뿐만 아니라 올바른 신앙생활을 하길 원하는 기독교인들은 인생의 중요한 순간마다 '내가 선택하는 이것이 하나님의 뜻에 합당할까'라는 신앙적 고민을 할 것이다. 하나님의 뜻을 분별할 때 중요한 두 가지는 우선순위에 대한 것과 믿음의 문제이다.

첫 번째로 하나님의 뜻을 분별할 때 세워야 할 선택의 기준인 우선순위에 대한 것이다. 산상수훈에 나타난 하나님의 뜻에 대한 예수님의 가르침은 의외로 단순하다.

> 그런즉 너희는 먼저 그의 나라와 그의 의를 구하라 그리하면 이 모든 것을 너희에게 더하시리라 그러므로 내일 일을 위하여 염려하지 말라 내일 일은 내일이 염려할 것이요 한 날의 괴로움은 그 날로 족하니라 (마 6:33-34).

이 말씀은 우리 인생에서 하나님의 뜻을 분별하는 법에 대한 이야기가 없는 듯 보이지만 그 내면을 살펴보면 우리가 세워야 할 기준에 대해서 말씀해 주고 있다. 예수님은 우리에게 현재의 상황이나 미래의 문제에 대해 걱정하지 말라고 하시며, 대신 우리에게 우선순위를 바로 하여 첫째로 해야 할 것을 첫째 순위에 놓으라고 요구하신다.[8] 사도 바울 또한 미래에 관한 하나님의 뜻을 알고자 고민하기보다는 이미 알고 있는 하나님의 뜻대로 살려는 고뇌가 있었다.[9] 바울은 로마서에서,

> 그러므로 형제들아 내가 하나님의 모든 자비하심으로 너희를 권하노니 너희 몸을 하나님이 기뻐하시는 거룩한 산 제물로 드리라 이는 너희가 드릴 영적 예배니라 너희는 이 세대를 본받지 말고 오직 마음을 새롭게 함으로 변화를 받아 하나님의 선하시고 기뻐하시고 온전하신 뜻이 무엇인지 분별하도록 하라(로마서 12:1-2).

라고 권면하며, 하나님의 뜻이란 먼저 하나님을 섬기고 높이는 우선순위에 대한 것이지 미래의 계획과는 별로 상관이 없다고 말한다. 예수님과 사도 바울을 통해서 알 수 있는 것은 하나님의 뜻을 분별할 때, 우리 마음의 동기가 순수하고 목적지가 하나님 나라라는 기본 방향만 맞는다면 선한 양심으로 선택할 수 있는 여러 길들 중에 하나를 선택한다 해도 우리는 여전히 하나님의 뜻 가운데 있을 수 있다는 것이다.[10] 하나님이 내 삶의 우선순위가 되어서 하나님을 먼저 구한다면, 구체적으로 어느 길을 선택하든 상관없이 우리는 언제나 하나님의 뜻을 행하고 있는 것이다. 하나님 나라를 구하는 것이 곧 하나님의 뜻이기 때문이다.

두 번째 하나님의 뜻을 분별할 때 중요한 것은 하나님이 내 삶 속에 역사하고 계시다는 것을 믿는 믿음이다. 믿음이란 비록 삶이 우리의 바람대로 풀리지 않을 것 같아도 하나님의 숨은 뜻이 하늘에서 이룬 것 같이 이 땅에서도 이루어지고 있음을 믿는다는 의미이기도 하다. 때문에 하나님의 뜻은 내가 삶의 현 상황 속에서 하나님께 신실하게 반응하는 것을 포함한다. 리더십의 정의처럼 결과의 핵심은 과정이다. 하나님이 내 삶 속에 역사하고 계시다는 것을 믿는 믿음은 우리로 하여금 작은 책임을 신실하게 감당함으로써 이후에 큰 책임을 맡을 수 있는 자로 준비시켜 주신다. 그다지 중요해 보이지 않는 일에 충실할 때, 우리는 아주 중요한 하나님의 뜻에 충성할 수 있게 된다(눅 16:10-12). 예수님은 우리가 어쩌다 한 번씩 내려야 하는 큰 결정들이 아니라 날마다 행해야 하는 모든 작은 일들에 시간과 에너지를 쏟기 원하신다.

기독교 리더십의 목표인 하나님의 뜻은 새로 찾아야 하는 것이 아니라 우리가 이미 알고 있는 것, 바로 하나님의 나라와 의를 먼저 구하라 하신 예수님의 명령 속에 있다. 결국 하나님의 뜻이란 하나님의 섭리에 대한 믿음으로 하나님이 우리 삶의 중심과 우선순위가 되어야 한다는 명령인 것이다. 아이러니하게도 우리는 그 명령을 선택할 때 참된 자유, 순종의 자유를 발견한다. 그것이 우리 모두를 위한 하나님의 뜻이다.11

2) 기독교 리더의 소명: 하나님이 주신 능력과 책임감 확인하기

기독교 리더를 '하나님의 뜻을 이루어 나가기 위하여 하나님이 주신 능력과 책임감을 가진 사람'이라 말했다. 하나님의 뜻을 이루기 위해서 부르심대로 행하는 것이 기독교 리더의 소명이다. 이제 기독교 리더의 정체성 내지 자격을 표현하는 말인 '하나님이 주신 능력과 책임감'에 대해 생각해 봐야 할 것이다.

(1) 부르심에 합당하게 행하는 것

기독교 리더십은 리더십을 향한 하나님의 뜻을 분별해야 하는 것이므로 그리스도인들의 소명과 떼려야 뗄 수 없는 관계에 있다.12 하나님께서 특별한 일을 맡겨주실 때 사용하는 소명이라는 단어 vocation의 라틴어 어원 'vacare'라는 단어는 부르다call 또는 부르심calling이라는 의미가 있다. 기니스Os Guinness는 소명에 대해서 '하나님의 부르심과 은혜에 응답하여 우리의 모든 존재, 행위, 소유 전체가 헌신적이고 역동적으로 그분을 섬기는 것'으로 정의했다.[13] 사람들은 보통 소명이라는 용어를 사용할 때 부르심calling과 소명vocation 두 단어를 사용한다. 한 단어는 앵글로-색슨어에 뿌리를 두고 있고, 다른 하나는 라틴어에 어원을 두고 있을 뿐이지 두 단어는 동의어이다.

소명과 부르심에 대하여 접근할 때 주의해야 할 점이 있다. 우리는 어떤 일을 하라고 부르심을 받기 전에, 먼저 어떤 사람이 되어야 한다는 것이다. 기니스는 이를 '일차적 소명The Primary Calling' 및 '이차적 소명The Secondary Calling'으로 구분한다. 우리의 가장 중요한 소명은 예수님의 제자가 되는 것, 즉 주님을 사랑하고, 따르고, 그를 높여드리는 것이다. 기니스의 표현을 빌리자면 "그분에 의한, 그분을 향한, 그분을 위한 따르는 자가 되라는 소명"이다.[14] 케빈과 브렌플릭Kevin and Kay Brennflick 역시 그리스도인의 일차적 소명은 '예수 그리스도를 믿는 믿음을 통해서 하나님과 깊은 개인적인 관계를 갖는 것'이라고 주장한다.[15] 이러한 소명은 성경 말씀에 이미 명쾌하게 나타나 있다.[16] 소명이란 모든 사람이, 모든 곳에서, 모든 것에서 하나님의 (일차적인) 부르심에 반응함으로써 자신의 (이차적인) 부르심을 성취하는 것이다.[17] 먼저 제자가 되라는 부르심 다음에 주어지는 하나님의 이차적 소명은 하나님이 우리가 감당하길 원하는 특별한 일과 활약에 초점이 맞춰져 있다. 풀러신학교 총장인 래버튼Mark Labberton은 우리 모두가 하나님 나라의 대사로서 살아가기를 바라시는데 이것이 우리의 제일 소명이고, 우리 모두를 향한 하나님의 제일 소명은 자연스럽게 각 사람을 향한 부르심으로 이어진다고 설명한다.[18] 우리가 학생, 회사원, 자영업자, 교사, 공무원, 가정주부, 혹은 교역자로 부름받았다고 말하는 것은 우리의 일차적 소명이 각 사람을 향한 부르심으로 연결된 이차적인 부르심을 받았다는 의미이다.

리더가 되라는 소명에는 항상 특별한 역할과 일이 함께 주어진다. 성경에 나타난 리더들이 모두 그러하다. 모세는 이스라엘 백성을 이집트의 노예생활로부터 새로운 삶으로 인도하라는 소명을 받았고 (출 3:4-10), 사무엘은 이스라엘이 큰 죄악 속에서 하나님을 배반하던 시기에 이스라엘의 선지자로 소명 받았으며(삼상 3장), 다윗은 사울왕의 실패 후에 이스라엘의 왕이 되라는 소명을 받았다(삼상 16장). 세례요한은 예수님의 오심을 알리는 특별한 일을 위해서 소명을 받았고(눅 1:11-17), 사도 바울은 이방인들에 대한 하나님의 특별한 사명을 감당할 리더로 소명을 받았다(행 9:1-19). 바톤Ruth Haley Barton은 "하나님은 우리가 먼저 당신께 속해있으라 부르시지만, 이차적인 소명은 우리 각자에게 주신 일에 대해서 응답하는 것"이라고 주장한다.[19] 그것은 예수께서 모든 그리스도인들이 예수님을 믿을 뿐 아니라 나름의 능력으로 예수님을 섬길 것을 요구하시는 것과 같다(엡 2:10). 결국 이차적 소명은 삶의 현장과 교회에서 공식적이나 비공식적으로 주어지는 리더라는 위치와도 연관이 있다. 하지만, 우리에게 명확하게 집중해야 할 만한 직업이나 임무를 가지기 전이라도, 우리는 예수 그리스도를 따라 살도록 부르심을 받았다는 것을 잊으면 안된다.

최근 교회의 정체성과 본질에 집중함으로 하나님의 선교를 회복하자는 운동인 선교적 교회운동에서 강조하는 것도 세상 속에서 예수 그리스도를 따라 '부르심에 합당하게 행하는 것'이다.[20] 교회는 본질적으로 세상과의 연관성에서만 자신의 존재 이유와 목적을 알게 된다.[21] 따라서 우리가 누구이며, 왜 예수님의 제자인지를 삶 가운데 드러내는 것이 그리스도인의 소명이고, 우리의 정체성임을 기억하고, 이를 살아 내는 삶을 뜻한다.[22] 대럴 구더 또한 이 일차적 소명을 선교적 교회의 일반적인 소명이라고 하고, 이차적 소명을 특별한 소명이라고 구별한다.[23] 하나님 백성 전체에 대한 소명이 특별하게 구별된 종들의 소명보다 우선한다는 것이다. 즉, 이차적 소명에 해당하는 '특별한 안수'는 일차적 소명에 해당하는 '일반 안수의 하부 구조'라고 설명하고 있다.[24] 따라서 삶 가운데, 일차적 소명과 이차적 소명의 순서를 헷갈리지 않게 일차적인 소명이 항상 이차적인 소명 앞에 오도록 해야 한다.

기독교 리더로서 자신의 일차적인 소명은 먼저 주님의 사람이 되라는 것, 다시 말해서 예수님을 닮으라는 것과 연관되어 있지 어떤 위치나 자리를 위하여 부르신 것이 아니다. 하지만 우리는 이 사실을 자주 잊을 때가 많다. 하나님은 우리가 어떤 일을 감당하기보다는 어떤 사람이 되느냐에 더 관심을 두실 것이다. 리더가 소명의 진정한 뜻을 회복한다면 소명은 일상적인 일에도 존엄성과 영적인 중요성을 부여한다. 더 나아가 '리더가 하는 일 따로, 팔로워가 하는 일 따로'라는 식의 계층 구조를 깨뜨림으로 일상적이고 작은 일에도 동등한 책임감을 갖게 해준다. 곧 작은 일에 충성하는 것의 중요성을 깨닫게 되는 것이다(눅 16:10-12). 그리스도인이 하는 모든 일이 믿음에서 나오고 하나님의 영광을 위해 행해진다면 모든 이원론적인 구별은 무너진다. 일상의 삶에서 하나님의 부르심에 대한 확신이 있을 때, 자신의 신앙의 정체성이 형성될 수 있고 이를 통해서 전인적인 영적 성숙에 이르게 된다. 그래서 진정한 부르심에 합당하게 행하는 모습은 하나님의 은혜에 끊임없이 의존하며 하나님 앞에서 약하고 두려워하고 심히 떠는 경외의 모습이고, 지혜의 말을 의지하기보다는 '다만 성령의 나타나심과 능력'을 의지하는 모습이다(고전 2:2-5). 예수님은 종의 형체를 가지셨고 하나님 아버지의 뜻을 겸손히 따르셨는데, 그 이유는 하나님이 누구인지를 명확히 알고 계셨기 때문이다. 소명에 합당하게 행하는 리더란 모든 것에서 하나님의 일차적인 부르심에 반응함으로써 자신의 이차적인 부르심을 실천하는 사람이다. 그래서 그 부르심에 합당하게 행하는 삶의 모습은 낮아짐, 온유함, 오래 참음, 사랑 안에서 서로 용납함, 평화의 띠로 성령의 하나 되게 하심을 유지하려는 열심이 나타나게 된다(엡 4:3).[25]

(2) 개인의 재능과 공동체적 소명 확인하기

우리는 기독교 리더에게 어떤 능력과 책임감을 기대하는가? 그것은 하나님의 기대와 어떻게 같고 또 다른가?

은사는 여러 가지나 성령은 같고 직분은 여러 가지나 주는 같으며 또 사역은 여러 가지나 모든 것을 모든 사람 가운데서 이루시는 하나님은 같으니 각 사람에게 성령을 나타내심은 유익하게 하려 하심이라… 이 모든 일은 같은 한 성령이 행하사 그의 뜻대로 각 사람에게 나누어 주시는 것이니라(고전 12:4-7, 11).

하나님은 우리의 재능에 부합하게 우리를 부르신다. 재능이 우리의 소명을 분별하는 유일한 요소는 아니나, 소명을 분별하는 핵심변수 중 하나로서 작용한다. 이는 재능에 대한 성경적 이해가 일반 사람들의 이해와 다르기 때문이다. 하나님이 보통 우리의 재능에 부합되게 우리를 부르시는 것, 즉 그 재능의 목적은 개인의 이기심이 아닌 청지기로서의 섬김에 있다는 것이 중요하다.[26] 따라서 하나님이 우리가 가진 재능을 반드시 예측 가능한 방식으로 사용하셔야 하는 것은 아니다. 은사는 다양하게 사용될 수도 있지만, 재능을 사용하는 것이 우리의 권리는 아니고, 사용하지 못한다고 해서 우리의 권리가 침해되는 것도 아니지만, 은사는 우리가 그리스도의 몸 된 교회를 어떻게 섬길 수 있는 것인지에 대한 중대한 실마리를 제공한다.[27] 우리가 가진 모든 것은 하나도 예외 없이 하나님으로부터 우리에게 주어진 것이다. 재능 역시 결코 우리의 것이 아니며 우리 자신의 유익을 위한 것도 아니다. 즉 우리는 우리의 소유가 아닌 것을 신중하게 관리할 책임을 받은 자들이며, 그렇기에 우리의 재능은 항상 '타인을 위한 우리의 것'이다. 그리스도의 공동체 내에서든 좀 더 넓은 사회 속에서든 마찬가지이며, 궁핍한 이웃과의 관계에서 특히 그러하다.[28] 타인을 위한 우리의 것이라는 소명에 대해서 기니스는 소명의 구체적인 우선순위를 설명해주고 있다.[29] 첫째, 개별적인(혹은 특정한) 소명과 공동체적(혹은 일반적) 소명의 경우 공동체적 소명이 우선된다. 둘째, 후발적인 특별한 소명과 본래적인 평범한 소명의 우선순위를 분별하기 어려울 경우 '나를 따르라'는 본래적 소명에 순종하되, 그 소명이 중심적인 것인지 주변적인 것인지 잘 분별할 것을 부탁한다. 사역과 연관되는 이차적인 소명은 그리스도의 몸된 공동체에 함께 있는 다른 지체들에 의해서 더 명확해지고 확고해진다.

그리스도인들에게 있어서 하나님께서 주신 소명은 발견하는 것이 아니라, 이미 우리에게 명확하게 명령하신 것을 감당하기 위해서 신실한 사람이 되고(being), 그 일을 감당하는(doing) 사람이 되는 것이다.[30] 스티븐스R. Paul Stevens는 소명에 대한 기독교의 교리가 그리스도인들에게 가장 중심되는 신학임을 강조하면서 '하나님은 우리가 어떤 일을 감당하라고 부르시기 이전에 어떤 사람이 되어야 한다고 부르신다'고 주장하면서 우리의 태도에 대해서 강조한다.[31] 그래서 부르심에 합당하게 행하는 것은 자기에게 맞는 직업이나 능력에 합당하게 행하라는 것이 아니고, 우리가 살아가는 삶에서 보여주는 진실함integrity의 문제와 연관이 있다.[32] 우리는 보통 어떤 사람을 대할 때 무슨 일을 하는지 묻는다. 이름이나 출생지보다 직업을 아는 것이 상대방을 파악하는 데 훨씬 도움이 되기 때문이다. 우리는 깨어있는 시간 중 너무나 많은 부분을 일하는 데 사용하기 때문에 직업은 우리에게 정체성을 부여하기까지 하며, 우리 존재는 자신이 하는 일 자체가 되어 간다. 그러나 소명은 이러한 사고방식을 뒤엎는다. 소명의식은 직업 선택에 선행해야 하고, 소명을 발견하는 길은 우리 각자가 창조될 때 부여받은 부르심과 재능을 분별하는 것이다. 장 깔뱅은 "부르심에 순종하도록 주어진 세상의 그 어떤 일도 너무 지저분하고 천해서 빛이 나지 않는다는 평가를 받지 않으며 하나님의 눈에는 한

없이 소중하게 비쳐질 것"이라고 했다.[33] 부르심에 순종한 일이라면, 소명은 '당신의 존재는 당신이 하는 일이다'라고 말하지 않고 '당신의 존재에 걸맞은 일을 하라'고 말한다.[34]

예수께서 하나님 나라를 은유적으로 표현하신 말씀 중 소금 비유 (마 5:13)를 통해 교회와 기독교 리더의 책임감에 대해 생각해볼 수 있다.[35] 첫째로, 소금은 맛을 잃지 않아야 하고 다른 것으로부터 구별되어야 한다. 소금이 그 독특한 맛을 잃는 순간, 그것은 무용지물이 된다. 교회도 이 원리와 같다. 둘째로, 소금은 음식이 아니기 때문에 어느 누구도 소금 자체만을 먹는 사람은 없다. 이와 같이 교회도 교회 스스로를 위해 존재할 수 없다. 교회는 복음을 위해 존재하고 복음은 세상을 위해 존재한다. 셋째로, 소금의 역할은 음식이 참 맛을 발휘할 수 있도록 도와서 먹는 사람들로 하여금 즐길 수 있게 하는 것이다. 음식의 맛을 잃게 하는 것이 아니라 더 강화하는 것이다. 같은 이치로, 교회 역시 사회나 국가나 또는 세상을 교회화시키는 것이 아니다. 교회는 세상을 세상답게, 정치를 정치답게, 국가를 국가답도록 도와주는 역할을 감당해야 한다. 한국의 교회가 공동체로 부르신 하나님의 뜻을 분별하며 자신들에게 부여된 공동체적 소명을 확인하고 지역교회로 존재하며 동시에 공동체적 소명의 수행자로서 그 역할을 다하는 것이야말로 교회됨을 드러내는 선교적 공동체가 되는 길이다.

IV. 팬데믹 상황에서 필요했던 섬김의 리더십은 기독교 리더십일까?

코로나19로 인한 팬데믹 기간을 지나면서 각 나라 대통령이나 총리의 리더십에 따라서 전염병에 대응하는 방법이 각각 다르게 나타나는 모습을 보았다. 코로나19를 투명하게 대처한 나라는 국민을 살릴 뿐 아니라 그 나라와 제품에 대한 신뢰도까지 올라갔다. 그런데 코로나19는 각국의 탑리더Top Leader가 가진 리더십 스타일보다는 그 리더가 어떤 사람인지, 리더가 추구하는 가치가 중요함을 알게 해주는 계기가 되었다. 왜냐하면 사람들은 위기에 처하면 진실한 소통, 현명한 지도력 그리고 희망을 찾기 위해 도덕적 권위에 기대는 경향이 있기 때문이다. 따라서 리더가 개인적으로나 공동체적으로 명확한 정체성과 소명의식이 있는 리더들일수록 더 많은 국민의 생명을 살렸고, 국가 신뢰도는 그와 비례하게 되었다. 최근 리더십 이론들 중에 떠오르는 리더십도 리더의 성품에 초점을 맞추고 있는 윤리적 리더십, 진성 리더십, 섬김의 리더십이다. 이 중에 기독교인들에게 관심과 궁금증을 함께 가져오는 이론이 하나 있는데, 섬김의 리더십이다. 왜냐하면 섬김의 리더십과 위에서 논의한 기독교 리더십이 때로는 동일하게 사용하기 때문이다. 인터넷에서 섬김의 리더십을 찾아봐도 일반적 섬김의 리더십과 예수님의 섬김의 리더십이 같이 검색된다.

리더십 학자들은 섬김의 리더십이 다른 리더십의 근본적 토대가 됨을 인정하고 있으며[1], 1995년 이후부터 포춘지Fortune Magazine가 선정한 세계 100대 기업들 중 1/3 이상의 기업들이 섬김의 리더십을 회사의 핵심 경영방침으로 삼고 있다.[2] 이와 같은 현상은 섬김의 리더십이 많은 분야에 걸쳐 배우고 적용할 수 있는 리더십임을 알려준다. 하지만 기존에 있는 일반적 리더십 이론으로서의 섬김의 리더십은 기독교 리더십이라고 할 수 없다. 그렇다면 일반 섬김의 리더십이 아닌 성경적 기준과 가치에 근거한 섬김의 리더십은 기독교 리더십이라고 부를 수 있을까? 이 질문에 대한 답을 찾아보는 과정이 한국교회에 바람직한 성경적인 섬김의 리더십 내지는 기독교 리더십을 제공하는 일이 될 것이다.

1. 리더십 이론으로서 섬김의 리더십

섬김의 리더십을 최초로 이론적으로 개념화한 사람은 그린리프 Robert K. Greenleaf이다.[3] 1970년대 초 그린리프는 그의 수필 "리더로서의 종The Servant as Leader"에서 이전과는 전혀 다른 리더십의 개념을 사용하였고, 1977년에 그의 저명한 저서 『섬김의 리더십Servant Leadership: A Journey into the Nature of Legitimate Power and Greatnessw』을 통해 더 심도 깊게 섬김의 리더십을 소개하고 있다. 그린리프 스스로 섬김의 리더십 자체를 명확히 정의하진 않았으나, 대중이 관심을 가질 수 있도록 하는 중요한 역할을 수행했다. 다른 리더십 이론과 구별되는 섬김의 리더십의 특징을 개인과 조직 차원에서 살펴보고, 섬김의 리더십 특성 중 놓치지 말아야 할 핵심요소를 살펴보면 다음과 같다.

1) 개인 차원의 특징: 먼저 섬김이(Servant) 되기

그린리프에 의하면 전통적 리더십은 다른 이들을 이끌고자 하는 열망에 그 동기를 두지만, 섬김의 리더십은 도덕적 가치나 사회적 규범에 적법하고자 하는 데 그 동기를 둔다고 설명했다.[4] 섬기는 리더는 먼저 종, 섬김이servant가 되어야 한다고 그는 말한다.

섬기는 리더란 먼저 솔선수범하여 섬기는 사람이다. 이것은 남을 섬기고자 하는 열망이나 섬김을 먼저 실천하고자 하는 본능적인 감정에서 출발한다. 그 후에 자발적 선택이 이끌고자 하는 동기를 부여한다. 이러한 이는 먼저 리더의 지위에서 출발하려는 사람과는 극명한 차이를 보이는데, 그것은 먼저 섬기고자 하는 자들은 물질적 소유욕과 같은 본능적 욕구를 먼저 억제하려고 하기 때문이다. 그렇게 함으로 섬김이 먼저인 리더십이 수립될 수 있다. 이끄는 것이 먼저인 리더십(leader-first)과 섬기는 것이 먼저인 리더십(servant-first)은 극단적으로 다른 개념인 것이다. … 두 개념의 차이는 섬김이 먼저인 리더십이 그 무엇보다 섬기는 사람들에게 우선순위가 있다는 사실에서 명백하게 알 수 있다.[5]

그린리프는 섬김의 리더십에서 가장 중요한 요소는 바로 '리더의 동기'라고 주장한다. 리더는 섬길 것인지, 아니면 이끌 것인지 내면적 동기를 갖게 되는데, 이 동기가 섬기는 리더들의 자기희생적 성향을 가능하게 한다. 섬김의 행위를 통해 리더는 사람들의 잠재력을 끌어내며 그들을 이끌 수 있는 리더가 될 수 있다. 이러한 리더들의 내면적 동기가 일생을 통한 헌신을 가능하게 해주고, 이러한 헌신이 섬기는 리더들의 기초가 된다.

섬김의 리더십의 각 차원은 몇 가지 특징적인 행동양식과 연관이 있다.[6] 헌터James C. Hunter는 리더십을 정의하면서 "리더십은 성격이나 소유물 또는 카리스마에 그 기준이 있는 것이 아니라 당신이 어떠한 사람인가에 그 기준을 둔다"고 했다.[7] 그러므로 섬김의 리더십이란 섬김의 행위 자체(doing)로 국한되지 않고 섬김이(servant)가 되는 것(being)이며, 이러한 관점의 변화가 리더십 모델 연구의 패러다임 자체를 바꾸는 결과를 가져왔다.[8] 리더십은 권위authority와 영향력influence 위에 세워지나, 권위와 영향력은 섬김과 희생 위에, 또한 섬김과 희생은 사랑이라는 기초위에 세워진다. 섬김의 리더들은 남을 치유하고, 설득하며, 남들의 욕구와 소원을 잘 파악하고, 그들의 고통과 좌절을 기꺼이 함께 나누는 사람들이다. 그래서 그린리프 리더십 센터장을 역임한 스피어스Larry C. Spears는 섬김의 리더로 발전되는 것은 사랑과 격려와 용납으로 성취됨을 강조했다.9

세속적 사회에서도 이러한 견해는 유효한데, 사회에서 섬김의 리더십은 사람들의 잠재력을 최대한 끌어내기 위한 도구로서 그 의미를 가진다. 섬기는 리더는 사람들을 섬기면서 그들로 하여금 자신의 능력을 최대한 발휘하도록 돕는 기회로 여긴다. 또한 섬김의 리더는 기업 내에서 리더십의 위치에 도달하려 하지만 소양과 성격적 결함 때문에 힘들어하는 사람들이 그 단점을 극복해내도록 격려하기도 한다. 섬김의 리더십에서 성공은 베풂으로 정의되고, 성취는 섬김의 헌신도로 측정될 수 있다.10 더 나아가 센다야와 사로스Sendjaya and Sarros는 올바른 자아상이 리더로서 중요함을 역설한다. 섬김의 리더는 솔선수범하여 먼저 섬기기 위해 도덕적 신념과 정서적인 안정을 필요로 하는데, 그렇지 못한 섬김의 리더십은 건강하지 못한 자아상으로 이어지기 때문이다.11

2) 조직 차원의 특징: 팔로워와 조직의 이익을 함께 추구

섬김의 리더십이야말로 현대의 조직과 경영자에게 적합한 리더십 스타일이라고 말하는 사람들이 많다. 섬기는 리더 개념은 조직의 리더가 위에 위치하고 팔로워는 그 아래에 위치하는 종속적인 탑다운top-down 방식의 패러다임을 지양하고 있다. 전통적 피라미드 형태의 기업조직에서 힘은 위쪽으로 포진되어 있고 올라갈수록 그 힘을 가진 윗사람들과 아래쪽에는 그 힘을 갖기를 소망하는 아랫사람들인 직원들이 있다. 따라서 일반 직원들이 지향하고자 하는 방향과 그 조직을 이용하는 고객들과의 거리는 점점 멀어지게 된다. 그러나 평평한 수평적인 조직은, 고객과 직접적으로 일선에서 관계하는 직원들을 중요하게 여기므로, 구성원들이 자발적으로 헌신하는 행동voluntary action이 많은 기업이 되게 한다. 켈러맨Barbara Kellerman은 그녀의 저서 *Followership*을 통해 기업 문화가 점점 "수평적 구조"로 바뀌어감을 보여준다.12 수평적인 조직 안에서 직원들은 그것이 옳은 일이라면 적절한 타이밍에 윗사람의 재가 없이도 곧바로 필요한 조취를 취할 수 있는 더 강하고 좋은 조직이 된다.13 수직적인 피라미드 조직이 평평한 수평조직으로 개편될수록 윗사람의 권한이 아랫사람들에게 이양된다. 이러한 과정에서 섬김의 리더십은 조직 구성원의 마음을 얻고 조직의 목표를 쉽게 달성할 수 있는 적합한 리더십으로 등장하고 있다.

　나아가 섬기는 리더는 직원과 지역사회에 선한 영향력을 끼치길 원한다. 그렇기 때문에 섬기는 리더는 때론 다른 사람의 이익을 자신의 이익보다 우선시하고, 팔로워들의 발전을 기업의 발전 못지않게 중요하게 여긴다.14 섬김의 리더십은 팔로워들이 자신의 목표를 이루어 성장할 수 있도록 하며, 기업의 이익도 함께 추구하는 리더십이다. 섬김의 리더십은 인공지능과 사물인터넷 그리고 빅데이터 분석을 통한 딥러닝이 일상이 되고 있는 4차 산업혁명의 와중에서 다른 문화권에서 활동하는 글로벌 리더들에게 이상적인 리더십 스타일이 될 수 있다. 가장 보편적 모델로서 피라미드 형태의 기업구조는 산업혁명 이후부터 오늘날까지 이어져 왔다.[15] 그러나 최근 많은 조직과 기업의 리더들은 글로벌한 사업환경에서 근무환경의 개선을 위해 섬김의 리더십을 받아들여 더 발전시켜왔다. 권위주의적이며 통제적인 리더십 스타일은 현지의 사람들에게 반감을 사기가 쉽지만, 현지인들을 섬기면서도 문화적으로 이질적인 구성원들을 공동의 목표로 무리없이 인도하는 섬김의 리더십은 구성원들의 만족과 더불어 기업의 목적을 달성하도록 도와주기 때문이다.

3) 섬김의 리더십 핵심요소: 경청

그렇다면 섬김의 리더십의 "이론"은 존재할까? 이론이라는 단어에는 그것이 연구의 과정을 통해서 측정될 수 있고, 테스트가 되어 반복적으로 재생이 가능한 개념이라는 의미가 내포되어 있다. 이론이란 어떠한 공식의 형태를 가져야 하며, 특정하게 관찰되는 현상의 원리에 대한 어느 정도의 증명 가능성을 가지고 있어야 한다. 섬김의 리더십 이론이 존재함에도 불구하고 스피어스는 섬김의 리더십을 어떤 고정되거나 복잡한 여러 자격을 필요로 하는 것으로 정의하려는 시도에 회의적이다. 더 나아가 그는 섬김의 리더십에 관해서 더 많은 해석의 여지를 남겨두고, 그 가치에 대한 판단은 보류해야 한다고 주장한다. 위에서 언급했던 그린리프가 정의한 인용구는 대부분의 사람들이 이해할 수 있는 개념이지만, 만약에 섬기는 리더의 특성은 어떠해야 한다고 그 중요특성들을 확정할 때 사람들은 섬기는 리더가 되기 어려울 수도 있다.

간단하게 여겨졌던 섬김의 리더십에 대한 연구는 자세히 들여다볼수록 상당히 복잡하고, 정교한 개념들로 이루어져 있음을 보여준다. 예를 들어 학자들은 행위적 특성을 가지고 섬김의 리더십을 설명할 때 겸손, 관계의 능력, 섬김 지향적 성향, 팔로워의 발전을 돕기, 팔로워들의 자율성의 권장, 이타적 성향, 감성적 치유, 설득력 있는 계획성, 지혜로움 그리고 조직에서의 청지기적 삶 등의 다양한 특성을 이야기한다.[16] 섬김의 리더십의 또 다른 특성으로는 신뢰, 모범적인 모습, 개척자적 성향, 주변 사람들을 향한 감사,[17] 경청, 감정 이입, 치유, 자기 인식 능력, 설득, 개념화, 예측, 청지기적 성향, 다른 이들의 성장의 도모, 공동체의 형성 등을 들 수 있다.[18]

위에 열거한 것처럼 섬김의 리더십의 특성은 매우 방대하게 나타난다. 하지만 초기 학자들은 기본적으로 섬김의 리더십을 열 가지 특성으로 정의한다.[19] 그 열 가지 요소 중에서 그린리프와 스피어스는 '경청listening'이야말로 섬김의 리더십이 놓치지 말아야 할 가장 중요한 요소라고 주장한다. 실제로 그린리프는 '어떤 문제에 대한 자연스러운 진정한 섬김이의 자세는 경청에서 출발'한다고 주장했다.[20] 또한 그는 진정한 섬김의 리더만이 먼저 듣는 자세(by listening first)로 응답한다고 주장하면서 문제에 직면했을 때, 무조건적으로 경청하는 모습으로 반응할 수 있을 만큼 훈련할 것을 강조한다.[21] 다른 어떤 요소보다도 경청이 섬김의 리더십의 가장 중요한 요소이다.[22] 헌터 James Hunter 또한 어렵고 힘들지만 팔로워에 대한 공감적 경청의 중요성을 강조하고 있다.[23] 먼저 경청하는(listen first) 리더십의 모습은 리더로 하여금 더 나은 조직의 문화를 위해서 진정한 동기부여가 무엇이고, 팔로워의 필요가 무엇인지를 깨닫게 해 줄 것이다.[24] 여기서 경청한다는 것은 우리 자신의 선입견과 목적과 관심을 내려놓은 채, 상대방의 경험과 그들의 해석 속으로 들어갈 수 있도록 우리 자신을 여는 것이다. 우리는 먼저 타인을 경청해야 낮아질 수 있고, 섬길 수 있다. 아니 경청하는 것이 낮아지는 것이고 섬기는 것이다.

2. 기독교 리더십으로서 섬김의 리더십

그린리프Robert Greenleaf가 1977년 섬김의 리더십을 처음 소개한 이후 리더십 분야에서 섬김의 리더십은 중요한 용어가 되어왔고, 중요한 위치를 차지하게 되었다. 지난 50년 동안 섬김의 리더십은 대부분의 기독교 공동체가 인정하고 받아들인 리더십의 개념이 되어왔다.[25] 그린리프에 의하면 섬김의 리더십은 "먼저 섬기고자 하는 자연적인 감정에서 출발한다. 그리고 나서 자발적 선택을 통해 이끌고자 하는 마음이 생기는 것이다."[26] 대부분의 섬김의 리더십의 정의는 남을 섬기고자 하는 마음에서 출발하지만, 기독교인은 그러한 접근법의 약점을 인지하고 있어야 한다. 자칫 다른 사람의 시선을 지나치게 의식하고, 개개인의 필요만을 충족시키다가 더 중요한 것을 놓칠 수 있다. 더 나아가, 기독교인들은 본인들이 매일의 삶 속에서 실천하고자 하는 섬김의 리더십을 그린리프가 처음으로 주장한 것이 아니라는 것을 상기해야 한다. 섬김의 리더십이란 개념의 기원은 몸소 섬김의 리더십을 보여주셨던 예수님으로부터 찾을 수 있다. 그린리프 역시도 그가 제시한 섬김의 리더십 모델이 예수께서 보여주신 사역(특별히 요 7:58-8:11)과 모순되지 않는다고 인정하지만, 그의 섬김의 리더십 모델은 예수님의 삶과 사역을 바탕으로 발전된 것은 아니다. 섬김의 리더십의 개념은 매력적인 이상일 수 있으나, 현실세계에서는 기업의 수직적인 구조와 섬김의 실천에 대한 두려움 때문에 실제로 적용을 꺼리는 조직도 많은 것이 사실이다. 또한 섬김의 자세로서의 종의 모습은 약육강식의 현실세계에서는 다소 고상한 개념일 뿐 아니라 때로는 굴종의 모습으로 이해될 때가 많다. 이러한 어려움은 교회도 예외는 아니지만, 섬김의 리더십의 모델을 예수님의 모습을 중심으로 신학적인 기초를 두고 이해한다면 이러한 문제를 해결하는 데 도움이 될 것이다. 예수님에 대한 깊이 있는 이해와 연구를 통해서 우리는 섬김의 리더십의 성경적 모델을 바탕으로 한국교회를 위해 기독교 리더십으로서의 섬김의 리더십을 살펴봐야 할 것이다.

1) 기독교적 섬김의 리더십에서 섬김의 자리

섬김의 리더십에서 중요한 핵심은 먼저 섬기려고 하는 것이고 그 섬김의 핵심은 경청이다. 그에 반해 기독교 리더십의 핵심은 하나님의 뜻을 이루기 위한 부르심, 즉 소명에서부터 출발한다. 그렇다면 기독교 리더십의 핵심인 부르심에 충실하게 소명을 따른다는 것과 섬김의 리더십의 핵심인 섬김은 어떤 관계를 가지고 있을까? 이를 통해 알 수 있는 기독교적 섬김의 리더십의 모습은 어떤 모습일까? 우리가 오해하고 있는 섬김과 연관된 하나님의 뜻에 대해서 예수께서 무엇이라고 말씀하시는지 점검할 필요가 있다. 섬김에 대해서 예수님은 마가복음 10장에서 그 기준을 우리에게 제시해 주신다. 마가복음 10장 42-44절에 천국에서 더 큰 자리를 두고 논쟁하던 제자들을 향한 예수님의 응답이 나타나 있다. 예수님은 제자들의 요구에 대해 다음과 같이 대답하셨다:

> 예수께서 불러다가 이르시되 이방인의 집권자들이 그들을 임의로 주관하고 그 고관들이 그들에게 권세를 부리는 줄을 너희가 알거니와 너희 중에는 그렇지 않을지니 너희 중에 누구든지 크고자 하는 자는 너희를 섬기는 자가 되고 너희 중에 누구든지 으뜸이 되고자 하는 자는 모든 사람의 종이 되어야 하리라(막 10:42-44).

이 말씀을 통해 예수님은 제자들이 갖고 있던 리더십과 위대함에 대한 통상적 개념을 완전히 전복시키셨다. 예수님은 섬김을 강조하셨고, 바로 이러한 설명을 통해 예수님은 그 분을 따르는 제자들에게 진정한 위대함이 무엇인지를 가르치셨다. 위대함은 지배가 아닌 섬김에서 온다(막 10:44; 눅 22:25-26). 예수님을 따르는 자들은 위대함보다는 섬김의 열망을 갈구해야 하고, 하나님 나라에서 리더십은 명령하거나 군림하는 권력이 아닌 겸손한 섬김의 모습으로 나타난다(막 10:44; 마 20:25).

그러나 때로 우리는 섬김을 섬김의 리더십의 핵심적인 특징으로 간주하기보다는 리더십의 수단으로서만 사용할 때가 있다. 탄 ~Siang-Yang Tan~은 섬김의 리더십을 이해하는 부분에서 섬김의 중요성을 강조하기보다는 리더십에만 초점을 맞추는 경향성의 오류를 지적하고 있다. 그는 "섬김의 리더십에서 섬김의 목적이 리더십의 목적과 목표만을 위해서 행해지고, 그것을 위해 먼저 실행되는 것이라면 그러한 섬김의 리더십은 성경적이지 못하다"[27]고 강조한다. 탄~Tan~에 의하면 그린리프 역시 이러한 맹점을 발견하고, 해이너~Steve Hayner~를 인용해서 그러한 가능성에 다음과 같이 경고했다: "점점 더 섬김의 리더십과 관련한 현대 서적들이 늘어나고 있다. 하지만 나는 이러한 서적들이 섬김의 리더십에 대해서 설명할 때 리더십이 중심개념이고, 섬김은 그를 위한 수식구라는 것에는 전적으로 동의할 수 없다. 예수님은 하나님과 이웃을 향한 무조건적인 섬김의 자리로 우리를 부르신다. 따라서 섬김의 리더십은 어찌 보면 그 자체로 모순적일 수 있다. 왜냐하면 섬김의 리더십은 섬김의 의미를 명확하지 않게 사용하고 있기 때문이다. 하지만 섬김과 섬김의 리더십은 다른 것이다."[28]

그럼에도 불구하고 탄~Tan~은 섬김의 리더십이라는 명칭은 포기하지 않고, 대신 섬김의 리더십의 성경적 의미를 발견하고자 노력했다.

섬김의 리더십은 리더십이 무엇보다 먼저 섬김에 근거하고 있는 것으로 사용되어 왔다는 측면에서는 올바르고 성경적이었음을 이야기하며, 이 것은 섬김의 마음 또는 태도를 가진 리더를 일컫는다고 한다. 리더는 먼 저 섬기는 자가 되어야 하고, 섬기는 이들 중 지금은 리더로 섬기는 경우 는 하나님의 특별한 부르심이 있었기 때문이다. 다시 말해 모든 섬기는 이가 다 리더로 부름받은 것은 아니다. 그러나 모든 리더들은 리더이기 이전에 모두 섬기는 자로 부름받았고 그 이후에 리더로 부름받은 것이다.[29]

그는 섬김servanthood을 예수님의 제자가 되길 원하는 모든 이에게 요구하시는 첫 번째 부르심으로, 또 리더십leadership을 하나님께서 제자들 중 특별한 사람에게 주시는 두 번째 부르심으로 구분 지었다.[30] 이것은 섬김보다 리더십을 우선하는 일반적인 섬김의 리더십에 대한 보통의 이해를 뒤집는 견해이다. 즉 섬김은 하나님의 뜻을 감당하기 위한 그리스도의 제자라면 당연히 가져야 할 첫 번째 태도라는 것이다. 그 섬김의 태도를 가진 자 중에 특별한 사람에게 소명을 허락하셔서 리더십의 자리를 허락하신다면 그것 또한 은혜다. 섬김의 태도로 각자의 자리에서 하나님께서 허락하신 부르심에 따른 소명을 이뤄나가는 리더십이 진정한 기독교적 섬김의 리더십이라고 할 수 있다.

2) 섬김의 리더십의 원천이신 예수

하나님의 뜻을 이뤄가는 기독교 리더십의 중요한 핵심요소로 섬김이 자리하고 있다. 섬김은 십자가의 길을 따라가야 하는 기독교 리더십의 가장 중요한 요소이다. 즉 십자가의 길이 섬김의 길이고, 예수님의 십자가가 섬김의 의미를 정의하기 때문에 리더십은 '고난을 감수하는 섬김'으로 정의될 수 있다.[31]

그런데 이러한 섬김의 진정한 모습은 일반적으로 적용되는 섬김의 이해가 아니라 예수께서 본을 보여주신 것에서 시작된다. 예수님이 보여주신 섬김의 본은 예수님의 성육신 사건에서 출발하여 십자가 사건에서 그 정점을 이룬다. 예수님이 보여주셨던 리더의 정체성은 섬기는 지도자의 모습이 아니라 지도(lead)하는 종의 모습이다.[32] 어떤 이들은 섬김을 너무 연약한 노예근성 정도로 여겨서 현대 사회에서는 효용가치가 없다고 생각할 수 있지만, 성경에서 묘사하는 섬김은 리더십의 매우 강력한 모델이 될 수 있다.[33] "그는 근본 하나님의 본체시나 하나님과 동등됨을 취할 것으로 여기지 아니하시고 오히려 자기를 비워 종의 형체를 가지사 사람들과 같이 되셨다"(빌 2:6-7)는 말씀에서 알 수 있는 섬김의 이미지는 하나님이신 예수께서 인간으로 오신 것과 일치한다. 섬기는 리더이신 예수님은 "사람의 모양으로 나타나사 자기를 낮추시고 죽기까지 복종하셨으니 곧 십자가에 죽으심이라"(빌 2:8).[34] 예수께서 보여주신 섬김의 리더십의 정수는 십자가 사건이지만, 그 사건 전날에 제자들의 발을 친히 씻기신 것으로 표현된다.[35] 제자들의 발을 씻기신 사건을 통해서 예수님은 연약함이 아닌 섬김의 열망을 보여주셨다. 예수께서 제자들에게 "나는 섬기는 자로 너희 중에 있노라"(눅 22:27)라고 밝히심으로써 자신의 신분을 선포하심 같이 자기 자신을 드리며 섬기셨고, 그러한 정체성에 근거하여 사역을 감당하셨다.[36]

예수께서 몸소 보여주신 리더십의 모습은 섬김의 리더십에 대한 기독교적 이해가 헤세Herman Hesse의 "동방순례Journey to the East"[37]에서 그린리프가 찾아낸 리더십과는 다르다는 것을 보여준다. 섬김의 리더십의 성경적 모델과 세속적 모델의 차이점은 섬김을 예수님의 삶을 통해서 이해하고 있는지, 아니면 예수님을 '섬김이라는 미리 정해놓은 렌즈'를 통해 해석하는지에 따라서 크게 나뉘어진다. 다시 말하면 성경적인 관점에서 이해하는 섬김의 리더십과 세속적인 관점에서 보는 섬김의 리더십의 한 가지 중요한 차이는 성경적 관점에서 '섬김'은 예수님을 통해 정의되고 이해되는 반면에, 세속적 모델은 어떤 기준으로 정의되었는지 모르지만 이미 정의된 '섬김'이라는 틀을 통해서 예수님을 해석하려고 한다는 것이다. 여기서 예수님이 말씀해 주신 기독교 리더십의 모습은 개인의 도덕적인 변화를 넘어서, 하나님 나라라는 더 거룩한 목적을 향해서 움직이게 함으로 조직과 개인의 변혁을 이끄는데 관심을 가지게 한다.[38] 이러한 차이는 기독교인들로 하여금 예수님의 공생애와 그 사역뿐 아니라 예수님과 하나님과의 관계에도 그 중요성을 두게 한다. 예수님의 뚜렷한 정체성에 대한 이해와 하나님과의 관계의 견고함이 예수님으로 하여금 섬김의 모습을 보여주시도록 만들었고, 하나님의 계획과 뜻에 온전히 온맘 다해 헌신할 수 있는 원동력이 되었다. 예수님은 어떤 공식적 타이틀이나 지위에 얽매이지 않고, 스스로를 하나님께 드리고 헌신할 수 있었던 건 하나님께서 당신 삶의 통치자가 되심을 신뢰하였기 때문이다.

예수님이 오래 기다려온 메시아라는 소문은 사람들로 하여금 예수께서 이 땅의 통치자로 오시고, 그들에게 리더십을 행사하실 것이라 기대하게 했다. 하지만 복음서의 기자들이 전하고 있는 것처럼 예수님은 그와 같은 행위들을 거부하셨다(요 6:15). 예수께서 몸소 제자들에게 보여주신 가르침을 따르는 성경적인 섬김의 리더는 지위에 따르는 권위(요 7:14-18; 막 1:22-27)가 아니라 하나님의 뜻을 따르는 사람들이다(막 10:32-45). 오늘날의 기독교인 중에서 예수님으로부터 비롯된 자신의 정체성을 확립한 사람들은 두려움이나 굴종에서 기인하지 않은, 진정한 섬김과 자기희생적인 모습을 실천할 수 있을 것이다.39 두려움과 불확실성의 시대에 이처럼 하나님의 뜻을 이루기 위한 섬김이 기독교인들의 정체성에 내면화될 때, 기독교인들이 어려움과 역경에 맞서서 그 믿음을 견고히 하고 계속해서 섬김의 삶을 살 수 있는 능력과 용기를 갖추게 될 것이다.

3) 기독교 리더: 하나님의 뜻을 이루기 위해서 섬기라고 부르심을 받은 자

짐 콜린스의 책 *Good to Great*는 비즈니스 세계뿐만 아니라 기독교 리더십 분야에서도 관심을 끌고 있다. 콜린스가 주장한 '레벨5 리더십'은 기독교 리더들에게 많은 영향을 주고 있다. 라이너Thom S. Rainer가 말하는 부흥하는 교회breakout churches의 리더들의 특징을 '겸손confident humility'이라고 한 설명은 콜린스가 말하는 'compelling modesty'의 개념과 놀라울 만큼 유사하다.40 레벨5의 리더들은 다음 세대의 성공에 힘을 쏟으면서, 개인적인 겸손과 전문가적인 열정을 잘 구비하고 있다.41 라이너는 "콜린스가 말한 이러한 리더들이 진정한 섬김의 리더라고 주장하면서 때때로 콜린스가 묘사한 레벨5의 리더는 건강한, 심지어 성경적인 리더를 이야기하고 있는 것 같다"고 이야기한다.42 *Good to Great*라는 책은 기독교 서적도 아니고, 콜린스가 그 책에서 기독교 신앙에 대해서 강조하지 않았음에도 불구하고 콜린스가 묘사하는 탁월한 리더는 섬김의 리더와 가까워 보인다. 글로벌한 4차 산업혁명의 시대에 기업에서 상대 문화에 대한 존경 그리고 낯선 사람들에 대한 겸손과 섬김의 정신은 성공하는 리더가 될 수 있는 필수 요소가 될 것이다.

앞에서 살펴보았던 것처럼 세상적 섬김의 리더와 성경의 섬김의 리더의 차이점은 외형적으로 찾기가 쉽지 않다. 그렇다면 일반적으로 일컫는 섬김의 리더십과 성경적 원칙에 입각한 기독교적 섬김의 리더십의 결정적인 차이는 무엇인가? 기독교인의 리더십과 세속적 리더십에는 확실히 구별할 수 있는 차이점은 무엇인가? 탄은 기독교 지도자들은 섬김의 리더십의 일반적인 정의에서 더 나아가 하나님의 선교missio dei에 근거하고 예수님의 형상을 토대로 한 발전적 정의를 따라야 한다고 주장한다.[43] 섬김에 대한 기독교적 이해는 방향이 없거나 형태가 없는 것이 아니라, 아버지께 위탁받은 사명을 감당하기 위해 스스로 섬기는 자가 되었던 예수께 그 모델을 두어야 한다.

바나George Barna는, 성경적 리더는 '예수 그리스도와 같은 성품을 가지도록 사람들로 하여금 하나님을 알고, 사랑하고, 섬길 수 있도록 돕는 자이고, 또 하나님의 종으로서 각자에게 맡겨진 소명을 감당하도록 사람들을 이끌고, 자신에게 맡겨진 일을 수행할 수 있는 실질적 역량을 소유한 하나님께로부터 섬기라고 부르심을 받은 자'라고 한다.[44] 다른 말로 하면, 기독교 리더는 하나님의 부르심을 받고, 예수님의 모습을 닮은 사람이며, 효과적인 리더십의 역할을 수행할 수 있어야 한다.[45] 그러므로 성경적인 섬김의 리더십의 핵심은 예수님과의 친밀한 관계와 하나님을 사랑함으로 예수님을 따름에서 출발해야 한다. 윌키스Gene Wilkes는 성경적 섬김의 리더를 "미션을 섬기는 자이고 사람들로 하여금 그 미션을 섬길 수 있도록 이끄는 자"라고 정의한다.46 그 미션은 섬김의 리더를 위한 모든 것이다. 하나님의 뜻을 위한 섬김은 열정을 창조하는데, 이것은 리더의 효과성에 있어서 필수적이다.

성경적 리더에 대한 바나Barna의 정의를 따르면, 기독교적 섬김의 리더는 "하나님이 실질적인 리더라는 것을 깨닫고, 수행하라고 주신 특별한 미션을 위탁받은 자"이다. 이것은 하나님이 주신 소명과 하나님의 뜻이 리더의 개인적인 목표보다는 우선시 되어야 한다는 의미이고, '위탁받았다'는 것은 리더가 이 소명을 수행하는 데 겸손해야 함을 알려주는 것이다. 그 때문에 공동체의 리더가 겸손하게 섬김의 태도를 가지면 가질수록, 조직이 탁월하게 될 가능성이 더 높아진다. 콜린스Jim Collins의 말을 빌어보면, 하나님께서 위대해great지라고 우리를 부르셨는데, 우리가 좋은 것good에만 머문다면 그것은 죄악이다. 섬김에 대해서 예수님이 말씀하신 마가복음 10장에 야고보와 요한의 어머니는 예수께 나와서 자신의 두 아들을 주의 나라가 임했을 때 들어 써 주실 것을 부탁한다. 예수님은 이때 위대함이라는 것이 직위나 자리에 있기보다는 섬김과 함께 한다는 새로운 패러다임을 가르쳐주실 기회를 놓치지 않으셨다. 예수께서 리더의 위대함은 자신을 따르는 자들에 대해서 전적으로 얼마나 헌신했는가에 의해서 측정된다고 가르치시면서 섬김servant과 위대함greatness를 동일하게 사용하셨다.47

리더십이 종종 무엇인가를 행하는 것에 초점을 맞추는 동안, 섬김의 리더십은 줄곧 존재의 방법a way of being에 대해서 이야기하고 있었다.[48] 그렇다고 섬김의 리더십이 지향해야 할 방향이 없거나 유약한 리더십이 아니다.[49] 때로는 섬김의 리더십이라는 용어가 주는 느낌은 압제와 고통 속에 있는 사람들에게는 부정적 의미로 남겨져 있을 수도 있다.[50] 하지만 섬김의 리더십에 대한 기독교적 이해는 예수 그리스도의 섬김을 생각하지 않을 수 없다. 예수님은 기꺼이 우리에게 종의 모습으로 다가오셨다. 예수 그리스도의 섬김으로부터 시작된 리더십을 어떤 학자들은 성경적 리더십(Howell), 섬김의 리더십(Greenleaf, Laud) 그리고 성경적 섬김의 리더십(Wilkes)이라고 표현은 달랐지만 같은 개념으로 사용해 왔다. 하지만 어떤 학자들은 섬김의 리더십이라는 용어는 세속적인 개념으로만 사용하고, 기독교와 연관되어서만 성경적 리더십이란 용어를 사용한다. 기독교 리더십은 어떻게 불리든지 상관없이 그 안에 하나님의 뜻을 이루기 위한 예수 그리스도의 섬김과 같은 성경적 '원칙principles'에 기초를 두고 있는 리더십이고, 또한 성경적 원칙에 입각한 기독교 리더는 하나님의 뜻을 이루기 위해서 섬기라고 부르심을 받은 자이다.

여기서 또한 점검하고 나가야 하는 것이 최근 중요하게 등장한 선교적 교회론에서 사용하는 선교적 리더십 내지는 선교적 제자도라는 용어와의 연관성이다. 선교적 교회론의 중심을 차지하는 내용은 '부르심에 합당하게 행하는 것'이다. 이것은 기독교 리더십의 목표로서 가장 중요하게 여기는 '하나님의 뜻을 이루는 것'과 결국은 같은 소명에 대해서 강조하고 있는 것이다. 따라서 교회에서 교인들을 훈련할 때 하나님의 뜻을 이루기 위해서 부르심에 합당하게 행하도록 권면하고, 말씀으로 가르치고, 롤 모델이 되어 선한 영향력을 끼쳐야 하는 기독교 리더십은 어떤 의미에서 선교적 리더십이라고 불러도 무방할 것이다. 신약성경에 나타난 교회의 특징을 그리스도의 증인이 되라는 부름을 받은 공동체로서 소명을 감당하는 공동체로 이해한다면, 기독교 리더십을 선교적 리더십이라고 부르는 것에 어색함이 없다. 선교적 교회가 삼위일체 하나님의 선교적인 성격에 대해서 숙고하고, 선교를 중심점으로 삼아 교회의 존재와 실천의 진정성을 찾고 있기에 선교적 리더십은 교회의 리더들이 구비해야 할 기독교 리더십과 동의어가 될 수 있다.

3. 통합적 관점의 리더십 틀

리더십에 관한 대부분의 기존 이론들은 두 사람 간의 상호관계를 중심으로 개념화되었고, 자연히 분석 및 평가도 일대일 관계 중심이었다.[51] 하지만 이런 일대일 관계 중심적 이론만으로는 최근 들어 강조되는 공동체와 조직적 차원에서의 리더십 효과를 설명하는 데 한계가 있으며, 리더의 내면과 정체성을 설명하는 부분에 적용하기도 어렵게 되었다. 한국교회의 리더십을 이해하기 위해서는 한두 가지 간단한 공식이나 부분적인 분석이 아닌 통합적 접근법이 필요하다. 인간의 뇌나 손의 연구만으로 몸 전체의 역할을 분석하고 묘사하는 것이 어렵듯이, 교회도 마찬가지다. 개인 내면의 차원, 일대일의 관계 차원, 공동체 차원까지 모두 살필 수 있는 통합적이고 통전적holistic 관점의 틀이 필요하다.[52]

1) 통합적 사고

통합적 사고에 따라 리더십을 바라보면, 조직의 구조와 문화는 리더와 팔로워 개인의 행동뿐 아니라 보이지 않는 마음에도 작용하며 나아가 개인의 행동과 마음이 조직에 영향을 미칠만한 어떤 작용을 한다고 볼 수 있다. 곧 조직 문화 속에 이미 자리잡고 있는 리더의 가치는 팔로워들이 일하는 현장 속에서 의미를 발견할 수 있는 환경을 만들어낼 수 있다.[53] 또한, 팔로워들은 리더를 경험하면서 과연 내가 좇아갈 만한 가치가 있는지를 스스로 판단한 후에 비로소 리더에게 리더십을 선물로 부여한다. 이 같은 통합적 사고를 이해하는 것은 조직의 변화나 그 역동성을 이해하는 데 매우 중요하다.

교육 부분에서도 몇 년 전부터 통합적 사고의 필요성이 대두되고 있다. 교육 전문가 조벽 교수는 '인성이 실력이다'라는 책에서 세 가지 조율에 대해 주장한다. 그것은 자기조율(내면을 바르고 건전하게 가꾸기), 관계조율(타인과 더불어 살아가기), 공익조율(공동체와 자연과 더불어 살아가기)로 삼율을 통한 통합적 교육이다.[54] 그렇다면, 통합적 사고를 교회 리더십에도 적용할 수 있을까? 유클Gary Yukl은 통합적(시스템적)으로 접근하면서 리더십을 네 차원으로 개념화하였다. 첫 번째는 개인 내면의 차원Intra-individual level이다. 두 번째는 일대일의 관계 차원Dyadic level이며, 세 번째는 집단 차원Group level 그리고 마지막은 조직 차원Organizational level으로 개념화하였다.55 유클이 말한 시스템적인 접근법을 교회에도 적용해볼 수 있다.

첫째, 개인 내면 차원은 한 개인의 내부에서 일어나는 과정에 관심을 둔다. 리더의 행동과 그 행동의 결과만이 아니라 리더의 개인 내면, 즉 정체성과 관련된 부분부터 초점을 맞추는 것이다. 이는 자기관리라고 하는 셀프-리더십self-leadership과도 연관되어 있다. 셀프-리더십의 구성요소는 크게 인간 행동의 변화와 관련되는 자아개념 인식과 자기관리인데, 자아개념은 한 개인의 자기 자신에 대한 총체적 지각으로 결국 리더의 정체성을 의미한다.

리더의 정체성이 결국에는 리더의 행동을 결정하고 그 행동이 리더가 속한 공동체, 더 나아가 사회에까지 영향을 미치게 된다. 리더 스스로 정체성을 어떻게 이해하는가, 즉 신앙과 소명에 대해서 어떻게 해석하고 이해하고 있는가가 리더의 행동을 유발시킨다는 것이다. 우리가 가지고 있는 신앙은 개인의 인격을 형성하게 하고, 그 인격은 그 사람의 행동으로 나타나게 된다. 리더가 하는 모든 행동과 인격은 하나님의 뜻을 이뤄가기 위해 사람들에게 영향을 미치는 과정, 즉 기독교 리더십에 영향을 미치게 된다. 개인 내면 차원의 리더십 분석은 오늘의 한국교회에 대한 새로운 이해의 틀로서 한국교회 교인들이 가진 가치관, 더 깊이는 교인들의 정체성과도 연관된다.

둘째, 일대일 관계 차원은 개인과 개인 곧 리더와 구성원과의 관계를 중심으로 본다. 보통의 일대일 관계 이론의 리더십은 리더와 다른 개인 간에 일어나는 상호 영향을 주고받는 과정(a reciprocal influence process)이 어떻게 형성되는가에 대한 것으로 본다. 이러한 접근방식은 리더와 구성원이 어떻게 서로에게 영향을 미치는가를 살펴봄으로써 리더십의 효과성을 확인할 수 있다. 즉, 교회 안에서 리더라고 할 수 있는 담임목사와 교인들뿐만 아니라 교회 공동체 안에서 개인과 개인 간의 상호영향력이 어떻게 일어나는지를 알아볼 수 있도록 도움을 받을 수 있을 것이다.

셋째, 집단 차원은 리더십을 집단 과정으로 간주하는 것이다. 공동체 차원의 접근법에서 중요한 주제는 공동체 리더십에서 리더가 공동체에 어떻게 효과적으로 영향을 끼치는가를 본다.[56] 이러한 접근법은 두 가지 주제를 가진다. 이것은 팀에서 리더십 역할의 성격이 어떠한지 그리고 리더가 집단 효과성에 기여하는 방식은 무엇인지를 알아볼 수 있다. 즉, 교회의 많은 소그룹에서 리더가 가지는 역할의 성격이 해당 그룹에 영향을 미치는 효과적인 방식이 무엇인지에 대해 살펴볼 수 있다.

넷째, 조직 차원은 소속된 집단이 그보다 더 큰 사회에 어떤 영향을 끼치고 있는지를 살펴보는 것이다. 공동체는 더 큰 사회적 체계에 속해 있으므로 한 공동체 내에서 일어나는 과정만으로는 그 효율성을 이해하기 어렵다. 조직적 차원의 리더십의 연구는 리더가 어떻게 조직으로 하여금 환경에 순응하며 조직이 그 생존에 필요한 자원을 모으도록 하는가에 있다. 조직 차원에서 리더가 감당해야 할 리더십의 책임에는 알맞은 조직의 구조를 만드는 것, 의사결정 구조를 잘 세우는 것, 조직 안의 하부조직이 잘 작동하도록 관리하는 것 등이 있다.[57]

2) 새로운 리더십 틀

　교회 변화를 위한 리더십이 개인과 개인의 관계적 차원에만 관심을 두었던 그 동안의 리더십을 뒤로하고 새로운 변화를 맞이하고 있다. 교회의 변화는 개인과 개인 간의 일대일 관계 변화를 포함하여 개인 내면의 정체성 변화, 소그룹 안에서 이루어지는 변화 그리고 전체 교회 조직의 변화까지 유기적으로 함께 이루어질 때 가능함을 깨닫고 있다. 이를 위해 유클의 사차원 모델에서 집단 차원이 소그룹 내의 변화를, 조직 차원이 전체 교회의 시스템 변화를 다루고 있다는 것이지만, 필자는 그룹group 차원의 일은 다분히 일대일 관계 차원에

리더십의 시스템적 접근법

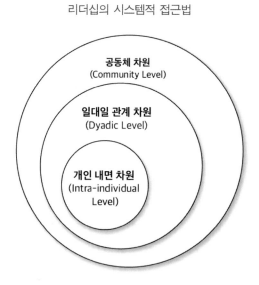

통합적 관점의 리더십 틀

서도 다루고 이해할 수 있다고 여겨서, 그룹 차원의 개념 일부와 조직organizational 차원을 합하여 공동체Community 차원으로 다뤄 보려고 한다.

즉, 우리는 리더십을 개인 내면 차원Intra-individual level, self leadership, 일 대일 관계 차원Dyadic level, servant leadership, 공동체 차원Community level, team leadership의 세 가지 차원으로 살펴볼 것이다. 이 분석 틀을 사용하여 기독교 리더십이 나아가야 할 방향을 살펴보고, 그 일을 이루기 위해서 가장 중요하게 이루거나 실천해 옮겨야 할 티핑포인트tipping point가 될 기독교 리더십의 중점leverage point을 알아볼 것이다.

V. 포스트코로나 시대, 기독교 리더십의 방향은 어디인가?

코로나19로 인한 팬데믹 이후 사회의 많은 부분이 변화하고 있다. 코로나19는 자국중심주의의 극명한 모습을 보여주면서, 20세기 중반 이후 전 세계를 지배한 '글로벌화globalization'의 종말을 예고하는 문명사적 전환의 대사건이다. 코로나19 이후 나타난 변화의 모습은 뉴노멀new normal, 새로운 기준이라는 새로운 일상 속에 안전safety, 언택트untact, 디지털digital transformation이라는 새로운 사회를 경험했다. 인류는 그동안 경험해보지 못했던 새로운 세계에 살게 된 것이다. 코로나19를 경험하면서 사람들은 실제 삶에서 무엇이 중요한지를 살펴보는 계기가 되었다. 기독교 리더십의 변화 방향은 이 시대에 교회가 왜 존재하고 무엇을 하는 공동체인지를 다시 물음으로써 시대에 맞는 복음을 구체화할 수 있는 방향으로 나아가야 할 것이다. 변화를 이룬다고 하는 것은 리더십의 책임의 하나이면서 가장 중요하고 어려운 일이다. 리더십 이론가들 중에는 변화를 이루는 일이야말로 리더십의 핵심이라고까지 말한다.[1]

그러나 현재의 문화를 유지할 때와 그 문화를 변혁할 때 서로 다른 리더십이 필요하다. 현재의 문화를 유지하지 위해서는 합의를 잘 이끌어내는 리더십consensus leadership이 필요하고, 현재의 문화를 변혁하기 위해서는 변혁적 리더십transformational leadership이 필요하다.[2] 변혁적 리더십은 역동적 환경, 새로운 출발, 미래에 대한 기대와 희망과 같이 모두 '비전'과 연관된 것이다. 이는 조직 안에서 사람들이 서로 관계를 맺는 방법, 비전을 위하여 일하는 방법, 조직 내부의 변화를 통해 전체의 변화를 꾀할 수 있는 방법을 모색하게 한다. 변혁적 리더는 내적 동기부여가 된 사람들에게 영감을 불어넣어 주고, 그들이 감당할 목표를 깨닫게 하며, 사고의 방법을 바꿀 수 있도록 돕는다.[3] 조직 변화에 대한 요구가 증가하고, 유연하고 혁신적인 리더가 요구되는 최근 환경에서 특히 필요한 리더십이라 할 수 있다.[4]

한국교회 상황에서 변화를 시도하는 많은 교회 리더들은 본인들이 리더십 이론을 알든지 모르든지 상관없이 변혁적 리더십의 패턴을 사용하고 있을 때가 많다. 변혁적 리더십을 적용하면서 간과하지 말아야 할 것은 기존 리더십의 접근법이 보여준 한계를 생각해야 한다. 전통적으로 리더십은 '한 리더가 어떻게 조직에 최대의 효과를 가져 올 수 있을까?'에 초점을 맞춰 왔다.[5] 그러다 보니 한 명의 영웅적 리더가 팔로워에게 영향을 끼치는 일방향의 영향 관계만 강조함으로써 상호작용에 대한 고려가 부족했었다. 한 명의 리더와 팔로워와의 상관관계에만 초점을 맞춘 일대일 관계가 지나치게 강조되며, 상황변수에 대한 명세화가 부족하여 다양한 환경 요인을 간과하게 되었다.6 조직이 처한 환경과 크기의 모습이 모두 다르기 때문에, 한 문화에서 성공한 리더십 스타일이라 할지라도 상황이 바뀌면 그 리더십의 성공과 효과는 달라질 수밖에 없다. 한 리더의 행동이 다양한 문화적 상황에 따라서 받아들여지기도 하고 거절되기도 하듯이, 조직의 성공과 변혁은 리더십 행동들과 상황적 요구가 얼마나 잘 맞는가에 달려 있다. 매일 새롭게 변화하는 문화와 그 변화의 흐름을 거스를 수 없는 시대에 복음을 전하기 위해서 교회 또한 변화해야 한다. 그렇다면 한국교회 변화를 위한 기독교 리더십의 방향은 어떻게 되어야 하는가? 지금부터 살펴볼 새로운 리더십에 대한 방향과 시각이 복음을 구체화하기 위한 한국교회의 변화의 노력에 바람직한 방향이 되길 바란다.

1. 교회 변화는 리더 개인의 변화로부터

건강한 교회는 비록 지금은 불편하고 어려움이 있을지라도 미래를 위해 변화를 시도하고 그 변화를 받아들인다. 하지만 그렇지 못한 공동체는 변화에 대한 부정으로 미래를 두려워하며 변화를 외면한다. 하버드대 교육대학원의 케건Robert Kegen 교수는 사람들이 변하지 않는 이유는 무의식 중에 자신의 에너지를 다른 곳에 쏟음으로써 변화와 경쟁하기 때문이라고 주장한다.7 즉 '변화에 대한 저항'은 그냥

그대로 있고 싶다는 관성이 아니고 변화에 대응하는 일종의 면역방법이 된다는 것이다. 코로나19를 경험하면서 불과 몇 주 만에 많은 교회가 이제까지 주저해 왔던 온라인 예배와 사역 등에 새로운 변화를 경험하게 되었다. 하지만 참된 변화는 본질을 훼손시키지 않는다. 포스트코로나19 시대는 교회가 본질을 회복하기 위한 변화를 시도하기 위한 최적의 시간이다.

교회의 리더는 본질적 사명에 헌신하는 교회 공동체로 변하기 위해서 문화적 요소들을 잘 이해할 뿐만 아니라 필요에 따라 기존의 문화를 강화하거나, 혹은 변화시킬 책임을 갖는다. 이전부터 리더십 학계에서는 조직의 문화와 리더가 발휘하는 리더십의 상호 영향력에 대해서 궁금함을 가져왔다. 교회의 리더들이 자신들이 속한 교회의 문화를 변화시키고자 애쓰지만 결국에는 교회의 문화로부터 영향을 받을 때가 더 많다.[8] 교회에 새로운 담임목사가 부임하면서 시스템과 문화를 바꿈으로써 개별 구성원과 교회의 변화를 꾀하려 하나, 담임목사의 리더십과 성품이 회중의 상황과 문화에 맞지 않아 어려움을 겪는 경우를 더 많이 보게 된다. 그동안 구성원들이 암묵적으로 동의한 효과적인 리더십에 대한 기준이 먼저 존재하고 있었기 때문이다.

그렇다면 교회의 리더들은 교회의 문화를 변화시키기 위해서 무엇을 먼저 해야 할까? 유클Gary Yukl은 조직 문화에 영향을 끼치는 두가지 방법을 제시한다. 첫째는 직접적으로 보여지는 리더의 행동을 통해서 영향을 끼치는 방법이고 둘째는 시스템 변화와 다양한 프로그램을 통해서 이루어내는 방법이다. 많은 경우 조직의 변화를 원하는 리더들은 먼저 '구성원들의 행동'이 바뀌어서 조직 문화가 바뀌길 원하고, 구성원들은 반대로 '리더만 바뀌면' 변화가 쉽게 일어날 것처럼 생각한다. 조직 문화를 바꾸는 두 가지 방법 중에 더 효과적인 것은 첫 번째로 제시한 리더의 직접적인 행동을 통해서다. 즉 리더가 보여주는 롤 모델링, 위기에 대응하는 방법, 리더의 비전 등 리더가 행동을 통해서 보여주는 영향이 더 효과적이다.[9]

교회 공동체의 변화는 결국 리더의 변화를 먼저 요구한다. 그러나 많은 조직들은 효과적인 방법보다는 조금 더 손쉬워 보이고 리더에게 부담이 없는 방식을 택한다. 즉, 구성원들이 지금과는 다른 행동을 할 수 있도록 다양한 프로그램, 팀 세우기 활동 그리고 설득적 호소도 마다하지 않는다. 구성원들이 가지고 있는 신념과 가치체계 그리고 믿음을 먼저 바꿈으로써 일상생활의 행동을 바꾸고 결국에는 공동체의 문화까지 바꾸고자 한다.[10] 이러한 방식을 채택하는 이유는 각 구성원들의 자존감과 가치체계 등이 바뀌면 공동체에 이익이 되는 효과적인 행동을 보여준다고 이해하기 때문이다. 하지만 교회에서 회중을 양육하고 제자 훈련하는 데 있어서 제일 중요한 요소 또한 리더 개인의 성품이다.[11] 즉 리더의 신념과 태도가 중요하다는 것이다.

리더가 변한다고 조직이 쉽게 변하는 것은 아니지만, 리더의 변화 없이 조직의 변화는 일어나지 않는다.[12] 즉, 리더 개인의 새로운 변화는 각 개인에게뿐만 아니라 조직체의 변화에도 중요한 요소가 된다. 리더의 신념과 태도의 변화는 리더의 외적인 행동들로 나타나고, 그것이 조직 변화의 중요한 핵심 요인으로 작용하게 된다.[13] 리더 내면의 갱신을 통해 밖으로 보여지는 리더의 행동은 구성원의 행동에 영향을 미치고, 동시에 구성원들이 성취하고 싶은 것까지 영향을 끼치게 된다.[14] 예를 들어 리더로부터 긍정적인 피드백을 자주 받는 사람들은 리더의 행동을 유심히 살피고, 리더에게 귀를 기울이게 된다. 이에 리더들은 진심으로 그들과 소통하고 자신의 권한을 위임하게 된다. 권한을 위임받은 구성원도 자신의 리더가 했던 것과 유사하게 행동할 것이다. 이렇게 탑 리더부터 조직의 가장 낮은 위치의 구성원에게까지 비슷한 행동들이 이어지는 것을 가리켜 "단계적 효과cascading effect"라고 한다.[15] 구성원들은 바람직하다고 생각되는 비슷한 행동들을 차용함으로써 조직을 더욱 튼튼히 만들어 가고, 결국 조직 문화를 형성해 가게 된다. 특별히 한국 사회는 전체를 하나로 생각하는 수직적 집단주의Vertical Collectivism 성향이 강하면서, 또한 전체 집단의 화목과 단합을 위해서 다른 사람의 생각과 느낌을 가늠하는 눈치문화Noonchi Culture가 있는 곳이다.[16] 한국 특유의 집단주의와 눈치 문화는 부정적인 것만은 아니다. 물론 비민주적 풍토의 교회에서는 지나친 눈치로, 리더의 행동이 구성원이 무조건 따라야 하는 폭력으로 작용하는 경우도 있지만, 복음으로 이 세대를 섬기고 교회 본질을 회복하기 위해 노력하는 건강하고 민주적인 교회 환경과 만나게 될 때 막강한 변화의 도구가 될 수 있다.

리더의 말과 행동은 조직 문화 속에 있는 가치를 변화시킬 수도, 더 견고하게 만들 수도 있다. 포스트코로나 시대에 교회의 변화는 목회자의 신념과 태도의 변화에서 시작될 수 있다. 이러한 변화는 리더로부터 시작되지만 목회자와 교인이 함께 할 때 긍정적인 변화를 이루어낼 수 있을 것이다. 세상의 모든 조직과 마찬가지로 교회도 거대한 변화의 파도를 넘는 시작은 리더와 구성원들의 신념과 태도의 변화에서 시작될 수 있다. 포스트코로나 시대에 필요한 기독교 리더십의 방향성은 리더들의 신념과 태도를 바꿈으로써 나타난다는 전제하에 개인 내면 차원, 일대일 관계 차원, 공동체 차원에서 살펴볼 것이다.

2. 개인 내면 차원
: 정체성을 하나님께 초점 맞춘 기독교 리더십

일반적으로 리더십은 한 개인이 공동목표를 달성하기 위하여 집단의 성원들에게 영향을 미치는 과정이라고 정의한다.[17] 그 때문에 지금까지의 리더십 연구는 한 명의 영웅적 리더에 초점을 맞출 때가 많았다. 전통적 리더십에서 영웅적 리더에 대한 강조는 리더를 신비롭게 만들고 팔로워들에게는 자기희생적인 노력을 하도록 영향을 끼치게 된다. 영웅적 리더에 대한 강조는 한국 사회의 권위주의적 문화 때문에 교인들로 하여금 리더와 교회의 질서에 무조건적 복종을 강요하게 된다. 조직의 변화를 위해서 리더 개인의 갱신이 무엇보다도 중요한 때에, 리더를 더 우상시하게 만들 수 있다는 것이다. 그러나 기독교 리더십에서 리더에 대한 정의는 '우리를 향한 하나님의 뜻을 이루도록 하나님이 주신 능력과 하나님이 주신 책임감을 가지고 구체적인 집단의 구성원들에게 영향을 주는 사람'이 기독교의 리더이다.[18] 기독교 리더십에서 리더는 하나님의 뜻을 이루기 위해서 하나님 안에서 자신을 이해하는 방식인 정체성identity과 하나님의 뜻을 인식하고 분별하는 소명vocation의식을 어떻게 가지고 있는가가 중요하다. 따라서 개인 내면 차원에서는 한 명의 우상시하는 영웅적 리더에 대한 강조보다는 교회 리더가 올바른 정체성과 소명을 가짐으로 주님을 따르는 겸손한 리더가 되도록 돕는 기독교 리더십에 대한 새로운 시각이 필요하다.

1) 리더의 정체성의 중요성

변혁적 리더십, 카리스마 리더십에서 효과적인 리더는 부하들을 자기희생적인 사람들로 만들어 최고의 노력을 하게끔 만든다는 기본가정에서 출발한다. 즉, 한 명의 리더에게 초점을 맞추는 영웅적 리더십에 치우쳐 있다. 하지만, 안타깝게도 영웅적 리더십이 강조되고 한 명의 리더에게 많은 초점이 맞춰져 있는 리더십 상황에서 교회의 담임목사는 교회의 변화에 대해 준비되지 않은 모습을 보여줄 때가 많다. 그 일례로 비록 미국의 통계이지만, 2001년 바나George Barna 연구소는 개신교 목회자 중 63%가 '가르침'의 은사가 있다고 연구결과를 발표한 반면 '리더십'에 은사가 있다고 밝힌 목회자는 11%밖에 되지 않음을 강조하고 있다. 또한 14%의 목회자들만이 스스로 전략적으로 생각하고 행동할 수 있음을 고백하고 있고, 80%의 목회자들은 자신이 감당할 역할에 대해서 좌절을 경험한다고 대답했다. 또한 95%의 목회자들이 목회현장에서 심각한 다툼과 충돌을 경험했음을 고백하고 있다. 교회 리더들에게 '당신의 가장 탁월한 리더십 특성이 무엇입니까?'라는 질문에는 단지 1%의 목회자만이 본인이 교회의 분쟁과 어려움을 조절해 나갈 능력이 있다고 대답했다.[19] 리더십 역량과 더불어 전략적인 생각과 분쟁을 조절할 수 있는 능력은 교회를 변혁하기 위해서 리더가 갖추어야 할 중요한 요소이다. 그런데 리더십의 지형은 한 명의 영웅적 리더의 중요성을 강조하는 분위기다. 이러한 분위기는 수직적 집단주의 특성을 보이는 한국과 같은 사회에서 더 짙게 나타난다.

　이러한 한 명의 영웅적 리더에 대한 강조는 공동체 구성원들이 가지는 자신의 정체성에 대한 생각까지도 영향을 끼치게 된다. 보통 사람들이 자신의 정체성에 대해서 인식할 때 평소 만나는 다른 사람들의 반응 속에 비추어진 자신reflected-self의 모습을 받아들이게 된다.[20] 한국적 상황에서 팔로워들은 리더가 인식하고, 평가하는 자신의 모습을 자기 자신의 정체성으로 받아들이기 쉽다. 조직의 변화를 이끌고 있는 리더의 행동들 중 구성원에 대한 배려, 지적인 자극 그리고 영적인 동기부여는 구성원 개인의 가치와 효과를 증대시킨다. 왜냐하면 위와 같은 행동들은 리더가 구성원들을 믿고 그로 말미암아 구성원들이 가지고 있는 능력에 자신감을 주기 때문이다.[21] 변혁적인 리더들은 내부적으로 동기부여가 된 사람들을 끌어들이고, 그들에게 조직의 미션을 불어넣고, 생각과 사고의 새로운 길들을 모색케 한다. 그 결과 조직의 문화에 새로운 영향을 끼치게 되는 것이다. 그러나 정작 영웅적 리더 자신은 팔로워에게 새로운 생각을 불어넣고 조직의 변화는 강조하고 있으나, 리더 자신은 본인의 정체성에 대

한 정의부터 어려움을 겪고 있을 때가 많다.[22]

진정한 기독교 리더십은 리더의 내면에서부터 시작된다. 즉 리더 자신의 영적 갱신으로부터 시작된다.[23] 조직 변화에 있어서 작은 노력을 들여서 최고의 결과를 가져올 수 있는 것은 다름 아닌 개인의 갱신이다.[24] 개인의 영적 갱신은 리더가 권위의 우선 순위를 어디에 두고 사는지 또 삶의 목적으로 무엇으로 설정하고 사는지와 관련이 있다.[25] 즉 리더의 영적 갱신은 가치의 문제와 연결된다. 자신이 왜 이 공동체에 있고, 자신은 어떤 가치에 따라 움직이는지 그 가치에 대한 분명한 인식이 있는 사람들일수록 조직에 더욱더 헌신적이다.[26] 본인의 가치에 대한 분명한 인식이 있다는 것은 자신의 정체성, 목표, 가치 등에 대한 탁월한 자기인식 능력이 있다는 것을 의미한다. 기독교 리더는 교회와 교인들의 변화를 돕기 전에 자기인식에 바탕을 둔 자신의 변화를 먼저 경험해야 한다. 그리고 개인적인 변화의 깊은 뿌리는 예수 그리스도와의 인격적 친밀함에 근거를 두고 있어야 한다. 그러한 인격적 친밀함에 근거한 섬김은 예수님 때문에 섬기는 섬김이기에 섬김을 받는 사람이 부담을 느끼거나 진정성을 의심하지 않게 될 것이다.

리더 자신이 정체성과 관련하여 깊은 변화가 없으면 한국교회 안에서 건강한 리더십을 제대로 발휘되지 못할 것이다. 한국 사회는 지위에 따른 차등을 주된 특징으로 하는 수직적 집단주의문화를 가지고 있다.[27] 자아가 계층적으로 이해되는 한국과 같은 수직적 집단주의 문화 속에서 팔로워에게 동기부여를 하고 새로운 시각을 심어주는 변혁적 리더십의 특별함은 자리매김하기가 어려울 것이다. 리더

스스로도 팔로워들을 볼 때 자신은 위에 군림하는 리더로, 팔로워들은 자신의 말에 따라야 하는 부하의 개념으로 이해할 수밖에 없게 된다.

한국교회 안에 있는 이러한 독특한 계층적 자아개념은 유교적 권위주의와 연결되어 있다. 그리고 그러한 자아에 대한 이해는 자연적으로 교회 안에 차가운 분위기를 형성하며, 계층적 교회 질서에 복종해야 하는 문화를 만들어낸다. 한 명의 영웅적 리더에 대한 강조는 이러한 계층적인 자아 개념과 만날 때 더욱더 냉랭하고, 복종해야 하는 차가운 교회 문화를 만들어낸다. 한국교회의 권위주의적인 질서 속에서 교인들은 신앙적으로 자기 자신을 이해하는 데 어려움을 겪고 있다. 계층적이며 유교적인 자아개념이 변혁되지 않으면 한국교회 안에서 발휘되는 리더십은 더욱더 조직의 비전을 위해 리더와 팔로워 모두의 희생을 강요하는 리더십으로 전락할 수밖에 없다.

포드Ford는 건강한 교회의 교인들은 문화와 사역에 대한 분명한 그리스도인으로서의 정체성이 있는 데 반해 건강하지 못한 교회는 그러한 정체성이 부족함을 지적하고 있다.[28] 그리스도인에게 개인의 정체성은 신앙과 더 나아가 신학과 연관이 있다. 2019년에 미국에서 삶을 변화시키는 그리스도의 제자들을 키워내고 있는 교회 중 하나인 애틀랜타의 페리미터Perimeter Church교회를 방문했을 때, 그 교회의 개척 멤버였던 빌 우드Bill Wood 장로께 '어떻게 이 교회가 사회에서도 선한 영향을 끼치는 주의 제자들을 길러낼 수 있었습니까?'라고 질문했다. 그 질문에 대한 답으로 그는 "건강한 신학sound theology"이라고 대답했다. 달라스 윌라드도 제자된 우리의 내면의 중요성을 이야기하면서 건강한 신학의 중요성을 강조한다.

우리의 문제는 다분히, 흔히들 말하는 대로, 우리가 머릿속에 있는 것을 가슴에까지 가져가지 못한 것이 아니다. 우리를 방해하는 것은 다분히 우리의 머릿속에 잘못된 신학이 많이 있고 그것이 가슴에까지 내려간 것이다. 그것이 우리 내면의 역동을 지배하고 있고, 그래서 머리와 가슴은 심지어 말씀과 성령의 도움 속에서도 서로를 똑바로 잡아끌지 못한다.[29]

리더십 이론가들은 보통 리더와 팔로워의 정체성을 명료화하는 과정이 리더십 형성에서 가장 중요한 역할을 한다는 것에 동의한다.[30]

피터슨Eugene H. Peterson의 주장처럼 '우리가 믿고 따르기로 결정한 하나님이 우리의 가치를 형성하고, 우리의 행동을 결정한다.'[31] 리더 개인의 건강한 정체성은 무엇보다도 예수님과의 깊고 친밀한 관계를 바탕으로 한다. 예수 그리스도와의 친밀감은 예수님과의 "역동적인 친구관계"를 추구하며 영적으로 성장해 갈 때 성령의 능력을 통해 점차 그분의 형상을 닮게 되는 것이다(고후 3:18). 우리 삶의 근거가 하나님께 있음을 발견하고, 그와 같은 사랑의 관계 안에서 하나님의 인정을 받게 된 사람은 자신의 참된 정체성을 획득하는 한편 삶의 안전과 의미를 발견하게 된다.[32] 코로나19로 인해 안전safety를 강조하는 하는 사회가 되었다. 사회적 거리두기는 상식이 되었고, 안전한 먹거리에 대한 불안으로 집에서 음식을 해먹는 사람들이 늘고, 안전을 위해서 자국의 국경을 폐쇄하는 조치들도 늘어나고 있다. 그런데 기독교인들에게 진정한 안전은 삶의 근거가 되시는 하나님과 사랑의 관계에 있고 그 안에서 자신의 정체성을 획득할 때이다.

기독교 리더는 '하나님이 주신 능력과 하나님이 주신 책임감을 가진' 사람이다. 그런데 하나님께서 주신 능력과 은사란 결국 우리의 소유가 아니며 신중하게 관리할 책임을 동반한다. 은사란 타인을 위한 우리 것이며, 그것을 제대로 사용되기 위해서는 리더와 하나님과의 관계가 기독교 리더십의 가장 중요한 요소로 작용한다.

성경적 리더십의 핵심은 주님을 따름following에서 시작된다.33 한 명의 영웅적 리더십을 강조해서 그 리더를 하나님의 위치에 놓는 우상숭배의 모습을 보여서는 안 되며, 그리스도와 관계에 기초한 정체성의 재정의 작업이 리더와 팔로워 모두에게 일어날 수 있도록 해야 한다. 따라서 이 시대에 필요한 기독교 리더십은 리더가 신앙의 정체성을 더욱 확실하게 함으로 예수 그리스도와의 친밀감을 회복할 수 있도록 도와주는 리더십이어야 할 것이다.

2) 리더의 소명의 중요성

그리스도인에게 리더십의 가장 중요한 요소로 작용하는 것은 하나님과의 관계다.34 영적으로 성숙해진다는 것은 하나님과 관계에서 비롯되어 나타난 결과이고, 이 같은 영적인 변화는 삶으로 표출되는 특징이 있다.35 하나님이 우리를 지으신 본질적인 의도는 우리로 하여금 사명을 실천하도록 하시기 위함이며 예수님과 함께 지속적인 연합을 누릴 때에만 이러한 일을 감당할 수 있다. 여기서 예수 그리스도와 하나됨의 모습은 무엇을 의미할까? 요한복음 17장을 보면, 하나됨의 진정한 모델은 아버지 하나님과 아들 예수의 하나됨이다. 아버지와 아들은 상호 내주하며 깊은 가운데 있으며, 서로 사랑하고 서로를 받아들임으로 온전히 하나가 된다. 예수님의 사역의 초점은 제자들이 예수님처럼 하나님과 완전한 교제를 이룸으로써 서로 내주하는 사랑의 완성을 보여준 것과 같이 제자들과도 그와 같은 관계가 되길 원하셨다.[36] 따라서 제자 된 우리들은 서로를 받아들여 하나가 되어야 한다. 우리들의 하나됨은 세상에 주님을 보여주는 방편이 된다. 주님과의 연합이 없이는 하나님의 사랑받는 자녀로서 가치를 찾기보다는 우리가 좇는 사역에서 가치를 찾게 되는 우를 범하게 된다. 하나님을 깊이 알고 하나님 안에서 나를 아는 이들이 많은 교회는 하나님께서 기뻐하시는 공동체가 되기 위해서 노력을 한다. 따라서 그런 교회들은 항상 본질과 소명을 놓치지 않으려고 노력한다.

다이아몬드Jared Diamnond는 국가를 위기에서 구하는 열두 가지 요인에 대해서 알려주고 있다. 개인의 위기 극복에 영향을 주는 요인을 국가의 위기에 확대 적용해서 새롭게 닥친 환경에서 제대로 작동하는 부분과 바꿔야 하는 부분이 무엇인지 가려내고, 궁극적으로 '선택적 변화'를 하자고 주장한다. 즉 국가가 위기에 놓일 때 문제 해결을 위해서는 남 탓이 아니라 내 탓을 찾는 책임 의식이 필요하고, 국가 정체성과 핵심 가치는 무엇인가에 대한 답을 찾아야 함을 주장한다.[37]

여기서 놓치지 말아야 할 것은 위기를 기회로 만들기 위해서 꼭 국가의 정체성과 핵심가치에 집중해야 한다는 것이다. 신앙인과 교회도 마찬가지이다. 하나님이 교회에 주신 정체성과 소명이 무엇인지를 놓쳐서는 안 된다. 반가운 것은, 최근 한국교회는 선교적 교회론에 대한 논의가 활발하고 개교회에서도 선교적 교회가 되기 위해서 노력하는 모습들이 많다.[38] 선교적 교회는 "교회는 무엇인가?"라는 교회의 정체성과 본질의 문제에 관한 것이다.[39] 선교적 교회운동은 해외선교를 열심히 하자는 것도, 국내 선교에 매진하자는 것도 아니고 교회의 본질인 하나님의 선교를 회복하자는 것이다. 교회를 '선교적'으로 기술하는 것은 교회의 근본적인 목적에 대해 기본적으로 신학적인 주장을 펼치는 것으로, 세상이 하나님의 선교의 장이라면 해외나 특별한 곳만이 선교지가 아니라 교회가 서 있는 모든 곳이 선교지가 된다는 의미이다. 달리 말하면 모든 그리스도인이 살아가는 삶의 현장과 교회가 서 있는 모든 곳이 선교지가 되는 것이다.

선교적 교회론의 핵심은 교회가 시행하는 선교가 이전과는 다른 '하나님의 선교Missio Dei'라는 개념으로부터 출발한다고 이해하는 관점이다. 이러한 관점의 변화는 선교의 일차적 주체를 인간이 감당하는 활동에서 찾는 것이 아니라 하나님의 활동으로부터 찾게 되었다. 이것은 선교의 기반을 이해하는 일에 변화를 요청한다. 그동안 교회를 선교의 기반으로 이해해 왔지만 이제는 구원의 경륜 속에서 세상 곳곳에 걸쳐 보내시는 하나님의 활동, 운동이 선교의 기반이 된다.[40] 즉 삼위일체 하나님은 선교하는 하나님이며 교회는 하나님으로부터 세상으로 보냄을 받은 존재로서 교회의 본질을 선교로 새롭게 이해하려는 시도이며, 교회를 세상으로 파송하셨다는 의미이다. 그러므로 교회는 자신을 위해서 존재하는 것이 아니라 하나님의 선교에 봉사하기 위해서 세상으로 보냄을 받은 공동체이다.

선교적 교회의 본질을 논할 때 중요하게 여기는 부분은 '부르심과 보내심'이라는 소명에 관한 부분이다. 선교적 교회를 처음 주창했던 구더Darrell L. Guder는 '소명vocation'이라는 주제가 선교적 교회를 정의하는 중심에 있음을 강조하면서, 선교적 교회는 부르심에 의해서 만들어지고 규정된다고 주장한다.[41] 구더는 '그리스도의 복음에 합당하게 생활하라'(빌 1:27)는 말씀을 '부르심에 합당하게 살라'는 명령으로 해석하면서 소명은 부르심에 합당하게 행하는 것이지 선행을 통해 의로워지는 것이 아님을 주장한다.[42] 즉 교회의 소명은 세상을 구원하려는 하나님의 사명이 그 중심에 있기 때문에, 그리스도인의 부르심 또한 증인으로서의 삶과 섬김을 위한 부르심이라고 주장한다.[43] 따라서 선교적 교회는 사회적 변화에 맞추어서 교회의 기능이나 조직을 새롭게 하고자 하는 교회가 아니라, 교회의 본질적인 부르심과 보내심에 합당하게 걸어가는 교회들이다.

소명은 선교적 교회와 기독교 리더십의 가장 핵심적인 요소로 자리 잡고 있다. 소명은 선교적 교회가 본질인 그리스도의 증인이 되도록 부름받고 형성된 선교하는 공동체임을 잊지 않도록 해주고, 기독교 리더십에서는 공동체와 개인의 삶을 향한 하나님의 목적을 발견하고 성취하도록 돕는 역할을 해준다. 따라서 기독교 공동체 안에서 기독교 리더십을 발휘한다는 것은 예수 그리스도의 형상을 본받은 우리가 고통받는 세상에서 하나님의 목적대로 부르신다는 사실을 깨닫는 것을 의미한다. 기독교 리더가 하나님의 소명을 따를 때에만 진정 우리 존재에 걸맞는 일을 하게 되는 것이며, 더 나아가 교회는 다른 모든 그리스도의 제자들과 함께 공동으로 하나님께 반응하는 공동체적 소명을 깨달아야 한다. 공동체적 소명을 깨닫는 교회는 당연히 그 공동체의 본질과 정체성을 찾게 됨으로써 선교적 교회가 되는 것이다. 또한 선교적 공동체의 구성원 개개인은 각자 존재에 합당한 부르심을 알게 될 때, 우리에게 허락된 부르심은 이기심이 아닌 섬김이라는 것을 깨닫고, 타인을 위한 섬김 가운데 완전한 자유를 경험하게 될 것이다. 소명이라는 주제를 통해 기독교 리더십은 선교적 리더십이라는 의미로 쓰일 수 있음을 확인할 수 있다.

3. 일대일 관계 차원
: 팔로워들과 소통하고 위임하는 기독교 리더십

코로나19 이후 조직의 문화는 더 젊고 진보적이고 덜 계층적인 관리구조가 자리 잡아가게 될 것으로 예측된다.[44] 또한 코로나19 이후의 필요한 리더의 모습은 더 많은 소통과 용기가 필요하다. 언택트 untact, 곧 비대면의 시대에 집에서 일하는 상황 속에서 동료와 단절되어 일하는 구성원들 사이에 원활한 의사소통은 필수적이 될 것이고, 많은 변화가 일어나지만 불확실한 시기를 보낼 수밖에 없는 리더들에게 본질을 놓치지 않고 그 방향으로 매진할 수 있는 용기가 필요한 시기이다. 언컨택트 사회는 오프라인의 접촉과 대면이 줄어든 것이지, 온라인의 연결, 교류, 데이터의 연결은 훨씬 많아지는 사회다.[45]

이전까지 전통적인 리더십은 리더가 구성원 즉, 팔로워에게 끼치는 영향만을 강조하는 리더십이었다. 그러나 리더의 영향을 팔로워가 받아들이지 않을 경우 리더십은 그 의미를 상실하게 된다. 한국교회에서 젊은 세대가 어른 세대의 영향력을 받아들이지 않으려고 할 때 소통과 신뢰의 어려움을 초래하게 된다. 목회데이터 연구소는 젊은이들을 대하는 목회자와 교회의 태도는 '권위주의적 태도'와 '무관심'으로 나타나고 있다고 지적하면서, 이들을 교회의 일원으로서 존중하고 참여시키며 '소통'하는 것이 젊은이 목회에서 필요하다고 주장한다.[46] 디지털 시대가 다가오면서 믿지 않은 젊은이들은 기독교를 외면하고 있고, 젊은 크리스천들은 기독교를 점차 떠나가고 있는 실정이다. 이런 시대에 예수 그리스도를 따르는 제자들을 만들기 위한 회복력있는 신앙을 갖도록 도와주는 다섯 가지 행동(five practices of resilient faith)에 대해서 조지 바나 연구소는 3년의 리서치를 통해서 제시해 주고 있다.[47] 회복력 있는 신앙을 갖기 위해서 예수님과 친밀감을 갖는 경험을 하고, 문화를 분별하는 능력을 키우고, 세대 간 관계를 형성할 것을 충고한다. 또한 젊은 세대에게 소명을 따르는 제자훈련을 하고 반문화적 사명에 참여해야 할 것을 주장한다.[48]

그러나 이전의 리더십은 젊은 세대와 소통할 수 있는 기회를 점점 잃어가는 방향으로 움직여갔다. 이전의 리더십은 팔로워follower에 대한 리더leader의 일방향적 영향력만을 강조함으로 상호 영향력의 과정, 리더십 공유 등에 대한 부분을 놓치고 있다.[49] 즉, 조직이란 사람들 사이의 상호작용을 바탕으로 한 사회시스템임에도 불구하고 리더의 행동이 팔로워들의 성과 향상에 영향을 미친 것으로 해석함으로 일방향의 영향 관계 외에 양방향의 영향 관계, 역의 인과 관계는 가치 있는 것으로 생각하지 않았다.[50] 이 문제를 해결하기 위해서는 일대일 관계 차원에서는 리더가 팔로워와 소통하고 위임할 수 있는 양방향 영향 관계까지 살펴보는 기독교 리더십이 되어야 한다.

1) 팔로워와 소통하는 것의 중요성

최근의 리더십 이론들은 리더십의 관계적인 요소를 강조하는데, 그중에서도 리더와 팔로워follower 간의 상호관계에 초점을 맞추고 있고,[51] 그로 인해 몇몇 학자들과 연구가들은 리더십뿐만 아니라 팔로워십에 대해서도 연구가 필요함을 깨닫게 되었다. 최근 리더십 이론가들은 리더십을 리더의 선천적이거나 후천적인 특성보다는 리더와 팔로워 사이의 관계에서부터 비롯되는 과정이라고 정의한다.[52] 최근들어 리더를 따르는 구성원들의 힘과 중요도가 더 높아졌다.[53] 기존의 연구가 팔로워들을 향한 리더의 영향력에 의존해 왔다면 최근에는 많은 연구가들이 리더와 팔로워의 관계가 상호적으로 이루어지며, 팔로워들은 맹목적으로 리더를 따르기보다는 훨씬 많은 영향력을 미치는 것을 발견하게 되었다. 심지어 로스트Joshep Rost는 "리더십을 리더와 팔로워 사이의 상호관계relationship로 정의한다면, 리더와 팔로워는 모두 서로 리더십을 발휘한다"고 주장한다.[54]

리더와 팔로워의 상호 영향력을 중요시하는 리더십은 특별히 대화의 중요성을 강조한다. 코터John Kotter는 변화를 가져오기 위해서는 반복적인 신뢰할 만한 대화의 중요성을 강조한다.[55] 대화는 사람들로 하여금 의미를 창출하게 하고 그렇게 될 때 조직 안에 의미가 만들어진다. 효과적인 소통은 개인 간의 관계를 발전시키고 더 생산적인 활동을 하도록 함으로 리더에게 중요한 매개체로 사용된다. 그러나 한국 문화 속에 잠재된 지위의 중요성 때문에 낮은 자리에 있는 사람들이 높은 위치에 있는 리더들에 대하여 의문시한다거나 세상을 바라보는 새로운 방법을 제시한다는 것은 불가능하다. 지위와 직분은 한국교회 안에서 소통에 중요한 영향을 끼친다. 왜냐하면 유교적 전통에서 대화란 기능과 지위에 따라 결정되는데, 젊은 세대들에게는 교회의 활동과 관련한 자신들의 의견을 피력할 만한 통로가 없기 때문이다. 자신의 생각과 느낌에 대한 직접적인 표현은 대립과 반대로 이끌게 되어 어른 세대와 젊은 세대 가운데 심각한 벽을 만들게 되고, 그것을 공동체의 모든 구성원들이 알게 될 것이다. 따라서 젊은 세대는 교회의 리더십 위치에 있는 어른 세대와 쉽게 대화에 참여하기가 어렵게 된다. 문제가 있음에도 대화가 열려있지 않을 때 젊은 세대는 상처를 받게 되고, 그러한 환경에서 어른 세대와 젊은 세대 간에 신뢰를 찾아보기는 힘들게 된다. 이렇게 되면 젊은 세대들은 거침돌이 되는 교회를 떠나게 된다. 지위를 중요하게 여기는 수직적 집단주의 문화에서 소통에 관한 부분을 지혜롭고, 중요하게 다루지 않으면 건강한 변화를 위한 리더십은 합당하게 사용되지 않을 것이다.[56]

리더와 팔로워 사이의 소통에서 생기는 어려움도 리더십에 대한 관심이 거의 리더에만 초점을 맞추어 왔기 때문에 생기는 것이다. 따라서 팔로워가 가지고 있는 리더십에 대한 시각을 알아보는 것은 중요한 의미가 있다.

　리더 중심적인 시각에서 리더십을 살펴보면, 팔로워는 리더로부터 영향을 받아서 어떤 효과를 창출하는 존재가 된다. 그러나 최근에는 리더가 팔로워에게 중요한 정도보다 팔로워가 리더에게 중요한 정도가 훨씬 더 큰 세상이 되었다.[57] 리더십을 영향력(leadership is influence)이라는 현대적 리더십의 정의의 관점에서 살펴봐도 팔로워의 중요성은 간과할 수 없다.

　그런데 팔로워들은 인격적이고, 진실하고 믿을 수 있을 만한 리더를 따른다.[58] 코로나19 이후의 변화될 세상에 대한 2020년 5월 4일 국내외 미래 전문가 9인과의 대담에서 레온하르트Gerd Leonhard는 사람들은 위기에 처하면 진실한 대답, 현명한 지도력 그리고 희망을 찾기 위해서 도덕적 권위에 기대는 경향이 있기 때문에 이전의 재무제표에 의존하던 기존 금융 기반의 리더십이 도덕적Moral 리더십으로 바뀔 것이라고 예견했다.[59] 예전에 돈과 힘에 의지한 리더십이 발휘되었지만, 이제 팔로워들은 진실하고 윤리적인 리더들에게 더 의지하고 영향을 받는다는 것이다.

　지위나 직함 때문에 무작정 리더를 따르는 시기는 지나갔다. 포스트코로나 시대는 진실하지 못한 리더들을 이제는 팔로워들이 받아들이지 않을 가능성이 커진 시대이다. 만약 팔로워가 리더의 영향을 받아들이지 않기로 선택한다면, 리더는 팔로워를 이끌 수 없게 된다. 팔로워들은 언제나 선택할 수 있는 권리가 있고, 리더십은 항상 팔로워의 선택에 의존할 수밖에 없는 상황이 되었다. 때문에 팔로워는 단지 리더를 따르는 사람 이상이다. 리더십은 리더의 영향을 받아들이기로 결정한 팔로워의 결정에 의해서 행사되기 때문이다.

20세기까지 리더십의 흐름은 한 분야의 힘과 능력을 가진 리더가 구성원들에게 어떻게 효과적인 영향을 끼칠 것인가를 고민했다. 그런데 21세기는 구성원들이 그들이 따르는 리더가 과연 따를 가치가 있는 사람인지를 보고 따를지 결정한다. 따라서 리더십이란 팔로워가 리더에게 선물로 주었을 때 생겨나게 되는 것이다. 21세기의 리더십은 따르는 사람들에게서 나오게 된다. 그래서 리더십을 다른 말로 표현할 때 팔로워십이라고 할 수 있는 것이다. 시대가 바뀌고 환경이 바뀌고 욕망이 바뀌면 소통 방식도 달라지게 된다.[60] 코로나19 이후의 언택트 사회에서 오프라인 기반의 공간중심적인 직접적인 접촉과 대면은 줄어들게 되겠지만, 발달한 IT기술을 통한 데이터의 실시간 연결을 통한 소통은 더 늘어나게 될 것이다. 디지털 기술을 통한 소통의 기본 특성 가운데 하나는 평등성이다. 한국교회는 젊은 이들이 점점 줄어들고 있다고 걱정하고 있다. IT기술이 익숙지 않은 한국교회의 리더와 어른들로 인해서 한국교회에서 젊은 세대는 교회의 리더십 위치에 있는 어른 세대와 더 대화하기가 어렵게 될 수 있다. 한국교회의 상황에서는 문제가 있다고 해도 젊은 세대는 쉽게 대화에 참여할 수 없는 시스템적 어려움이 많다. 이러한 환경에서는 세대 간에 소통과 신뢰를 찾아보기 힘들게 되고, 젊은 세대들은 교회를 떠날 수밖에 없을 것이다. 교회의 젊은이들은 사람이 싫고 교회 자체가 싫은 것이 아니라 그 속에서 소통되지 못하고 때로는 개인의 탐욕 때문에 부당하고 불합리한 일이 생기는 게 싫을 뿐이다. 팔로워에 대한 리더의 영향력을 살펴보면, 리더의 비전을 통한 영향력보다

관계와 인격을 통한 영향력이 두 배 이상 효과가 있다.[61] 기성세대가 주축을 이루는 한국교회는 청년을 향한 공감능력을 키울 필요가 있다. 한국교회의 젊은이들이들로 하여금 교회를 떠나게 만드는 중요한 이유가 바로 교회 리더들의 공감능력의 부족에서 찾을 수 있다. 공감한다는 것은 어떤 경험 자체와 연결하는 것이 아니라 어떤 경험과 관련된 감정들과 연결하는 것이다.[62] 즉 공감은 비판적인 입장을 취하지 않으면서 타인의 감정과 관점을 취함으로 상대방의 감정을 이해했다는 걸 상대에게 전하는 것이다.[63] 학원복음화협의회의 '한국교회 젊은층 활성화 방안에 대한 조사'에서 청년세대 이탈에 대한 대안에서 70%의 대답이 '문화적 선교 전략 마련, 소통의 장 마련, 비권위주의적 태도'라고 답하고 있다.[64] 청년들에게 소통하고 공감하고 귀 기울이는 교회로 변화하지 않으면 한국교회에는 미래가 없다. 한국교회가 청년들에게 공감하고 귀 기울이기는 교회로 변화하기 위해서 먼저 목회자들의 태도 변화가 우선 되어야 한다. 모든 문제에 대한 성경적인 답을 가지고 있는 듯한 섣부른 판단과 정답제시보다는 공감하고 소통함으로 청년들의 신뢰를 회복해야 할 것이다. 목회자와 교회의 리더인 어른들은 청년들에게 비판하며 답을 주는 사람이 아니고 정서적으로 공감하는 사람이어야 하고, 청년들의 목소리가 반영되도록 의사결정과정의 제도적인 보완이 있을 때 청년들이 교회를 떠나지 않게 될 것이다.

리더와 팔로워 사이에 생기는 소통의 어려움은 리더로부터 팔로워에게 전달되는 일방향적 전달에만 신경 썼기 때문에 생기는 것이다. 따라서 한국교회의 리더들은 젊은이들이 교회 리더들에 대해서

어떤 생각을 가지고 있는지를 연구하고 하나님 나라를 위해서 변화
해야 할 것은 바꿔 나가야 할 것이다. 목회자가 교인들에게 중요한
정도보다 교인들이 목회자에게 중요한 정도가 훨씬 더 커야 하는 것
이 성경적인 것이다. 언택트 사회 속에서 교회 리더가 팔로워들의 소
중함을 깨닫고 그들을 경청하고, 더 투명한 소통을 위해 노력하는 기
독교 리더십의 모습이 필요하다.

2) 리더의 위임의 중요성

코로나19가 종식되면 우리나라는 비접촉과 비대면이 상식이 되
는 사회에 대한 대응을 해나가기 시작할 것이다. 접촉에 대한 불안과
공포를 경험한 우리로서는 아무 일 없었던 듯이 과거로 돌아가기가
쉽지 않을 것이다. 결국 언택트는 우리가 가진 활동성을 더 확장시켜
주고, 우리의 자유를 더 보장해 주게 될 것이다. 이러한 상황 속에서
같이 사역하는 사람들을 신뢰하고 위임하지 않으면 쉽게 일 처리를
할 수 없는 상황이 올 것이다. 위임한다는 것은 개개인의 고유한 잠
재력을 인정해 주고 신뢰한다는 의미이다. 즉 위임하는 리더십은 누
구에게나 변화를 만들어낼 힘이 있고, 그 힘은 새로운 지식과 자신감
에 의해서 크게 증가할 수 있다는 믿음에 근거한 것이다. 포드는 건
강한 교회의 사역 특징에 관해서, 건강하지 못한 교회는 위계질서를
강조함으로써 시스템과 규율에 따라 일 처리 할 것을 강조하지만 건
강한 교회의 특징은 위임의 리더십이 존재한다고 강조한다. 탁월한
리더들은 자신의 영적 인격적 성숙의 모습으로 팔로워들과 동역을

할 수 있는 사람들이다. 동역을 한다는 의미는 신뢰하고 위임할 수 있다는 의미와 같다.[65] 따라서, 만약 한국교회의 변화를 연구한다면 담임목사와 장로로 일컬어지는 교회 리더뿐 아니라 평신도인 팔로워들의 의견과 생각 또한 동일하게 중요하게 생각해야 할 것이다. 계층적인 구조 속에서 리더와 팔로워라는 관계로 맺어진 한국교회는 쉽게 들을 수 없는 팔로워들의 목소리를 경청함으로써 리더십에 대한 그들의 목소리를 청종해야 할 필요가 있다. 그러기 위해서는 먼저 앞에서 섬기고 이끄는 리더의 겸손이 필요하다.

콜린스(Jim Collins)는 효과적인 리더십은 리더에 맞추어져 있던 관심을 조직의 비전과 그것을 이뤄나가는 구성원에게 초점을 맞춘다는 것을 강조하면서 겸손(humility)을 레벨4 리더십과 레벨5 리더십(Level 5 Leadership)을 나누는 가장 중요한 핵심임을 강조한다. 레벨5 리더는 조직의 성공에 있어서 자신의 역할과 공헌에 대해서는 지극한 겸손의 모습을 나타내면서, 팔로워들로 하여금 그 역할을 감당하면서 업적을 팔로워에게 돌리는 리더의 모습을 강조한다. 이러한 겸손은 리더 개인의 성공이 아닌, 조직의 성공을 위해서는 전문가적인 의지를 발휘하는 모습과 잘 조화되어 있는 모습을 보여주고 있다. 자신의 존재를 드러내지 않는 겸손함과 공동체의 성공을 위해서는 열정을 가지고 그 일을 감당하는 모습과 조화를 이루는 리더십 스타일이 공동체를 '좋은' 공동체에서 '탁월한' 공동체로 만든다.[66] 이러한 리더의 겸손과 전문가적인 열정이 함께 어우러진 리더십이 리더와 팔로워 모두 그리고 더 나아가 공동체의 가능성을 깨닫게 해줄 것이다.

탁월한 리더십은 인격과 따로 떼어놓고 논할 수 없다.[67] 헌터(James

C. Hunter는 리더십은 "움직이는 인격character in action"이라고 강조하면서 건강한 사람이라면 살아가는 과정에서 항상 갈고 닦아야 할 성숙이라는 용어와도 유사한 측면이 있다고 주장한다.[68] 리더의 인격이 리더십에 있어서 중요한 역할을 하는데, 인격은 도덕적인 성숙을 의미하고 설령 희생이 따르더라도 기꺼이 옳은 일을 추구하겠다는 의지를 의미한다.[69] 따라서 탁월한 리더십과 인격적인 성숙을 떼어 놓고 생각할 수 없다. 더 나아가 기독교인들에게 있어서 인격적인 성숙은 영적인 성숙과도 불가분의 관계에 놓여 있게 된다. 골만은 영적 성숙이란 자기 이해 능력으로부터 시작된다고 주장하면서 "실제로 대부분의 뛰어난 리더들은 영적인 삶을 통해 개발한 자기반성의 독특한 방법을 자신의 일에 반영하고 있다"고 주장한다.[70] 탁월한 리더들은 자신의 영적, 인격적 성숙의 모습으로 팔로워들과 동역을 할 수 있는 사람들이다.

미국의 건강한 교회성장 운동을 이끌고 있는 라이너Thom S. Rainer는 담임목사가 부교역자나 비서에게 위임해야 하는 25가지 일을 이야기하고 있다. 위임을 할 수 있다는 것은 진정한 동역자의 관계 안에서 신뢰할 때에만 가능한 일이다. 그 일들의 예로 크게 네 가지 분야 —관리, 행정, 마케팅과 소셜 미디어, 개인의 일—로 나누어 설명하고 있다.[71] 이 일들은 다분히 미국적인 상황을 반영하고 있지만, 한국적 상황에도 담임목사의 일들을 분류하고 동역자들과 어떻게 나누고 위임해야 할지에 대한 심도 있는 노력이 필요하다. 그는 위임에 대해서 "위임은 쉽게 교회 지도자가 활용할 수 있는 가장 효과적인 도구 중 하나이다. 위임은 팀에 힘을 실어 줄 뿐만 아니라, 여러분이 처음 목회에서 감당했던 하나님 나라의 일로 돌아가도록 도와준다"
고 주장한다.[72]

　리더십 발휘의 대상이 되고 있는 사람들을 팔로워followes, 따르는 사람
라고 부른다. 리더에게는 팔로워가 필요하고, 팔로워는 리더를 필요
로 하기 때문에 리더와 팔로워는 밀접한 연결관계를 가지고 있지만,
그 같은 관계를 주도하고 의사소통의 연결고리를 만들고 그 관계를
유지해야 할 책임을 지는 것은 리더이다. 구성원들이 정직하고 생산
적인 피드백이 없고, 때로는 불편한 대화를 기피하는 경향이 있는 공
동체는 발전이 있을 수 없다.[73] 리더가 팔로워보다 위에 있다거나,
엘리트이거나, 우수한 것이 아니라 리더와 팔로워는 서로 '관계'라는
맥락에서 이해되어야 한다. 리더와 팔로워는 서로 리더십 관계, 즉
동전의 양면관계 속에 있는 것이다. 따라서 리더가 팔로워를 신뢰하
고 소통하고 위임하는 모습이 필요하다. 선택의 자유가 늘어나고 위
임이 필요해지는 포스트코로나 시대에는 팔로워와의 소통에 초점을
맞추고 일에 대한 위임과 더불어 팔로워의 개인적인 부분까지도 중
시하는 리더십이 필요할 것이다. 개인적인 부분에는 관심을 두지 않
고 기능적인 부분에만 초점을 맞춘 리더십은 오늘날 점점 그 설 자리
를 잃고 있다. 자신이 가진 지위의 힘으로만 조직을 이끌려고 하는
낡은 리더십의 틀은 무너져 가면서 힘이 아닌, 팔로워와의 관계를 조
정하는 탁월한 능력으로 조직을 이끌어가는 우수한 리더들에 대한
요청이 늘어나고 있다.[74] 따라서 겸손한 마음으로 팔로워와 소통하
고, 신뢰함으로 위임할 줄 아는 기독교 리더십에 대한 모습이 한국교
회에 요청된다.

4. 공동체 차원
: 정서적 차원까지 살피는 공동체를 만드는 기독교 리더십

코로나19를 경험하면서 우리의 사회적 거리는 더 멀어져서 개인적 거리 안에 들어올 수 있는 사람들은 점점 줄어들게 되었다. 보이지 않는 바이러스로 인해서 사람들이 만나는 것에 두려움을 가지게 되었다. 환경이 바뀌고 일상의 표준이 바뀌면 우리의 소통 방식도 달라진다. 교사와 학생도 실제 교실이 아닌 디지털 수업에서 만나고, 음식을 구입할 때는 마트보다 배달 앱app을 이용하고 식사도 외식보다는 집에서 해결한다. 기업들은 클라우드 기반의 제품이나 서비스를 전면 도입하고 있다. 이전까지 관계에서 대면과 접촉이 중심이었고 비대면과 비접촉이 보완 수단이었다면 포스트코로나 시대에는 그 반대가 될 가능성이 높아졌다. IT가 경제, 산업, 사회, 문화를 장악한 시대에서 IT 기기는 그것을 다루냐 못 다루냐가 아니라 사회생활을 할 수 있느냐 경제활동을 할 수 있느냐의 문제가 되고 있다.[75] 디지털 혁명Digital Transformation 시대에 살고 있는 우리는 대면 소통경험은 자연스럽게 줄어들게 되고, 반면 급격한 소셜미디어 사용을 경험하게 되었다. 또한 사람들이 제품을 사는 구매에 만족하지 않고 더 경험하길 원하기 때문에 오프라인 경험의 공간을 가상 경험virtual expe-rience이 빠르게 대치할 것이라고 예견하고 있다.

포스트코로나 시대에는 사람들과의 상호작용에 대한 두려움으로 우리의 영성은 더욱더 메말라 갈 수밖에 없다. 영성과 감성 소통에 대한 필요가 더욱 커지는 포스트코로나 시대에 우리에게 더욱 요구되는 리더십은 무엇일까? 그것은 바로 정서적 차원의 리더십이다. 그러나 최근의 리더십은 여전히 리더십의 감성적 차원에 대한 부분을 간과하고 있다. 리더십에서 감성적 요인에 대한 고려는 성도들의 영적 성장과 인격의 변화에 중요한 역할을 한다. 따라서 현 시대의 기독교 리더십의 방향성은 정서적 차원을 고려하여 연약함까지 포용할 수 있는 신뢰의 공동체를 만드는 리더십이 필요하다.

1) 정서적 차원의 중요성

한국교회와 같이 비교적 번영된 전통적 조직에서는 리더가 문화 변화에 영향을 끼치기보다는 기존 문화로부터 받는 영향이 크기 때문에 조직의 변화를 꾀하기가 쉽지 않다. 조직 구성원이 공유하는 많은 신념과 가정은 암묵적이고 무의식적인데, 그러한 문화적 가정이 과거를 정당화시키고, 사람들은 이것에 긍지를 가지고 있기 때문이다. 조직의 생존을 위협하는 중요한 위기가 없다면 성숙한 조직의 문화는 급격한 변화가 일어나지 않을 것이다. 그런데, 한국교회는 코로나19라는 우리의 기반을 흔들어버린 커다란 위기를 맞이했다. 인터넷의 여왕이라고 불리우는 미커Mary Meekr 는 포스트코로나에 대한 보고서를 통해서 코로나19의 파괴력과 심각성을 1906년 있었던 샌프란시스코 대지진과 비교했다. 당시 지진은 리히터 규모 8.3으로 도시의 98%가 폐허가 되었을 정도로 대참사였다.[76] 코로나19로 인해서 한국교회는 이것과 버금가는 큰 변화와 여러 도전 앞에 서 있다.

한국교회는 교회의 공공성에 중점을 두고 안전을 위해 온라인 예배와 소그룹 모임을 하는 등 디지털 환경에 맞춰서 사역의 범위를 확장하고 있다. 그러나 이런 예배 환경의 변화는 수개월째 이어지고 있으며, 교인들은 점점 더 코로나19 이전과 같은 현장예배에 대한 갈망이 커져가고 있다. 그러한 모습은 디지털로는 채울 수 없는 관계를 통한 상호의존의 힘, 감정의 나눔, 영적인 충족의 필요성을 보여주고 있는 것이다. 재난을 다룰 때 각 사회는 그 사회의 취약성과 품격(그 문제를 해결할 수 있는 시스템)이 나타나게 된다. 사람도 마찬가지로 어려움을 겪을 때 자신에게 필요한 취약한 부분이 무엇인지를 알게 된다. 런던 정치경제대학교의 샤피크Minouche Shafik 교수는 '과거의 직업이 근육과 관계가 있었다면 요즘의 작업은 두뇌와 관계가 있다. 그러나 미래의 직업은 심장과 관계가 있을 것이다'라고 주장한다.77 즉 디지털화된 미래는 마음과 정서의 중요성이 더 증대된다는 것이다. 리더가 잊지 말아야 할 제일 과제는 공동체의 실상reality과 필요를 파악하는 것이다.78 포스트코로나 시대는 행복의 기준이 바뀌고, 이성적인 부분보다 더 영적이고, 정서적인 부분의 필요가 채워져야 하는 시대가 될 것이다.

교회의 리더들이 이제 교인들의 정서적인 부분까지 고려하는 리더십에 집중해야 할 필요가 있다. 리더십의 초기 이론은 리더-팔로워의 합리적 측면을 강조했지만, 최근 이론은 리더에 대한 팔로워들의 상호 정서적 반응의 중요성을 강조하고 있다. 히스 형제Chip Heath and Dan Heath는 세상의 모든 성공적인 변화에는 공통의 패턴이 있음을 주장하면서 개인이나 단체를 막론하고 극적인 변화를 이끌어내는

'행동설계'의 힘을 강조한다. 히스 형제는 행동방식에 변화를 원한다면 변화하고자 하는 그 사람의 상황을 바꾸어주고, 이성에 해당하는 머리와 동시에 감정과 감성에 해당하는 가슴에도 영향을 미쳐야 함을 강조한다. 즉 변화를 위해서 예전에는 이성에만 초점을 맞추던 강조점이, 이제는 이성과 감성 그리고 환경이 모두 영향을 받을 때 변할 수 있음을 강조한다.[79]

이렇게 감성적 부분까지 고려하는 리더십 능력을 키워가기 위해서 필요한 것은 자기인식 능력과 공감능력이다. 자기인식 능력은 '자신의 감정, 능력, 한계, 가치, 목적에 대해 깊이 이해하는 것을 말한다.[80] 다니엘 골먼Daniel Goleman팀은 자기 인식이 강한 사람은 "지나치게 자기비판적이지도 않고 어리석게 낙관적이지도 않은 현실적 감각이 있는 사람이고 무엇보다 자기 자신에 대해 솔직한 사람"이라고 주장한다.[81] 더 나아가 자신의 가치관에 부합하는 결정을 내리기 때문에 그만큼 자신의 생각을 따져보고 숙고하며, 자신의 일에 열정으로 감당하게 된다는 것이다. 교회 리더들이 먼저 올바른 자기인식 능력을 바탕으로 본인이 가지고 있는 신앙정체성이 건강한지, 더 나아가 교회와 사회를 바라보는 안목이 건강한지를 알 수 있을 것이다. 그리고 자기인식 능력을 키워가는 훈련을 꾸준히 할 때 자신에 대해서 잘 알 수 있을 뿐만 아니라 함께하는 공동체의 구성원들의 감성적인 필요를 읽어 나갈 수 있는 리더로서의 준비가 될 것이다.

리서치에 의하며 효과적인 리더십은 능력에 관한 부분이기보다는 긍정적인 느낌과 감정을 불러일으키는 것임을 나타내고 있다.[82] 관계적이고 감성적인 부분들이 조직의 비전보다 중요하기 때문에 공동체 리더의 주요한 일은 우리 자신과 다른 사람들의 감정을 잘 보살피는 것이다.[83] 골먼은 우리가 다른 사람들에게 조직과 비전을 통해서 영향력을 끼치는 것보다 그 사람과의 관계와 인격을 통해서 영향을 끼치는 것이 두 배 이상의 효과가 있음을 강조하고 있다.[84] 감성지능을 갖춘 리더가 조직의 일상적인 활동의 바탕이 되는 감성적 현실과 그 (사람들이 어떤 일을 어떻게 하는지에 관한) 문화적 규범을 적극적으로 파헤쳐 나간다면 변화는 가능하다고 주장한다.[85]

한국교회도 진실하고 투명하고 성실할 뿐 아니라 공감과 감정이입까지도 가능한 건전한 관계를 가능하게 해주는 문화와 규범을 체계적으로 만들어내야 한다. 특별히 기성세대가 주축을 이루는 한국교회는 청년을 향한 공감능력을 키울 필요가 있다. 한국교회의 젊은 이들로 하여금 교회를 떠나게 만드는 중요한 이유가 바로 교회 리더들의 공감능력의 부족에서 찾을 수 있다. 공감한다는 것은 어떤 경험 자체와 연결하는 것이 아니라 어떤 경험과 관련된 감정들과 연결하는 것이다.[86] 즉 공감은 비판적인 입장을 취하지 않으면서 타인의 감정과 관점을 취함으로써 상대방의 감정을 이해했다는 것을 상대에게 전하는 것이다.[87]

골만과 그의 친구들은 고위직의 리더들 중 뛰어난 능력을 가진 사람들을 특징짓는 것의 85%는 기술적이고 인지적인 능력들이 아닌 감성적 능력이었음을 강조한다.[88] 브라운Brené Brown은 우리가 비판할 때는 두 가지 방향으로 나뉜다고 알려준다. 첫째는 우리 자신이 부끄럽게 생각하는 분야에서 비판하고, 또 하나는 그 분야에서 우리보다 못한 사람을 비판한다는 것이다. 공감이 없는 잘못된 비판은 그 비판을 받는 사람에게 수치심을 안기고 비판적 문화는 악순환으로 이어진다. 한국교회 안에 어른들의 '라떼는 말이야'로 시작하는 훈수나 비판이 아니라 진정으로 공감하고 격려하는 정서가 퍼져가고, 또한 청년들의 목소리가 반영되도록 의사결정과정의 제도적인 보완이 있을 때 청년들이 교회를 떠나지 않게 될 것이다.

코터와 코헨(Kotter and Cohen) 또한 내적인 신념과 가치를 변화시킴으로 구성원의 행동의 변화를 꾀하는 방법에 있어서 생각과 감정 모두 중요하지만, 변화의 핵심은 생각보다는 감정에 놓여 있음을 주장한다. '보고-느끼고-변화'하는 흐름이 '분석하고-생각하고-변화'하는 것보다 더 힘이 있음을 주장한다.[89] 코로나19로 인해 세계적으로 상황이 악화되고 사회적 거리두기가 강조될 때 사람들은 불안과 스트레스, 지루함은 증대했고, 반대로 즐거움의 정서는 현격히 감소했다고 한다. 이 연구를 담당했던 서울대 행복연구센터와 카카오팀은 코로나19를 통해서 한국 사람들은 두려움을 겪었고, 그 마음의 고통을 해소하는 방향으로 포스트코로나 시대에 변화가 올 것이라고 예측하고 있다.[90]

그 때문에 기독교 리더는 겉으로 쉽게 드러나지 않는 정서적이고 감성적인 부분까지 주의를 기울여야 한다. 변화하는 시대에 교인들의 영적, 정서적 필요를 채워주는 감성지능을 갖춘 리더가 되어야 한다.[91] 감성지능을 갖춘 리더는 변화를 위한 환경을 창출하고, 진실하고 겸허한 자세를 보여주면서 조직의 감성적 현실을 정확히 읽을 수 있어야 한다. 그리고 조직 내 구성원들에게 미래에 대한 비전을 갖도록 해줘야 한다. 한국교회가 전방위적인 차원에서 감성지능을 갖춘 리더를 키울 환경과 여건을 만들고, 그에 대한 미래의 대안적 비전을 제시한다면 교회는 변할 수 있다. 감성지능을 갖춘 리더들을 통해 열정적이고 유연한 분위기가 만들어지고 그러한 분위기에서 섬기는 교인들은 자신들이 최고의 능력을 발휘할 수 있는 가장 혁신적인 공간에 있는 느낌을 받게 될 것이다. 한국교회의 감성지능을 갖춘 리더들이 교인들과 공감하며 맡은 바 사명에 열정을 가지고 있고, 이러한 열정이 교인들에게 생기를 불어넣을 수 있다면 한국교회는 위계적이고 수직적인 환경에서 더 유연하고 생기가 넘치고 혁신적인 섬김의 공간이 될 수 있을 것이다.

2) 연약함까지 나타낼 수 있는 공동체의 중요성

코로나19 펜데믹 기간 동안 사람들은 두려움과 사회적 거리두기 속에서도 소소한 행복을 느끼는 일상활동이 있었는데, 그 두 가지는 먹기와 운동이었다. 사람들은 코로나19 기간 동안 가족과 식사하는 행위를 중요하게 생각했고 관계에 더 집중하게 되었으며 그 부분에서 행복을 느낀다고 고백했다.[92] 비대면이 필수처럼 보이는 디지털 시대에 반대로 관계의 중요성이 더 부각된 것이다. 또한 국민의식의 변화를 살폈을 때 집단주의적 가치가 더 증가한 것으로 나타났다. 사람들은 공동체가 필요하고, 사랑하는 사람들과 함께하기를 원했다. 브라운은 공동체 안에서의 사랑과 유대감은 남녀노소를 막론하고 모든 사람에게 필수적인 요소임을 강조하면서 그 두 가지가 결핍되었을 때 사람들은 고통을 느낀다고 주장한다.[93] 코로나19 기간에 사람들은 마음의 고통을 해소하기 위해서 공동체로 함께 모여 가족과 식사하기를 즐김으로 행복을 찾아간 것이다. 사람을 더욱 그리워하고 공동체를 갈망하는 이때 한국교회는 부흥이 멈추고 쇠퇴의 길로 들어선 이유를 깊이 고민해 보아야 한다. 많은 일들의 뿌리 속에는 개인들의 마음의 변화가 있다. 왜 그렇게 되었을까?

그리스도인의 영적인 성숙과 변화는 내면에서부터 외적으로 변화되어 간다.[94] 그리고 그 영적인 변화의 중심에는 예수 그리스도가 있다. 윌라드는 그리스도 안에 사는 영적 생활의 특징에 대해서 근본적인 태도와 믿음, 정서적 상태에서 놀라운 변화를 경험해야 함을 이야기하면서 더불어 자기와 함께하는 사람들, 즉 공동체가 있어야 한다고 강조하고 있다.[95] 웨스터호프John H. Westerhoff 또한 영적 성숙이 공동체를 통해서 이뤄짐을 주장하면서, 공동체의 신앙발달은 신앙공동체 내에서 이뤄지는 상호작용과 문화화 과정인 종교사회화를 통해 이뤄진다고 주장한다.[96]

따라서 공동체가 공동의 비전과 기억을 가지는 것도 중요하지만, 더불어 함께 하려는 나눔의 생활을 필요로 한다. 신앙의 나눔은 기독교인들로 하여금 예수 그리스도로부터 전수된 복음에 대한 앎을 기독교적 삶의 실천으로 연계하여 더 나은 영적인 삶의 변화를 추구하게 한다.[97] 신앙공동체란 성령만이 이루실 수 있는 하나됨을 경험한 사람들의 모임이다. 나우웬은 죽기 3주 전에 "위선에 대한 최상의 치료법은 공동체라는 사실을 가르치고 있다. 위선이란 내가 설교한 대로 살지 못해서 생기는 것이 아니라, 내가 말한 대로 살지 못하는 나의 무능함을 고백하지 못해서 생긴다"[98]고 말함으로써 자신의 연약함을 나눌 수 있는 공동체의 필요성을 이야기한다. 브라운Brené Brown이 혁신적인 아이디어를 만드는 구글, 픽사, 디즈니, 빌&멀린다 게이츠재단과 함께 7년의 연구 끝에 밝혀낸 탁월한 리더들의 비밀은 자신의 취약함vulnerability을 인정함으로 진실한 모습으로 소통하며 신뢰와 공감을 잃지 않는 대담한 리더들이었다고 이야기한다.[99] 브라운은 취약성의 인정이 대담한 리더십에 기본적으로 필요한 조건이라고 주장한다.[100] 나의 취약하고 연약한 부분을 나눌 수 없는 신앙공동체는 자신의 진실한 모습을 보여줄 수 없기 때문에 결국에는 영적인 변화와 성숙을 기대하기 힘들어진다.

오늘날 우리는 진정한 나눔과 들음의 사역이 존재하는 성숙한 공동체를 점점 발견하기 힘들어진다. 왜냐하면 신앙공동체 속에서 우리는 깨어진 상태보다는 갑옷을 입은 것처럼 완전한 상태로 당당하게 있으려 하기 때문이다. 안전하지 않은 공동체에서 그리스도인들은 자신에 대해 부분적인 모습만을 드러내고 나머지는 숨기는 경향이 있다. 하지만 역설적으로 크랩Larry Crabb은 "깨어진 사람들만이 영적 공동체를 공유"할 수 있다고 주장한다.[101] 즉 자신은 취약하고 불안전한 존재이지만 사랑받고 소속감을 느끼기에 충분히 가치있는 존재라고 생각하는 용기를 가진 사람들만이 진정한 공동체를 경험할 수 있다. 브레네 브라운은 사랑을 정의하길 공동체 가운데서 "우리 안에 있는 취약성vulnerability을 드러내고 알게 하는 것"이라고 주장한다.[102] 브라운은 취약성은 약점이 아니라 "상처받기 쉬운 마음"으로 인간의 본성이자 속성임을 강조하며 불확실성과 리스크, 감정노출로 정의된다고 주장한다.[103] 브라운은 우리가 연약함을 받아들이고 불확실성에 용감히 맞서며 마음을 열어 감정적 노출을 두려워하지 않는다면 연약함에도 불구하고가 아니라 연약한 모습 때문에 사랑받을 수 있음을 강조한다.104 조직의 리더가 연약함을 드러내면 그 연약함을 드러내는 것을 팔로워follower들이 용기 있는 행동으로 받아들여서 그 모습을 본받게 된다는 것이다.105 우리가 연약함을 받아들일 때 연약함을 넘어서 영적 연합이 생기고 신뢰와 안정감을 알게 되고 그러한 연약함을 나눌 수 있는 공동체에서 구성원들의 사랑은 자라가게 되고 더 커진다.

그런데 그렇게 되기 위해서 꼭 필요한 것은 공감 어린 마음으로 들어주는 사람과 자기 이야기를 나눌 수 있는 신뢰가 기반이 된 공동체이다.106 팔머Parker J. Palmer는 신뢰할 수 있는 관계는 일반 교육에서도 학교 교육의 성패를 가르는 중요한 요인이 됨을 주장하고 있다.107 공감하는 마음으로 들어주는 사람들과 신뢰할 수 있는 공동체는 동전의 양면이기도 하다. 오랜 연구를 통해 브라운은 공감 어린 마음으로 들어주는 사람이 있을 때 두려움과 분노를 가져오는 수치심이 살아남지 못하게 된다고 주장한다.108 삶을 나눈다는 것에 대해서 본회퍼Dietrich Bonhoeffer는 성도들의 "들어주는 사역이 하나님께서 우리에게 위탁하신 사역"이라고 주장하면서 공동체가 감당할 사역이 무엇인지를 알려주고 있다.109 본회퍼는 서로 함께 거하기 위해서 필요한 것은 공감적 경청empathically listening임을 주장하면서 연약한 형제자매에게 공감하며 들어주는 것이 우리가 감당할 하나님의 사역임을 강조한다.110

진정성이 있는 공감은 서로의 연약함을 존중하게 되고, 그러다

보면 신뢰와 유대감이 생긴다. 공감적 경청은 사람 사이에 가장 좋은 신뢰를 만들어낼 수 있는 방법이다.[111] 연약함까지 나눌 수 있는 대화를 통해서 각 개인의 의미가 창출되고, 그렇게 될 때 그 공동체의 의미가 만들어지게 된다.[112] 신뢰가 바탕이 된 문화 가운데서, 구성원들은 자신의 성장과 다른 사람들의 성장에 관심을 가지게 된다. 이러한 특징들은 개인의 자아 정체성에 긍정적이고 리더와 구성원들 사이의 긍정적인 섬김의 관계를 더욱더 강화해 준다. 영적인 공동체가 건강하게 유지되려면 연약함까지 나눌 수 있는 정직하고 열린 대화가 있어야 한다. 그럴 때 진정한 섬김의 공동체를 만들어 나갈 수 있을 것이다.

이 변화와 개혁은 결코 쉽지 않다. 모든 조직은 익숙한 방식대로 행동하고 싶어하는 관성inertia을 갖고 있기 때문이다.[113] 현재 한국교회와 리더들이 겪고 있는 문제들은 많은 경우 새로운 문화로 인한 변화를 거부하는 데서 오는 충돌로 해석할 수 있다. 그러나 코로나19로 인하여 문화와 사회 변화는 그 흐름을 거스를 수 없을 정도로 변하는 중이며, 더욱 빠르게 변할 것임은 자명하다. 변화를 거부하고 현재에 머무르길 고집하는 조직은 결국 소멸하게 될 것이다. 새로운 문화와 시대에 복음을 전하기 위해서 한국교회가 변해야 함에는 재론의 여지가 없다. 이러한 때에 기독교 리더십이 지향해야 할 실질적인 이정표를 정하는 것은 중요한 일이다. 기독교 리더십의 방향성에 대해서 교회 변화의 첫걸음은 리더와 구성원들의 신념과 태도를 바꿈으로써 나타난다는 전제하에 리더의 개인 내면 차원에서는 리더의 정체성과 소명에 초점을 맞춘 기독교 리더십이 되어야 하고, 일대일 관계 차원에서는 팔로워들과 소통하고 위임하는 기독교 리더십이 되어야 하며, 공동체 차원에서는 감정적 차원까지 살피는 공동체를 만드는 기독교 리더십이 되어야 할 것이다.

VI. 뉴노멀 시대,
기독교 리더십의 중점은
무엇인가?

　역사적으로 문화와 패러다임의 변화는 교회의 변화를 요구해 왔다. 교회는 하나님과의 지속적인 교제 없이 세상에서 초월성을 유지할 수 없고, 세상 문화와의 결속 없이는 타당성을 잃게 된다. 교회는 끊임없이 복음과 지금 문화의 관계성을 어떻게 가져가야 할지, 복음으로 이 세대를 어떻게 섬길 수 있을지를 고민해야 한다. 더불어 교회 안에 있는 과거의 무비판적 요소들을 검토해봐야 할 것이다. 우리가 역사적 교회 제도라고 알고 있는 대부분의 것들이 "교회 역사의 다른 시대와 장소에서 일어난 것에 대한 문화적 수용이거나, 더 이상 존재하지 않는 사회에 대한 문화적 수용"일 수 있기 때문이다.[1] 그러나 교회는, 변화의 필요성이 있음에도 불구하고, 변화의 고통보다 같은 자리에 머무르고 있는 고통이 더 클 때까지 변화하지 않는다.[2] 뉴노멀의 시대에 교회는 복음의 불변적 가치는 고수하되, 복음이 전해질 문화의 특징에 맞게 새로이 해석하며 변화해야 한다. 이것이 개혁교회의 모토인 변화와 개혁이다. 그리고 그 변화의 책임은 대부분 교회 리더들에게 있다. 한국교회 변화를 위한 기독교 리더십의 방향성을 알게 되었다고, 교회 리더와 구성원들이 고통스럽고 때로는 오래 걸리더라도 변화하자고 합심한다 해도 변화는 쉽게 일어나지 않을 수 있다. 교회가 변화하지 않는 이유 중 하나는 변화의 순서를 모르기도 하지만 한꺼번에 새롭게 너무 많은 것을 바꾸려고 하기 때문이다.

1. 기독교 리더십의 중점(Leverage Point)

1) 변화의 핵심요소: 중점

조직 변화를 위해서는 작은 행동의 변화부터 시작해서 조그만 부분이라도 맛보는 것이 변화를 더 쉽게 만든다. 너무 많은 행동 목표를 제시하기보다는 구체적이고 간단한 행동 변화를 생각해야 할 것이다. 그렇게 하기 위해서 가장 중요한 부분이 무엇인지 찾을 수 있어야 하며 조직의 변화에 영향을 끼칠 수 있는 부분에 집중할 필요가 있다. 그런 부분을 정점tipping point 또는 중점leverage point, 重點이라고 할 수 있다.[3]

글래드웰Malcom Gladwell은 그의 저서 *Tipping Point*에서 정점tipping point 을 유행이 퍼져나갈 때 어느 지점에서 극적으로 폭발하는 순간이 있는데, 바로 이 변화의 지점을 티핑포인트라고 한다. 글래드웰은 사소한 것이 어떻게 큰 변화를 일으키는가를 사회적인 측면에서 고찰하고 있다.4 티핑포인트는 세상의 변화가 어떻게 이루어지는지, 변화의 포인트는 무엇인지 알려주고 있다.5 유행의 출현, 범죄의 증감, 알려지지 않았던 책이 베스트셀러가 되는 극적인 전환, 10대 청소년의 흡연 증가, 입소문, 그 외 매일 매일의 삶에서 뚜렷이 목격할 수 있는 신기한 변화들을 이해하는 가장 좋은 방법은 이것들을 전염병 epidemics이라고 간주하는 것이다. 아이디어와 제품과 메시지와 행동은 바이러스처럼 전파되어 나간다는 것이다. 글래드웰은 정점의 특징에 대해서 전염성 있는 작은 원인little cause이 큰 효과를 낸다는 것과 변화는 천천히 일어나는 것이 아니고 극적인 순간에 일어난다고 주장한다.6 글래드웰의 정점과 비슷한 개념으로 센지Peter M. Senge는 중점 leverage point을 이야기한다. 센지는 그의 저서 *The Fifth Discipline*에서 이러한 지렛대의 원리에 대해 아르키메데스의 유명한 말, "나에게 충분히 긴 지렛대와 단단한 지렛목을 주시오. 그러면 한 손으로 지구를 움직일 수 있소"를 인용하면서, 행동하기 전에 중점이 어디인지를 알아야 한다고 강조했다.7 센지는 계속해서 가장 좋은 결과는 스케일이 큰 노력에 의한 것이 아니라 작지만 중요한 부분에 집중된 행동에 의해 나올 수 있음을 강조했다.8 너무 많은 것을 변화시키려 하다가 오히려 어느 것 하나도 제대로 하지 못 할 수 있다. 핵심이 되는 작은 요소를 선택해 구성원들과 지속적으로 커뮤니케이션을 통해 변화시키는 것이 효율적일 것이다.

한국교회의 변화를 이끌 수 있는 핵심요소가 되는 중점leverage point 또는 정점tipping point을 찾아내는 작업이 중요하다. 따라서 한국교회 변화를 위해서 필요한 핵심요소core component가 무엇인지 개인 내면 차원, 일대일 관계 차원, 공동체 차원에서 살펴보고자 한다. 리더십의 관점에서 공동체와 조직의 변화를 살펴볼 때 다양한 요소를 포함하고 있기 때문에, 변화를 위한 핵심요소를 찾았다고 해서 조직의 변화가 담보되는 것은 아니다. 하지만 공동체와 조직의 리더는 변화를 위한 핵심요소가 무엇인지 알고 핵심적인 행동을 선택하는 것은 중요한 일이다. 이러한 중점을 제안함으로써 한국교회의 변화를 위한 실용적인 자원을 제공할 것이며, 교회의 리더들로 하여금 지역교회에 생산적이고 건강한 변화를 이끌 수 있도록 할 것이다. 또한 조직변화를 위한 리더십의 성경적 원칙들을 연구한 전문가들을 통해서 그들이 주장하는 변화의 중점을 리더십의 통합적 관점으로 살펴볼 것이다.

2) 중점의 중요성을 강조한 학자들

한국교회의 변혁에 도움이 될 만한 핵심요소를 찾는 일에 다음 학자들의 혜안이 도움이 되었다. 블랜차드Blanchard(2005)와 호지스 Hodges(2005), 트레베쉬Trebesch(2001), 골먼Goleman(2002) 그리고 센지 Senge(1990), 윌라드Dallas Willard의 주장을 통합적 리더십의 관점으로 살펴봄으로써 각 리더십 차원의 중점을 찾아보고자 한다.

먼저, 블랜차드Ken Blanchard와 호지스Phil Hodges는 그들의 책, *Lead Like*

Jesus(2005)에서 통전적 리더십의 틀거리를 제안한다. 그들은 그것을 변화의 여정transformational cycle라고 불렀는데, 이 여정은 개인에게 있는 리더십에서 시작해 사람 대 사람이라는 상호 관계의 리더십으로 발전하고, 그 후 공동체의 리더십으로 이어지고, 마지막에 조직의 리더십으로 발전해간다. 또, 저자에 따르면, 예수님도 "이 땅에 계시는 동안 당신의 삶을 다해 제자들을 훈련시킬 때 리더십의 세 가지 영역인 개인적, 상호적, 공동체적 리더십을 가르치셨다"[9]고 주장했다. 즉 변화는 어느 한 영역에 머무르는 것이 아니라 서로 다른 영역과 연결되기 때문에 통전적인 리더십 시각이 필요함을 이야기한다.

트레베쉬Shelley Trebesch는 기독교 기관 내에서 사람의 발전을 연구했다(2001). OMF 멤버들과의 인터뷰와 포커스 그룹focus group을 통해 얻은 데이터로부터 도출된 통합적 모델은 시스템적 사고에 기반한다. 그녀는 사람의 발전에 기여하는 여섯 요소를 발견했는데, 믿음의 가정假定, 가치관, 조직적인 동력, 경험, 개인들 그리고 리더들이다. 이러한 리더십의 요소들의 상관관계를 이야기하면서 내적 패러다임 (가치관, 믿음의 가정)과 외적인 행위(경험과 행동, 조직적 사고) 간의 관계를 찾았다.[10] 그녀는 내면적 발전의 패러다임에 속하는 믿음의 가정, 가치관 등이 외적인 행위에 속하는 경험과 조직적 사고 등으로 이어진다고 결론 내렸다. 마찬가지로 이러한 외적 행위 역시 내적인 발전에 기여한다고 말했다. 연구의 결과로 트레베쉬는 "가치관의 실현을 위해 노력하는 행동 없이는 진정한 가치관이 될 수 없으며, 모든 종류의 행동은 특정한 가치관과 관련이 있다"고 믿었다.[11] 즉, 여섯 가지 핵심요소의 상호작용을 통해 사람은 발전해 나가고 변화해 나간다는 것이다.

다니엘 골먼Daniel Goleman은 그의 저서 *Primal Leadership*(2008)에서, 코터John P. Kotter가 *Leading Change*(1995)에서 말한 것처럼, 개인이나 조직의 변화에 있어서 사람들의 감성이 중요함을 역설했다. 골먼에 의하면 훌륭한 리더는 개인적 능력(자기인식 능력과 자기관리능력)과 사회적 능력(사회적 인식 능력과 관계 관리 능력)을 갖춘 사람이라는 것이다. 골먼은 변화가 시작되는 지점은 다름 아닌 감성적 판단력이 있는 리더들이 조직에서 일상적으로 나타나는 행위와 행동 속에 내재되어 있는 감성적 현실과 사회적 규범에 능동적으로 질문할 때라고 믿었다. 또한 "결과를 만들어내기 위해서 리더는 사람들의 감정과 조직의 감성적 현실의 기저에 있는 숨겨진 차원들과 또한 그 모든 것에 영향을 끼치는 문화에 귀를 기울여야 한다"고 주장한다.[12] 창의적 리더십 센터Center for Creative Leadership의 후원을 받은 연구들은 감성지능EQ이 IQ보다 직장 생활과 삶의 성공에 더 중요한 역할을 한다는 것을 보여주고 있다. 감성지수는 "다른 능력들을 향상시키거나 감소시킴으로써 모든 다른 능력들에 지대한 영향을 끼치는 지배적인 역량이다."[13] 골먼이 주창한 감성지수의 다섯 가지 요소들은 경영의 가장 기본적 기술들이 되었다.[14] 골먼에 의하면 감정지능의 영역은 두 가지 영역과 관계된 부분으로 나뉘는데, 개인적 영역과 사회적 영역이 그것이다. 골먼은 우리 자신을 어떻게 관리하는가를 결정하는 개인적 영역은 자아인식과 개인관리 능력을 꼽았으며, 관계를 어떻게 관리하는지를 결정하는 사회적 영역은 사회적 인식과 관계 관리의 능력에 중점을 두었다. 감성지능의 이 두 가지 영역을 잘 관리할 때 변화의 능력이 나타날 수 있다.

센지_{Peter Senge}의 책, *The Fifth Discipline: The Art & Practice of the Learning Organization*(1990)은 조직의 변화를 원하는 사람들이 조직의 변화와 관계있는 체계적 사고를 이해하도록 도왔다. 센지는 중점_{leverage point}의 중요성에 대하여 혜안을 주는데, 조직이 직면한 어려움을 해결할 수 있는 방법은 학습 조직_{learning organization}을 만듦으로써 조직을 새롭게 바꿀 수 있다고 주장한다.[15] 센지는 개인과 조직의 배움을 강조하는 조직의 분위기를 강조하면서, 이러한 조직의 분위기를 "학습 조직_{learning organization}"이라고 불렀다.[16] 다시 말하면, 학습조직이란 지식을 창출하고 보급시키고 이를 조직 내에 저장하고 잘못된 지식을 폐기하는 능력을 갖춘 조직을 의미한다. 센지는 "역동적 학습 조직들은 섬김을 통해 이끄는 섬김의 리더들을 통해 만들어지고 관리된다"고 믿었다.[17]

윌라드_{Dallas Willard}를 필두로 한 미국의 "신학 및 문화 사상가 그룹_{TACT, Theological and Cultural Thinkers}"은 그리스도 안에서 성장하기 위해서는 진정한 변혁이 일어나야 한다고 주장하면서, 진정한 변혁이 일어나기 위해서는 ① 하나님이 주신 사명, ② 개인적인 삶 그리고 ③ 우리의 공동체에서 무엇이 필수적인 요소(핵심 개념)인지를 알아야만 한다고 강조하고 있다.[18] 세 가지 핵심요소는 첫째로 그리스도인으로서의 정체성과 소명이 무엇인지를 살펴보는 것이며, 둘째로 개인적인 삶은 그리스도인 개개인이 살아가는 일상의 삶 속에서 사람들과 관계 맺는 부분에 필수적인 요소가 무엇인지 살펴보는 것이다. 마지막으로 공동체는 그리스도인의 신앙공동체에서 필수적인 요소가 무엇인지 살펴볼 필요가 있다. 이와 같이 변화를 위한 특별한 공식이 있는 것은 아니지만 각 학자들이 언급한대로 변화의 핵심요소가 되는 부분을 놓쳐서는 안 될 것이다. 다음 장에서는 각 리더십 차원의 핵심 요소들을 알아보고자 한다.

2. 기독교 리더십 각 차원의 중점

헌터James C. Hunter는 "리더십은 움직이는 인격"(character in action)이라고 주장했다.19 이것은 인격 자체가 리더십의 주요한 중점임을 의미한다. 신학과 리더십을 연관시키고자 하는 학자들은 나름대로 중요 요소로서 여러 가지 중점을 제시하지만, 통전적 접근법을 통해서 리더십을 정리해 놓은 글은 찾아보기가 힘들다. 이번 장에서는 리더십 이론의 시스템적인 접근을 통해 연구가들이 밝힌 기독교 리더십의 중점을 리더십의 통합적(개인 내면, 일대일 관계, 공동체) 차원의 관점을 통해서 정리해보고자 한다.

1) 개인 내면 차원: 영성 개발(Spiritual Formation)

뉴노멀 시대에 개인 내면 차원의 기독교 리더십의 방향성은 하나님께 초점을 맞춘 정체성과 소명을 갖도록 도와주는 리더십이어야 한다. 그렇다면 변화를 위한 중점leverage point는 무엇일까? 앞에서 소개한 학자들의 이론을 종합해 변화를 위한 중점이 되는 다섯 가지 핵심

요소를 정리하면 다음과 같다. 개인 내면의 차원에서 논의되고 있는 중요한 요소는 바로 자기인식 능력self-awareness, 관점perspective 그리고 가치관Values과 믿음의 가정Faith Assumption으로 이어지는 영성 개발spiritual formation에 관한 부분이다. 리더십 이론에서 대부분의 리더십은 사람들 간의 상호관계를 통해 정의되기 때문에 개인의 내적인 부분을 다루는 것은 흔치 않은 일이다. 하지만 몇몇의 연구가들이 의사결정, 동기부여, 인식 등의 심리적 이론들을 사용해서 리더들의 행동을 설명하려고 했다. 개인의 내면을 이해하는 것은 조직에서 구성원들의 행동을 설명해주는 심리학적 혜안들을 우리에게 제공해 준다.[20] 내면 차원에 대한 연구는 개인의 비전과 우선순위, 개인의 효과적 시간관리, 개인의 목표를 이루는 데 더 효과적인 방법을 연구하는 것을 포함한다. 리더십의 개인 내면 차원에서 자아 정체성을 명확히 하는 과정은 전체 리더십 구성의 중심역할을 한다.[21] 교회의 본질을 회복하기 위해 노력하는 선교적 교회에서, 교인들이 선교적 회중이 되는 데는 교인들의 정체성과 소명이 다른 무엇보다 중요하다. 여기서 우리는 골먼(Goleman 1995), 스카제로(Scazerro 2003), 블랜차드와 호지스(Blanchard & Hodges 2005), 트레베쉬(Trebesch 2001) 그리고 윌라드(Willard 2005)의 연구로부터 자기 인식, 영적 성숙, 관점, 가치관, 믿음의 가정과 같은 개인 내면 차원의 중점을 살펴보고자 한다. 그리고 마지막으로 달라스 윌라드가 주장한 '영적 개발'이 그 모든 요소들 중 개인 내면 차원에서 가장 중요한 중점이 될 수 있는 이유를 알아볼 것이다.

(1) 자기 인식 능력(Self-Awareness): 다니엘 골먼(Goleman)

많은 리더십 서적들은 리더들로 하여금 그들의 강점과 약점 그리고 발전적 필요를 이해하도록 도와주는 데 중점을 두고 있다. 근래의 연구가들은 감성지능을 효과적인 리더십의 또 다른 중요한 특성으로 꼽고 있다. 감정은 주의를 요하는 강한 느낌으로 인식 과정과 행동에 영향을 미칠 가능성이 크다. 다니엘 골먼은 감성지능을 "한 사람이 자신의 감정을 다른 이들의 감정에 맞추는 것"이라고 폭넓게 정의했다.[22] 감성지능은 감정과 이성을 통합하는 능력을 가리키며, 감정이 인식의 과정을 촉진시키고, 감정은 인식적으로 조절됨을 의미한다. 하나의 기술로 먼저 인식되는 감성지능과 감성적 성숙, 자기관리, 자기 신뢰 등의 개인적 성향과 깊은 관계가 있는 감성지능은 여러 가지 기술적 요소를 포함한다.

자기 인식 능력은 감성지능의 한 영역으로 중요한 리더십 자질 중 하나이다. 자기 인식 능력은 한 개인이 자기 자신을 어떻게 관리해야 하는지 개인적인 능력을 다루는 것과 관련이 있는 것으로 "자신의 감정, 능력, 한계, 가치, 목적에 대해 깊이 이해하는 것"을 말한다.[23] 자기인식 능력의 세 가지 요소가 있는데, 첫째는 감성적 '자기 인식 능력'으로 자신의 감정을 읽고, 그것의 영향력을 깨닫는 것이다. 둘째는 정확한 '자기 분석 능력'으로 자신의 장점과 한계를 객관적으로 아는 것이다. 셋째는 '자기 확신 능력'으로 자신의 가치와 능력에 대해 긍정적으로 생각하는 것이다.[24] 자기 인식 능력을 갖춘 리더는 자신의 가치, 목표, 꿈이 무엇인지 제대로 이해하고 있기 때문에 아무리 좋은 일자리를 제안받는다고 하더라도 자신의 원칙과 장기적인 목표와 맞지 않는다면 과감하게 거절할 수 있는 사람들이다.

변화와 관련해서 도틀리치David Dotlich는 자기인식 능력을 변화의 단계 중 첫 번째로 꼽았다.[25] 자기인식이라는 것은 "개인이 자기 자신을 비추는 거울을 들고 있는 것과 같다"고 역설했다.[26] 자기인식은 개인이 자신의 필요를 인식하는 데 도움을 주고, 어떤 사건에 반응하도록 해서 여러 가지 가능성 있는 다른 해결방법을 찾는 데 도움을 준다.[27] 골먼Daniel Goleman은 자기인식이 강한 사람은 "지나치게 자기비판적이지도 않고 어리석게 낙관적이지도 않은 현실적 감각이 있는 사람이고 무엇보다 자기 자신에 대해 솔직한 사람"이라고 주장한다.[28] 더 나아가 자신의 가치관에 부합하는 결정을 내리기 때문에 그만큼 자신의 생각을 따져보고 숙고하며, 자신의 일에 열정으로 감당하게 된다. 트레베쉬Trebesch 또한 자기인식을 '리더십 형성을 위한 가장 중요한 개인적 요소'라고 보고 있다.[29] 여기서 더 나아가 스카제로 Peter Scazzero는 *The Emotionally Healthy Church*(2003)에서 감성적 성숙의 중요성을 강조했다. 감성적 건강과 영적 성숙도와의 관계는 아직까지 그렇게 널리 알려지지 않은 영역이지만, 스카제로는 감성적 성숙과 영적 성숙이 불가분의 관계에 있음을 시인할 수밖에 없다고 주장한다.[30] 그는 "우리의 제자도 속으로 사랑에 초점을 맞춘 감성적 성숙도를 통합하지 않는다면, 우리는 사랑이신 하나님의 관점을 완전히 놓칠 수 있는 위험이 있다"고 믿는다. [31]

(2) 관점(Perspective): 블랜차드(Blanchard)와 호지스(Hodges)

블랜차드Ken Blanchard와 호지스Phil Hodges는 효과적인 리더십은 내면에서부터 출발한다는 점을 강조한다. 그들이 개인 내면에 주목하는 것은 리더십이 선택을 포함하기 때문이다. 이러한 개인에게 초점을 맞춘 리더십은 개인 내적인 리더십으로 분류될 수 있는데, 개인 리더십self-leadership은 '나는 누구의 것인가?'와 '나는 누구인가?'라는 두 질문을 내포하고 있다.[32] '나는 누구의 것인가?'라는 질문은 권위의 우선순위와 관련이 있으며 리더의 삶의 청중과 관련이 있다. 결국 이 질문은 '너는 누구를 기쁘게 하려고 노력하는가?'로 표현될 수 있다. 두 번째 질문인 '나는 누구인가?'라는 질문은 리더의 삶의 목적을 다룬다. 무엇을 이루기 위해 살아가는지 자신의 정체성과 더불어 삶의 목적을 물어보는 질문이다.

블랜차드와 호지스는 하나님을 기쁘시게 하고자 하는 결단과 자신의 삶의 지배를 하나님께 넘기는 것의 자연스런 결과는 리더의 관점의 변화에 있음을 강조한다.[33] 우리가 만약 하나님을 기쁘시게 하기 위해 살지 않거나 그분께 삶의 지배권을 드리지 않는다면 우리의 관점과 초점은 우리 자신으로 향할 것이고, 우리가 만약 하나님을 기쁘시게 하기 위해 살고, 그분께 우리 삶을 맡긴다면 우리의 관점은 자연스레 바깥으로 향할 것이고, 하나님께서 주신 자신감으로 표현될 것이다.[34] 니버H. Richard Niebuhr의 정의에 따르면, 기독교인이 된다는 말의 의미는 개인의 견해와 개인의 관점(one's point of view and one's perspective)의 변화를 의미한다. 니버에게, '인간은 하나님의 주권에 근거한 관계적 존재라는 사실'은 기독교인의 구별된 관점의 시작점이었다.35 이와 흡사하게 컬리Iris Cully는 영성의 신학적인 뿌리는 '개인 내면 깊숙히 자리하고 있는 하나님에 대한 인식'에 있다고 주장했다.36 이러한 하나님에 대한 인식은 자아를 초월하고 어떤 인간보다도 위대한 힘에 대한 인식을 의미한다.

(3) 가치관(Values)과 믿음의 가정(Faith Assumption)
: 쉘리 트레베쉬(Shelley Trebesch)

트레베쉬Shelley Trebesch는 OMF International의 리더들을 다년간 연구한 결과 가치관values과 믿음의 가정假定, faith assumption 사이에 상호보완적인 관계가 있음을 발견했다. 트레베쉬는 믿음의 가정을 "개인의 성경적, 신학적 믿음"(biblical and theological beliefs of persons)이라고 정의하고, 가치관을 "개인의 묵시적, 명시적인 믿음"(the implicit and explicit beliefs of persons)이라고 정의하면서 믿음의 가정은 가치관의 형성에 관여하고, 가치관의 형성은 믿음의 가정을 더 강하게 만들어준다는 것을 발견했다.37 이러한 믿음의 가정과 가치관은 실제적으로 우리의 삶에 영향을 미친다. 우리의 믿음이 행위에 영향을 주고, 그 믿음이 또한 가치관 형성에 영향을 주기 때문이다.38 때문에 이러한 믿음의 가정과 가치관은 행위의 안내서 역할을 하며, 우리 삶의 모든 부분에 영향을 끼친다. 쿠즈Kouzes와 포스너Posner는 그들의 저서 *The Leadership Challenge*(2002)에서 가치관을 다루면서 그것이 직장에서의 행동에 놀라운 변화를 가져올 수 있다고 주장했다.

그들은 가장 뚜렷한 가치관을 가지고 있는 사람들이 조직에 대한 가장 높은 수준의 헌신을 보인다고 결론지었다.[39]

트레베쉬는 믿음이 어떻게 행위에 영향을 주고,[40] 믿음의 가정이 어떻게 믿음을 더 깊고 강하게 하는 가치들을 위한 기초를 형성해주는지 설명하고 있다.[41] 믿음의 가정은 "크리스천들은 성장을 추구할 것이라는 기대와 계발에 대한 하나님의 뜻"에 초점을 둔다.[42] 이러한 가치관과 믿음의 가정은 리더가 속한 신앙공동체의 신앙 전통으로부터 생겨나며, 신앙공동체 안에서 겪게 되는 개인적 경험을 통해서도 올 수 있다. 풀러신학대학원Fuller Theological Seminary의 전 총장인 마우Richard J. Mouw는 그의 저서 *Traditions in Leadership*에서 신앙 전통의 중요성에 초점을 두었다.[43] 마우는 리더십 기술이나 리더의 개인적 성향보다 리더와 그들의 특별한 신앙 전통과의 관계를 탐구했다. 그는 리더십 스타일의 차이는 개인적 성향의 차이뿐 만이 아니라 리더가 속해 있던 공동체의 신학적-영적 전통에 의해 만들어질 수 있음을 주장한다.[44]

(4) 영성개발(Spiritual Formation): 윌라드(Dallas Willard)

윌라드Dallas Willard는 그의 대부분의 글에서 인간 내면생활의 형성과 재형성에 대해 다루면서 영성개발과 영적인 변화에 중점을 두었다. 현재 쓰이는 영성이라는 말은 단순히 종교생활을 영위하는 방식을 가리킬 때가 많다.[45] 그렇다면 영성은 인간의 능력을 구사하는 것에 지나지 않을 수 있다. 그러나 윌라드는 그리스도 안의 삶과 성경적인 영성은 그리스도께 순종하려는 의지와 연결됨을 이야기하면서,[46] "삼위일체 하나님과 연합하여 움직이는 것"을 기독교 영성이라고 정의한다.[47] 기독교적 영성 개발은 예수께 그 초점이 있고 참된 전인적 변화를 통해 예수님과 그분의 '아바' 아버지 안에 있는 선과 능력을 입는 것을 인생의 필수 목표로 삼는다. 윌라드는 변화란 외면적 요소들로부터 시작되는 것이 아니라 내면의 변화가 외면적 실존의 출처가 된다고 주장하면서 내면생활의 형성이 중요함을 강조한다.[48] 따라서 그는 그리스도 안의 영성 개발spiritual formation이란 "개인의 내면 가장 깊은 존재(마음, 의지, 심령)가 예수님의 성품을 입는 과정"이라고 정의했다.[49] 즉 우리는 각자 존재의 깊은 내면에 특정 형태의 성품을 입어 특정 유형의 사람이 된다는 것이다. 그는 또한 예수님을 통해 이뤄진 성공적인 영성 개발은 전인의 변화를 수반하는 과정이며, 영성개발의 작업에 우리의 전인이 그리스도와 함께 행동해야 하고,[50] 개인의 외적인 삶 속에 자연스럽게 나타나는 것으로 이해했다.[51] 즉 영성 개발의 목표는 자아의 변화이고, 이것은 사고의 변화, 감정의 변화, 사회적 관계의 변화, 몸의 변화, 영혼의 변화를 통해서 이뤄진다는 것이다.[52] 때문에 성령의 열매는 변화된 성품의 확실한 증거와 표가 되는 것이다.[53] 윌라드는 영적인 삶을 보는 심리학적인 이해와 신학적인 이해는 나란히 병행되어야 하고,[54] 개인의 삶에서 영적 생명력과 신학적 통전성이 함께 나타나야 한다고 강조했다.[55]

윌라드만이 영성 개발과 성숙을 강조한 현대의 저자는 아니다. 메이Gerald G. May는 "영성 개발은 신앙을 심화시키고 영적 성장을 촉진시키기 위한 모든 노력, 수단, 교육, 훈련을 총칭하는 말이다. 좀 더 친밀하고 심층적인 신앙지도의 과정은 물론 교육적인 노력도 포함된다"고 주장한다.[56] 갠젤Gangel과 윌호이트Wilhoit는 영성 개발을[57] "그리스도께서 우리 안에 자리함으로써 우리가 예수님의 장성한 분량에 이른 성숙한 제자가 되는 변화를 촉진하는 다양한 측면의 의도된 과정"이라고 정의했다.[58] 영성 개발의 근거를 제시해 주는 말씀은 몇 군데에서 발견되는데 "마음을 새롭게 함으로써 변화를 받아"라는 구절이 그 대표적인 예이다(롬 12:2; 갈 4:19; 마 28:19; 골 1:28-29; 엡 4:13). 영적 변화의 신학적이고 성경적인 뿌리는 '하나님이 누구이신지, 하나님이 어떻게 일하시는지에 대하여 사람이 인지할 수 있는 범위 내에서의 이해와 어떤 사람과 하나님이 어떻게 관계하셨는지에 대한 묘사'를 통해 찾을 수 있다고 컬리Cully 주장한다.[59] 컬리는 영성 개발의 심리학적인 바탕은 "사람들이 하나님과의 관계를 통해 성장하기 위해 자기 자신을 어떻게 이해하고 있는가"에 있다고 결론지었다.[60]

(5) 요약: 영성 개발(Spiritual Formation)

개인 내면 차원에서 살펴본 리더십의 중점은 영성 개발spiritual formation이다. 영성개발이란 예수 그리스도를 제대로 사랑하고 신뢰하는 사람들이 그분의 성품을 입어 가는 과정이다.[61] 우리는 성품과 따로 떼어서 리더십을 말할 수 없다. 록스버그Roxburgh와 로마눅Romanuk은 회중을 양육하고 제자 훈련하는 일에 제일 중요한 요소는 리더 개인의 성품이라고 주장한다.[62] 따라서 기독교 리더십 개인 내면 차원의 핵심적인 요소는 성품의 개발과 관련이 있다.[63] 자기 인식과 관점 그리고 가치관은 이러한 과정의 한 범주로 분류될 수 있으며, 반면 믿음의 가정假定 그리고 영성 개발은 또 다른 범주로 구분할 수 있다. 이두 범주는 동전의 양면과도 같다. 즉, 첫째 범주는 정체성의 일반적 정리라고 생각할 수 있고, 둘째 범주는 기독교인의 정체성에 관한 것이라고 정리할 수 있다. 정체성에 대해서 정리해 놓은 첫 번째 범주가 둘째 범주인 기독교인의 정체성에 대한 부분을 포함한다고 생각할 수 있다. 하지만 우리는 기독교 리더십과 리더에 대해서 알아보고자 하기 때문에 두 번째 부분인 믿음의 가정, 영성 개발이 기독교인 정체성의 핵심적인 부분을 더 자세히 설명하고 있음을 알 수 있다.

위에서 설명한 다섯 가지 요소들은 첫째 범주인 일반적인 자아정체성과 둘째 범주인 기독교인의 자아 정체성과 관련이 있다. 리더십의 개인 내면 차원에서, 자아정체성은 믿음의 가정과 영성 개발과 관련이 있다.[64] 그런데, 믿음의 가정과 영성 개발은 모두 영성 개발이라는 한 범주로 정리할 수 있을 것이다. 윌라드는 영성 개발을 이해하려면 인간의 자아에 대한 정확하고 철저하고 시험 가능한 지식이 필요함을 주장하며, 인간 자아에 대한 지식에 영적인 삶이 꼭 들어가야 만이 이론적으로나 실천적으로도 충분하다고 주장한다.[65] 슐츠Shults와 산대지Sandage는 그들의 저서 *Transforming Spirituality* (2006)에서 "영성 개발은 기독교인의 삶에서 빠질 수 없다"라고 강조했다.[66] 영적인 삶의 중요성은 2007년 윌로우 크릭 교회에서 실시한 Reveal이라는 프로젝트를 통해서도 나타난다. 그 프로젝트에서 200교회 8만 명의 조사대상자 중 22%인 교인들이 '나는 영적으로 침체 상태이다'라고 대답을 했다. 그렇다면 무엇이 은혜에 의한 구원과 하나님을 믿는 믿음을 가진 사람들을 침체시켰을까? 가장 큰 걸림돌이 된 것은 영적 성장을 삶의 우선순위에 두지 않았다는 것이다. 침체상태에 있는 사람들은 그들의 삶 가운데 찾아오는 도전에 어떻게 대응할 것인지 준비되지 않은 모습을 보여주었는데, 그 이유는 그들이 예수그리스도와 맺고 있는 개인적 관계가 영적인 습관과 삶으로 연결되어 있지 않았기 때문이었다.[67] 또한 최근에 조지 바나 연구소에서 디지털 시대에 새로운 세대가 예수님을 따르게 하기 위한 방법 다섯 가지를 제안하면서 가장 먼저 주장하는 것이 회복력있는 정체성을 형성하려면 우선 예수님과 친밀감을 가져야 할 것을 주장한다.[68] 영성 개발은 기독교 리더십에서도 빠질 수 없는 요소이다. 점점 더 많은 학자들이 리더의 성품에 연구의 초점을 맞추고 있지만, 리더와 그 리더의 정체성에 영향을 준 믿음의 공동체와의 관계에 대한 연구 또한 필요하다.[69] 우리는 기독교 리더십의 개인 내면 차원에서 하나님 앞의 정체성의 중요성을 발견할 수 있고, 하나님의 부르심을 향한 우리 삶의 태도의 중요성을 발견할 수 있다.

2) 일대일 관계 차원: 신뢰(Trust)

리더십의 일대일 관계 차원에서의 중점은 신뢰다. 그것은 다음의 네 가지 요소인 온전함integrity, 신뢰trust, 신용credibility 그리고 소통communication으로부터 찾을 수 있다. 일대일 관계 차원의 접근은 리더와 리더를 따르는 팔로워와의 상호 관계에 그 초점을 둔다. 리더와 팔로워의 상호 영향에 대한 지식이 없이는 리더십 효과를 이해할 수 없게 된다. 따라서 라이트Walter Wright는 리더십은 관계이고, 그 관계 안에서 한 사람이 다른 사람의 생각과 행동, 믿음과 가치관에 영향을 주게 된다고 주장한다.[70] 일대일 관계 차원의 중심주제는 어떻게 팔로워와 협력하고 신뢰하는 관계를 형성할 것인가와 어떻게 팔로워들이 헌신하도록 영향을 끼치느냐에 있다. 지난 35년 동안 팔로워십followership에 관한 생각들이 변하기 시작했고, 최근의 리더십 이론가들은 팔로워 없는 리더는 존재하지 못한다는 사실을 깨닫기 시작했다.[71] 현대의 리더십 이론가들은 리더십이란 리더들이 배워야 할 특징적인 것들에 초점을 맞추기보다는 "리더와 팔로워 간의 관계에서 나오는 하나의 과정"으로 정의하기 시작했다.[72]

이번 장에서 리더십의 일대일 관계 차원의 핵심 요소들인 자기관리나 성실, 신뢰, 신용 그리고 소통에 대해 골먼(Goleman 1995), 쿠즈(Kouzes)와 포스너(Posner), 블랜차드와 호지스(Blanchard & Hodges 2005) 그리고 맥스 디프리(Max De Pree)의 작업을 통해 살펴보려고 한다. 일대일 관계 차원에서의 기독교 리더십의 방향은 리더가 팔로워와 소통하고 위임하는 리더십이라고 정의했다. 소통과 위임의 리더십에서 왜 신뢰가 가장 중요하며, 기독교 리더십의 중점이 될 수 있는지에 대해서 알아보고자 한다.

(1) 온전함(Integrity): 골먼(Goleman)

자기관리는 모든 리더들로 하여금 그들의 목표를 이루게 해주는 응집된 힘으로서, 이것은 자신의 감정과 자신의 목표를 뚜렷이 이해하는 '자기 인식'으로부터 출발한다.[73] 앞서 자기인식은 개인 내면 차원의 핵심요소 중에 하나이지만 이것은 일대일 관계 차원에서 상호 간에 신뢰를 구축해 나가는 데 기초요소가 된다. 자기관리는 감성지능의 한 요소이며 우리가 감정의 노예로 사로잡히는 것으로부터 해방시켜준다. 유클Yukl과 같은 연구가들은 자기관리를 자기조절로 표현하면서 상황에 맞는 행동을 감정으로 통제하는 능력이라고 주장한다.[74] 이러한 이유로 리더는 자기관리에 능해야 하는데, 그것은 일대일의 관계 차원에서는 그들의 감정이 팔로워들에게 쉽게 전이가 되기 때문이다.[75] 자기관리는 또한 긍정적인 사고와 투명성을 촉진하는 리더십의 덕목이 될 뿐 아니라 조직체의 힘이 된다. 리더가 자신의 신념에 따라 행동하는 진솔한 투명성은 온전함integrity을 갖도록 해준다.[76] 유클에 의하면 온전함integrity은 "한 사람의 가치관과 일치하는 행동이자, 그 사람의 진실성, 도덕성, 신뢰성"을 의미한다.[77] 일대일의 관계 차원에서 온전함은 상호 간에 신뢰를 결정하는 중요 요소이다. 디프리Max De Pree는 우리에게 "팔로워들은 리더의 온전함에 설득됨"을 다시 한 번 상기시킨다.[78] 일대일 관계 차원에서 효과적인 리더십은 개인의 감정을 관리하고 긍정적인 감성을 온전히 표현하는 능력을 요구한다. 온전함은 팔로워들로 하여금 리더들이 그들의 가치관대로 사는 진솔한 사람임을 알게 해주기 때문에 이것은 더 큰 영향력으로 이어지게 된다.[79]

(2) 신뢰(Trust): 블랜차드(Blanchard)와 호지스(Hodges)

블랜차드와 호지스는 신뢰 관계로의 발전이 중요함을 강조했는데 왜냐하면 리더십에는 "신뢰"가 필수이기 때문이다.[80] 사이몬Robert Simons에 의하면 신뢰란 사회심리학자의 정의로는 "다른 사람의 행동에 영향받기 쉽도록 만드는 태도이며, 관리나 조종 없이도 다른 이가 원하는 행동을 해줄 수 있다는 기대"이다.[81] 그러나 만약 리더십의 개인 내면 차원의 중요 문제가 해결되지 않으면 신뢰는 절대 얻거나 유지할 수 없다. 블랜차드와 호지스는 신뢰는 다른 이를 돕고 섬기고자 하는 헌신된 사랑의 마음에서 먼저 출발하고, 약속을 지키는 것을 통해 격려와 감사의 표현으로 향하고, 후원과 수용을 통해 회개와 용납과 화해와 회복으로 이어진다는 것을 깨닫고, 개인적 수준에서부터 신뢰를 쌓아가는 것의 중요성을 주장했다.[82] 또한 그들은 신뢰가 훼손되거나 깨졌을 때 친밀함과 신뢰를 회복하기 위한 사랑의 중요성을 강조했다. 신뢰란 상호관계에서 양쪽에 다 중요한 요소인데 이것은 팔로워를 신뢰하지 않는 리더는 중요한 정보를 제공하거나 문제를 노출하려들지 않고 권위를 위임하거나 팔로워들로 하여금 중요한 결정에 동참하도록 하지 않는다. 오히려 그러한 리더는 공식적인 지배를 강조하고 복종하는 행위에 대한 더 세밀한 감시를 한다.[83] 또한 리더를 신뢰하지 않는 팔로워는 리더를 믿지 않기 때문에 자신이 정해놓은 테두리 안에서 자신에게 주어진 일만을 처리하려고 하고, 더 큰 공동체와 조직의 유익과 성공을 생각하기보다는 자신의 유익을 위해 자신을 보호하고자 노력하게 된다. 리더를 신뢰하지 않는 팔로워는 리더가 일을 맡겨준다고 해도 온전한 위임을 했다고 생각하지 않는다. 그렇기 때문에 어떤 일을 처리한 후에 그 일의 결과가 팔로워 자신에게 올 불이익을 생각해서 안전장치를 마련하려고 노력한다. 그러다 보니 어떤 일을 처리하는 것에서, 리더와 팔로워 간에 혹은 부서 간에 신뢰하고 넘어갈 만한 일도, 훗날 자신을 보호하기 위해서 일의 책임소재를 분명히 하기 위한 시스템을 만들게 되고 그에 따른 경비가 들어가고 일의 처리 속도는 늦어지게 된다. 신뢰가 있는 공동체는 신뢰의 속도를 경험하지만, 서로 믿지 못하는 조직은 그 신뢰 없음에 대한 경비$_{cost}$를 치러야 한다.

(3) 신용(Credibility): 쿠즈(Kouzes)와 포스너(Posner)

쿠즈$_{Jim Kouzes}$와 포스너$_{Barry Posner}$는 리더십을 "상호 관계$_{a reciprocal rela-tionship}$"로 정의한다.[84] 신뢰를 강조한 블랜차드와 호지스와 흡사하게 쿠즈와 포스너는 신용$_{credibility}$에 대해 강조하며 "신용은 리더십의 기초"라고 주장했다.[85] 그들은 이러한 주장의 근거를 존경받는 리더들에 대한 설문조사를 바탕으로 공통적으로 나온 네 가지 중요 특징에서 찾았다. 사람들은 정직하고 진취적이며 영감을 주는 유능한 리더들을 존경한다. 쿠즈와 포스너는 신용을 정직과 영감과 유능함을 아우르는 요소로 분류했다. 그들은 신뢰가 중요하다는 것과 사람들은 그들을 이끄는 사람들을 신뢰하고 싶어한다는 것을 발견했다. 쿠즈와 포스너는 신용이 "리더들이 어떻게 신뢰와 자신감과 지지를 얻는가에 관한 것"이며, 이것은 사람들이 리더로 하여금 그들의 몸과 마음과 영혼을 쏟기를 바란다는 것을 의미한다"고 주장한다.[86] 세상의 많은 것들이 우리에게 '교활함과 부정직'을 통해 성공할 수 있다고 알려주지만, 쿠즈와 포스너는 신용이 개인과 기업의 성취에 긍정적인 결과를 가져다 준다고 주장한다.[87] 일대일 관계 차원에서 신뢰받는 사람이 되는 것 즉, 성실하고, 정직하며 진실된 사람이 되는 것이 효과적인 리더십을 위한 필수조건이다.[88]

(4) 소통(Communication): 맥스 디프리(Max De Pree)

소통은 리더십의 핵심적인 부분이다. 소통 없이 리더는 팀을 이끌고 일할 수 없다. 깁스Eddie Gibbs는 그의 저서 *Leadership Next*(2005)에서 현존하는 리더들이 명령과 지배로는 더 이상 일할 수 없고, 그 대신 소통과 토론, 협상하는 방법을 배워야 한다고 했다.[89] 리더 개인의 특성에 집중했던 이전의 리더십 이론가들과 다르게 디프리Max De Pree는 상호 의존과 서로에게 헌신하는 것 등 일대일 관계 차원의 기쁨을 얻을 수 있는 방법에 대해 알려주고 있다. 그 방법으로 소통을 꼽았다.[90] 핀젤Hans Finzel도 일대일의 상호관계에서 소통의 중요성을 강조했다. 진실함과 열린 대화는 건강한 리더십을 위해서 중요할 뿐만 아니라 좋은 소통은 개인을 존중하는 것이다.[91] 좋은 소통은 사람들이 항상 연락하고, 신뢰를 형성하며, 도움을 청하고 그들의 비전을 서로 나누도록 도와준다.[92] 그러므로 리더들은 대화와 소통의 기술을 발전시키는 것을 최우선으로 삼아야 하며, 그것이 팔로워들과 소통하고 비전을 나누는 데 도움을 준다. 디프리De Pree는 오직 좋은 소통으로만 우리는 공동의 비전을 전달하고 유지할 수 있고, 그 비전을 더 분명하고 구체적으로 실현할 수 있도록 해준다고 주장한다.93 좋은 소통은 또한 리더들과 팔로워들로 하여금 그들에게 맡겨진 요구사항에 반응하고 그것을 책임감을 가지고 수행하도록 돕는다.94 열린 소통과 정보를 나누는 것이 신뢰를 형성하게 되는데, 이것이 리더십의 일대일 관계 차원의 핵심 요소 중 하나이다.

(5) 요약: 신뢰(Trust)

리더십의 일대일 관계 차원에서 우리는 네 가지 핵심요소들을 발견할 수 있었는데, 온전함, 신뢰, 신용, 소통이 바로 그것이다. 소통은 일대일의 대인관계에서 사람들 간에 의미를 만들어주기 때문에, 소통과 감정이입은 조직을 이루는 작은 그룹들이 더 큰 조직의 중요한 목표에 맞출 수 있도록 해주고, 조직의 신뢰 관계 형성에 결정적인 역할을 수행한다. 다른 세 가지 요소들인 온전함, 신뢰 그리고 신용은 비슷한 성격을 갖고 있다. 좋은 소통은 섬기는 리더십의 역할처럼, 그룹이나 팀 안에서 이루어지는 관계가 신뢰하고 믿을 수 있는 분위기가 되도록 만들어준다. 신용과 온전함은 리더들이 어떻게 그들의 팔로워의 신뢰를 얻는지에 관한 것이다. 신뢰는 리더와 팔로워 관계에 중요한 요소이며, 신용할 수 있는 관계에서 생기는 것이다. 쿠즈와 포스너는 신뢰야말로 조직에 대한 구성원의 만족도를 알아볼 수 있는 측정장치라는 것을 발견했다.95 따라서 우리는 신뢰$_{trust}$가 일대일 관계 차원의 리더십을 형성하는 중점이 됨을 알 수 있다.

신뢰가 존재할 때, 개인들은 공동체 안의 다른 이들을 도와줄 수 있는 자신감을 얻게 된다. 디프리의 말을 인용하면 "우리는 성장하면서 누구나 실수할 수 있는 부분들을 용서함으로 미래를 가능케 한다. 우리는 신뢰를 통해 미래에 잘 해낼 수 있는 서로를 자유롭게 한다."[96] 라이트Walter C. Wright는 *Realtional Leadership*(2000)에서 "신뢰는 팀 화합의 중요한 요소이다. 팀은 리더를 신뢰해야 하며 팔로워들은 리더가 그들을 신뢰함을 알아야 한다. 그리고 그들은 서로 신뢰해야 한다"고 역설했다.[97] 신뢰는 영적 삶에서도 매우 중요한 요소로서, 그리스도 안의 영성 개발은 그리스도를 따르는 삶을 지향한다. 그런데 이러한 순종은 신뢰와 믿음이 전제될 때 가능하다. 순종의 삶을 사는 신앙인은 예수님의 계명대로 사는 것을 최고의 목표로 품고 걷는 걸음걸음마다 그리스도께서 우리를 만나 주실 것이라는 신뢰가 있다. 하나님이 신뢰받으실 분임을 경험한 사람만이 예수 그리스도의 몸 안에 있는 리더들과 팔로워들을 더 신뢰할 수 있다. 리더와 팔로워들 사이에 신뢰가 존재할 때, 우리는 하나님을 위해서 다른 사람의 필요와 공동체의 목표를 위한 섬김이가 될 수 있다. 따라서 신뢰는 리더십의 일대일 관계 차원에서뿐만 아니라 하나님을 사랑하고, 이웃을 섬기는 일에서도 꼭 있어야 할 필수 요소이다.

3) 공동체 차원: 권한 위임(Empowering)과 비전(Vision)

리더십의 공동체 차원의 중점은 권한 위임Empowering, 감정이입Empathy, 비전vision이다. 맥스웰John C. Maxwell은 리더십에서 팀워크의 중요성을 강조하면서 한 사람의 리더가 혼자 행동하는 것보다 팀으로 어떤 일들을 감당하는 것이 훨씬 효과적임을 밝힌다.[98] 맥스웰은 기업과 비영리 단체들을 면밀히 관찰하면서 다음의 패턴을 발견했다.

> 1980년대 들어서 핵심단어는 '경영'이었다. 그것은 경영자가 일관성을 지녀야 함을 의미했다(목표는 기준을 벗어나지 않는 것이었다). 1990년대 들어서 핵심 개념은 '개인에 의한 리더십'이 되었다. 기업들은 급변하는 사회를 보며 리더의 필요성을 느끼게 되었다. 2000년대에 들어서 핵심 개념은 '팀 리더십'이었다. 조직을 이끄는 것은 매우 복잡하고 다양한 측면을 가지기 때문에, 리더들로 구성된 팀을 만드는 것이 유일한 방법이었다.[99]

공동체에서 각각의 리더십 팀은 많은 혜택을 가져다 줄 수 있지만, 조직 내의 모든 팀이 다 리더십 팀은 아니다. 유클Yukl은 "코칭그룹coaching groups과 상호관계적 팀interacting teams" 사이에 차이를 두면서 농구와 축구는 상호관계적인 팀이지만 볼링이나 레슬링 팀은 코칭그룹이라고 설명했다. 일대일 관계 차원의 리더십 이론들은 코칭그룹 내에서 리더십을 기술하는 데 효과적이지만 상호관계적인 팀을 설명할 때는 다른 형태의 리더십 모형이 필요하다.[100] 공동체 차원의 리더십 모델이 상호관계적인 팀에서 리더십의 효과성을 설명하는 이상적인 모델이 될 수 있다. 공동체 차원의 리더십 모델은 교회 내에 소그룹과 팀이 많은 한국교회에 유용할 수 있다.

공동체의 변화는 그 환경 안에서 문화를 효율적으로 바꾸는 데 달려 있다. 콜린스_Jim Collins에 의하면, 위대한 공동체를 만드는 첫 단계는 사람들로 하여금 그들의 의견이 매우 잘 반영되도록 하는 문화를 만들어 나가면서, 궁극적으로 진실이 들려질 수 있도록 하는 것이라고 주장한다.101 록스버그_Roxburgh와 로마눅_Romanuk은 회중의 문화가 바뀌지 않는 이상 프로그램이나 조직적인 변화들은 모두 '증발_evaporate' 해버릴 것이라고 하면서 조직 문화의 중요성에 대해서 강조했다.102 공동체 차원의 핵심 요소들을 블랜차드와 호지스(Blanchard & Hodges 2005), 골먼(Goleman 2002), 베니스와 나누스(Bennis & Nanus 2003)의 작업들을 통해 면밀히 분석할 것이다. 이 요소들 중에서 비전과 공감, 권한 위임을 리더십의 공동체 차원의 중점으로 꼽았다.

(1) 비전(Vision): 베니스(Bennis)와 나누스(Nanus)

조직 내에서 사람들과 같은 비전과 신념을 나누는 것은 조직 문화에 필수적이다. 블랜차드와 호지스는 목표와 비전을 구분 지었다. 목표는 하나의 이벤트로서 이루고 나면 과거가 되어버리고 그것을 능가하는 새로운 목표를 찾기 전에는 계속 그러하다. 그에 반해 비전은 미래를 보는 시각으로서 진행되고 있고 계속 발전하며 미래를 향한 희망적인 관점이고 사람들의 마음을 움직여서 무한한 가능성을 꿈꾸게 한다고 이해했다.103 비전은 리더들에게 "무엇이 보이는가?"라고 질문하고 있다. 비전을 통해서 리더들은 무엇이 될 수 있는지(what could be)와 무엇이 되었는가(what is)의 차이를 알 수 있다.

비전은 공동체의 바람직한 미래의 상태와 관련 있다.104 비전을 통해 리더는 조직의 현재와 미래를 잇는 매우 중요한 다리를 준비할 수 있다. 공동체가 그 조직의 목적, 방향, 원하는 미래의 모습에 대한 분명한 의식을 가지고 있고, 그 비전을 함께 나눌 때, 개인은 사회와 조직에서 자신의 역할을 찾을 수 있다. 공동체 안에 있는 개인 삶에 있어서 비전의 역할에 대해서 베니스와 나누스는 다음과 같이 썼다.

> 그들은 지시사항을 그저 맹목적으로 따르는 기계적인 모습에서 창의적이고 목적 있는 사람으로 변해감의 중요성을 깨달았다. 개인이 뭔가 변화를 만들 수 있고, 그들이 사는 사회를 발전시킬 수 있다고 생각할 때, 조직의 참여를 통해서 그들의 임무에 활기를 띠고 열심을 다하게 되며 그들의 작업의 능률도 올라가게 된다. 이러한 조건하에서 조직에서의 인간적 에너지가 공동의 목표로 향하게 되고 성공을 위한 가장 중요한 준비단계가 준비된 것이다.105

한국교회의 권위가 집중되어 있음을 볼 때 권위의 분배 없이는 공통된 비전을 나누는 것은 불가능함을 확실히 할 필요가 있다. 베니스와 나누스에 따르면 미래에 대한 공통된 비전과 조직의 효율성은 서로 연관이 있다. 비전은 개인으로 하여금 조직에 무엇이 좋고 나쁜지를 구분할 수 있도록 해주고, 무엇이 가치 있고, 어떤 것을 이루고 싶은지를 알게 해준다.106 따라서 개인의 행위는 조직 내의 미래를 향한 비전을 나눔으로 형태와 방향을 갖게 된다.107 공통의 비전에 대한 이러한 주장은 콜린스Jim Collins의 연구와도 관계가 있다. 그의 말에 따르면 "요점은 당신이 어떠한 핵심가치를 갖고 있는가가 아니라 당신이 무슨 핵심 가치관이든 가지고 있다는 사실 그 자체이며, 당신이 그것들이 무엇인지 알고, 조직을 위해 그것들을 사용하며 오래도록 간직하고 있다는 것에 있다."108 하지만 더 중요한 것은 리더가 무엇을 목표하는지를 강조하는 것은 중요하지만 우리가 무엇을 위해 그것을 이루는지를 알아야 한다. 영감을 주는 리더들은 팔로워들에게 명확한 목적의식을 심어주며 팔로워들은 그 가치를 알기 때문에 매일의 일상적인 일을 초월해서 리더들이 진실로 여기는 비전을 실행할 수 있도록 하게 한다.109

(2) 공감(Empathy): 골먼(Goleman)

사회적 인식 능력의 정의에 대해 골먼은 세 가지 요소들을 강조했는데, 공감, 조직적 인식 그리고 섬김이 바로 그것들이다. 공동체에서 세 가지 요소의 출발점은 공감에서 시작된다. 공감은 다른 사람의 감정과 기분을 정확히 이해하는 능력을 말하며, 상대방이 가지는 관점의 이해나 상대방이 우리의 감정과 행동에 어떻게 반응하는지를 이해하는 능력을 말한다.110 공감은 리더십의 집단 차원에서 협동적이고 상호적인 관계를 발전시키기 위한 강력한 사회적 기술이 될 것이다. 이것은 경청, 효율적인 소통, 긍정적 반응과 감사의 표현 등의 기술들을 포함한다.111 골먼이 발견한 공감을 기독교 리더십에 적용해 보면 공감의 기독교 리더는 "믿음의 공동체에서 팔로워들의 필요를 이해하고 그것을 채워주는 데 탁월"해야 한다.112

공동체에서 감성의 중요성을 생각할 때, 사람들에게 영감을 주는 능력과 그들에게 비전을 심어 그들로 행동하게 하는 것이 리더십의 가장 핵심적인 부분이다. 골먼은, 관계적 기술은 리더들로 하여금 감성지능을 통해 일하게 하며 리더의 개인적 신념과 더불어 팔로워의 필요에까지 초점을 맞춤으로써 이끌게 한다고 주장한다.113 이와 같이 공감은 관계와 신뢰가 바탕이 된 공동체에서 반드시 필요한 요소이다.

(3) 권한 위임(Empowering): 블랜차드(Blanchard)와 호지스(Hodges)

리더로서 구성원들 신뢰의 관계를 맺으면 맺을수록 더 신뢰할 수 있는 리더가 되어가고 그렇게 될 때 리더는 "권한 위임을 통한 팀의 발전"을 가져올 수 있다.114 권한 위임은 서로 간에 높은 신뢰가 있을 때 가능하다.115 신뢰는 팀워크에서도 중요한 요인이지만, 특별히 팀에게 중요한 임무가 부여될 때 그 중요성이 뚜렷이 나타난다.116 팔로워들이 서로를 신뢰하지 못할 때 개인이나 한 그룹에게 권한을 위임하는 것은 어려운 일이 되는데, 공동의 문제를 해결하기 위해 협동하고, 서로 중요한 정보를 나누는 일이 이뤄지지 않기 때문이다. 디프리Max De Pree는 그의 저서 *Leadership Jazz*에서 권한 위임이 "리더로 하여금 팔로워의 목소리와 연결되게 한다고 주장하면서 권한 위임은 사람들이 참여하고, 자라고, 그들의 잠재력에 도달하게 하는 귀한 방법이다"라고 묘사했다.117 크램프Joh Kramp는 그의 저서 *On Track Leadership*에서 리더십이라는 기차의 연료차는 소통과 위임이라고 이해한다.118 쿠즈Kouzes와 포스너Posner는 "위임이 공동의 의미 있는 목표를 위한 한 사람의 섬김의 기회를 늘리는 일"이라고 주장했다.119 깁스Eddie Gibbs의 말을 인용하면 "다른 이들에게 권한을 위임하는 것은 자신의 힘을 양보하는 것을 의미할 수밖에 없다. 위임은 다른 이들을 가치있게 여기고, 장애물을 제거해 줌으로 그들에게 기회가 주어지도록 하는 것"이다.120

팔로워들에게 위임하는 것은 리더들로 하여금 그들의 비전을 공개하고 나누는 것을 의미하고, 이렇게 함으로 그 비전이 더 이상 리더 혼자만의 것이 아닌 공동의 비전이 된다. 오히려 권한 위임은 그 비전이 공동체의 것이 되게 하고, 모든 팀 멤버들이 그 비전을 자신의 것으로 받아들이고 책임감을 갖게 될 것이다. 라이트Walter C. Wright가 말했듯 "구성원들이 부여되는 권한을 받아들이게 되면 그들 역시 리더가 되는 것이며, 또한 그들에게 주어진 책임도 지는 것이다."121 만약 우리가 일을 팔로워에게 위임을 해주면, 팔로워들을 세워갈 수 있겠지만, 만약 우리가 가진 권한을 위임해 주면, 팔로워들이 탁월한 리더로 성장할 것이다.122

(4) 요약: 권한 위임(Empowering)과 비전(Vision)

필자는 리더십의 공동체 차원의 분석을 통해 세 가지 요소를 점검했다. 비전, 공감, 권한 위임이다. 리더는 특정한 환경과 분명한 제약이 있는 일관성 있는 시스템을 만들 필요가 있지만, 리더는 또한 사람들에게 그 시스템의 틀 내에서 자유와 책임을 줄 필요가 있다.

그러므로 필자는 비전을 공동체 변화를 위한 가장 핵심적인 요소로 선택했다. 위대한 조직들은 그들의 비전과 목표를 유지하면서도 또한 급변하는 세상에서 끊임없이 그들의 세부적인 실행전략과 지침을 조율하고 맞춰가고 있다. 콜린스Jim Collins는 이것을 "중심을 유지하며 진보를 촉진한다"(preserving the core and stimulating progress)고 말했다.123 비전의 생명력을 강조한 디프리Max De Pree는 "비전 없는 조직은 살아남기 위해 임시 목표를 달성하는 데 급급하므로 잠재력을 나타내지 못하는 기관에 불과하다"고 역설했다.124 비전이라는 내적인 불은 잃어버리고 직무 내지는 사역이라는 외적인 부가물만 남는 것에 대해서 달라스 윌라드는 헨리 나우웬이 말한 "그리스도를 위한 봉사만큼 그리스도를 향한 사랑과 충돌하는 것은 없다"고 주장한다. 하나님을 위한 선의의 봉사나 섬김이 하나님을 보는 비전을 방해하는 성향이 아주 강하다는 것이다.125 그리스도를 향한 사랑이 그리스도를 위한 봉사에서 밀려나게 될 때는 눈앞의 당장의 목표가 하나님을 보는 비전의 자리를 대신 차지하고, 우리는 비전도 없이 이런저런 목표추구에 갇히게 되고 만다. 따라서 비전은 리더십이라는 기차를 끄는 엔진에 해당한다.

라이트Walter c. Wright는 비전을 명확히 하고 교회와 조직의 사명과 가치관을 유지하는 것이 리더십의 책임이라고 주장한다.126 라이트는, 리더는 그 팀의 구성원들이 각자의 책임을 나눌 수 있도록 도와주어야 한다고 주장하면서 책임을 나누는 것, 즉 위임은 공통의 목표를 향해 일하길 원하는 사람들의 의미라고 말했다. 위임하는 것의 목적은 사람들로 하여금 다른 이들에게 좀 더 헌신하게 하고, 그 효과가 일대일의 상호관계에서 전체 공동체까지 파장을 미치게 하기 위함이다. 여기서 중요한 점은 리더들이 어떻게 개인적 책임을 공통의 책임으로 변화시킬 수 있느냐이다.

깁스에 따르면 '변화는 개인으로 하여금 팀이나 그룹에서 새로운 책임을 지고 일하는 형태'로 나타난다. 팀워크는 사람들로 하여금 개인이 혼자 일할 때는 얻을 수 없는 새로운 기술과 새로운 단계의 이해를 얻도록 해준다.[127] 그러므로 팀워크는 조직 내에서 리더십을 형성하는 데 주도적인 역할을 한다. 팀 리더십이 성경적 리더십의 원칙을 가장 잘 표현하고 있다고 보면 권한 위임이 공동체 차원 리더십의 핵심이 될 수 있다. 우리는 이것을 신약성경에서 예수님의 삶의 모습을 통해 볼 수 있다.[128] 포드Leighton Ford는 '권한 위임'이 예수께서 보여주신 리더십의 중심이라고 말한다. 예수님은 공생애 기간 동안 그의 제자들에게 자신을 내어주심으로 권한을 위임하셨다. 예수님은 그의 삶을 제자들과 매일매일 나누셨고, 가르침과 섬김을 통해 사역을 이해시키셨다. 예수님은 제자들을 팀으로 나누어서 해야 할 것을 가르치셨고, 그들이 사역을 마치고 돌아온 뒤에는 그들과 피드백을 나누셨다(눅 10:1-24). 예수님의 제자들은 함께 위험을 감수했고, 그들의 실패로부터 배울 수 있었다(눅 9:40-43). 승천하신 후에 예수님은 계속해서 당신 자신을 성령 충만함을 통해 제자들에게 주셨다.[129] 예수님은 제자들에게 권한을 위임하심으로써 그들에게 주신 사역을 승천 후에도 잘 감당할 수 있도록 하셨다.

조직의 변화를 위해서 현재 가장 문제가 되는 행동이 무엇이고, 이것이 조직에 어떤 영향을 미치는지를 명확하게 하는 것이 행동 변화를 촉진하는 데 도움이 된다. 리더십 전문가들은 조직을 변화시키기 위해서는 많은 부분에 초점을 맞추기보다는 핵심이 되는 작은 행동 하나부터 바뀌는 것이 필요하다고 주장한다.[130] 그 핵심 요소와 행동을 바꾸기 위해서 우리는 영향력을 끼쳐야 할 것이다. 리더십은 영향력의 과정이다. 그러한 영향력을 끼치기 위해서 이장에서는 핵심행동이 될 핵심요소를 규명하고자 했다.

필자는 통전적 시각으로 리더십을 살펴면서 개인 내면 차원, 일대일 관계 차원, 공동체 차원에서 변화의 핵심 요소와 행동이 무엇인지를 규명하고자 했다. 각 차원에서 중요한 핵심요소는 개인 내면 차원에서는 영성 개발Spiritual Formation, 일대일 관계 차원에서는 신뢰Trust, 공동체 차원에서는 위임Empowerment과 비전Vision으로 나타나고 있다. 영성개발은 개인 내면 차원의 리더십에서 중점이 된다. 영성개발은 우리의 관점을 자기 자신에서 눈을 돌려 하나님이 누구이시고 어떻게 행동하시는지에 초점을 맞추도록 하는 것이며 또한 그분의 뜻을 따르도록 나의 의지를 바꾸는 것이다. 신뢰는 일대일 관계 차원에서 중점이 된다. 신뢰는 리더와 팔로워가 서로 섬기고 상호 신뢰할 뿐 아니라 다른 사람의 필요를 충족하고 하나님 안에서 조직의 임무를 달성하도록 도와준다. 공동체 차원에서는 권한 위임과 비전이 가장 핵심적인 역할을 한다고 볼 수 있다. 권한 위임은 상호 간의 깊은 신뢰와 공동체 수준에서 팀 형성과 관련 있다. 권한을 위임하고 나누지 못함은, 효과적인 팀이 되지 못하는 가장 큰 이유다. 비전은 살아있는 조직의 미래와 관련 있으며 조직의 비전 없이는 리더는 책임을 지게 하거나 책임을 나눌 수도 없다. 결론적으로 뉴노멀의 시대에 영성 개발, 신뢰, 권한 위임, 비전이 한국교회의 변화를 위한 핵심요소와 행동이라고 볼 수 있다.

3. 성경에서 찾은 기독교 리더십의 중점

코로나19를 겪으면서 사회의 패러다임은 끊임없이 변하고 있고, 기독교 사역도 예외는 아니다. 이제 한국교회와 리더들은 권위주의적인 리더십을 내려놓고 변해야 할 시점에 서 있다. 포스트코로나 시대에 사역을 더 효과적으로 감당하려면 새로운 유형의 리더십을 발전시켜야 한다. 새로운 유형의 기독교 리더십은 시의적이면서도 신앙인과 교회의 본질을 놓치지 않는 리더십이어야 한다. 1997년에 바나George Barna에 의하면 전례 없는 많은 기회와 넘쳐나는 자원에도 불구하고, 미국 교회가 침체되고 있는 주된 이유는 리더십의 문제라고 지적하였는데, 똑같은 일이 한국교회에서도 일어나고 있었다. 그동안의 전통적인 리더십 모델은 리더의 필요성에 너무 많은 관심과 에너지를 쏟아왔다. 이러한 형태의 리더십 모델은 자기보호적인 성향을 띠며 구성원들은 리더를 섬기기 위한 존재로 만들었다. 심지어 젊은 세대가 발휘하는 리더십조차도 그들이 이미 경험해왔던 한국교회 안에서 기성세대로부터 학습된 전통적인 리더십을 사용해왔었다.

코로나19 이전의 기준normal에서 새 기준new normal으로 옮겨가고 있는 포스트코로나 시대에 성경을 통해서 기독교 리더십의 중점을 규명하는 작업은 한국교회의 본질회복에 도움을 더해 줄 것이며 리더십의 성경적 원칙을 찾는 일이기도 하다. 그 원칙을 성실이 실천하는 것은 제자된 우리의 삶이 말씀을 근거로 살아가기 위해서 그 푯대를 따라가는 삶이기도 하다. 앞에서도 논의했듯이, 기독교 리더십이 성경적 리더십으로 불리든지 섬김의 리더십으로 불리든지 선교적 리더십으로 불리든지 상관없이, 하나님의 뜻을 이루기 위한 예수 그리스도의 섬김과 같은 성경적 '원칙principles'에 기초를 두고 있다. 또한 성경적 원칙에 입각한 기독교 리더는 하나님의 뜻을 이루기 위해서 섬기라고 부르심을 받은 자이다.

따라서 성경에 나타난 다윗과 예수님의 삶을 통해서 기독교 리더십의 중점을 찾아보고자 한다. 이를 위해 통합적 관점인 개인 내면 차원, 일대일 관계 차원, 공동체 차원의 세 가지 틀을 통해 살펴볼 것이다. 먼저 다윗의 리더십을 한마디로 정의하면 통합의 리더십이라고 이해할 수 있으며, 예수님의 리더십은 섬김의 리더십이라고 특징지을 수 있다. 이렇게 다윗과 예수의 리더십을 각각 살펴봄으로 발견하게 된 리더십의 원칙을 통해 성경적 리더십의 원리들을 정리해 보고자 한다.

1) 다윗의 통합의 리더십(구약)

구약에 나타난 왕으로서의 다윗의 모습을 통해 그가 가진 리더십을 살펴보고자 한다.

초기의 이스라엘 지도자들은 재판장들과 왕들이었다. 그들은 정치적인 영역에서뿐 아니라 종교적인 생활에서도 제사장들과 예언자들로부터 지지를 받음으로써 백성들을 이끌었다. 구약 성경에서 리더십의 원리를 이해하기 원한다면 우리는 왕권kingship을 이해해야 하는데, 이 왕권 개념이 다윗의 리더십과 연관이 있다. 이스라엘 사람들의 왕권과 왕의 역할에 대한 이해는 왕 그 자체를 이해하는 것과 깊이 연결되어 있다(삼하 14:17, 20; 왕상 3:4-15, 16-28; 4:29-34; 10:1-0, 24; 사 11:2-4).[131] 가장 먼저, 왕은 성스러운 존재sacred였다. 왕은 하나님과 특별한 관계를 가지고 있었다.[132] 왕은 정치적인 통치자일 뿐만 아니라 이스라엘의 종교에서도 가장 중요한 인물이었다. 사람들은 왕이 즉위하고 나면 왕이 하나님의 "아들"이나 하나님의 "장자first born"로 특별한 지위를 가진다고 이해했다(시편 2:7).[133] 둘째로, 왕은 사람들의 종교적인 상태에 대해서 명백한 책임을 가지고 있었다. 왕은 백성들의 목자이자 보호자로서 하나님께 책임을 가지고 있었다.[134] 또한 왕은 예배에 대해 궁극적으로 책임이 있었다. 예배가 바뀌거나, 재정비될 때마다 책임과 주도권을 가진 사람은 왕이었다. 사무엘기와 열왕기에서는 왕의 성공이나 실패의 여부가 그들이 하나님의 율법을 얼마나 잘 지켰느냐에 따라 결정되었다. 왕의 정치적 성공 여부나 다른 나라와의 관계가 아니라 왕이 얼마나 하나님에게 신실했는지가 왕을 평가하는 기준이었다.[135] '하나님의 아들'로서, 이스라엘의 왕은 사람들의 종교 의식에도 책임을 가지고 있다. 그러므로 다윗 왕이 처음으로 정치적인 리더가 되었을 때, 그는 사람들과 하나님과의 관계에 영향을 미치는 영적인 리더이기도 했다. 다윗왕의 삶을 통하여 다윗이 얼마큼 하나님의 뜻을 섬겼는지를 리더십의 통합적 관점으로 살펴보면 다음과 같다.

(1) 개인 내면 차원: 하나님이 리더이심을 인정하는 리더십

리더의 정체성은 자신의 자기 인식과 연관되어 있다.136 즉 리더의 자아 개념은 자신의 생각, 믿음 그리고 가치관을 얼마만큼 이해하고 있느냐에 달려있다. 다윗의 리더십에서 개인 내면 차원의 핵심은 '하나님은 리더이시다'(삼상 17:19-54)라는 정체성에 대한 고백이다. 다윗은 자신이 이스라엘에서 정치적인 권위를 가지고 있을 때 그 권위는 하나님으로부터 나오는 것임을 깨달았다. 다윗의 리더십의 방향은 하나님이 그에게 원하신 것이 무엇인지를 발견한 순간 결정되었다.137 기독교 리더십의 출발은 하나님 앞에서 나 자신이 어떤 사람인지에 대해 아는 자기 정체성으로부터 나온다.138

기름 부음 받은 이후에 다윗은 궁전으로 자리를 옮겼고, 그의 삶은 왕의 삶을 닮아갔다(삼상 16:1-13; 18:1-8). 다윗은 하나님의 선지자인 사무엘을 통하여 기름 부음 받았다(삼상 16:1-13; 18:1-8). 그러나 다윗은 스스로 왕이 되지 않았다. 다윗의 삶에서 가장 중요한 것은 주의 영이 임하셨다는 것이다. 다윗의 리더로서의 긴 여정은 다윗의 머리에서부터 땅까지 흘러내리는 기름 부음 받음으로부터 시작되었다(삼상 16:13).139 이렇게 하나님의 찾아오심은 한 번에 그치는 것이 아니라 계속되는 과정이다. 영적 지도자들의 필수 자질 중 하나는 바로 하나님께 의지하며 자기 자신을 내려놓는 모습이다. 영적인 리더였던 다윗은 하나님께 의지하고 자신을 내려놓으며 하나님을 인정했다.140 다윗의 적들까지도 하나님이 다윗과 함께하심을 인정했으며 사울과 사울의 아들들이 살아있음에도 불구하고 다윗이 다음 왕이 될 수밖에 없음을 인정했다. 섬기는 리더들은 다른 사람들에게 명령하고 지시할 때가 아니라 우리의 대장되시는 하나님께 순종할 때에 탄생한다. 사울이 기름 부음 받았을 때, 사울왕의 이기적인 행동들이 자신의 위치를 어렵게 했다. 하지만 그 반대로 다윗의 삶은 기름 부음에 순복하는 삶이었다. '기름 부음'은 특정인에게 필수 과업을 수행할 수 있도록 여호와께서 친히 그 사람을 특별히 '준비시키거나 능력을 입혀주시는' 징표이자 수단이었다. 기름 부음 받음의 의미는 더 이상 자신의 권위나 주도로 행동하는 게 아니라 하나님의 뜻을 따른다는 것이다. 다윗은 기름 부음 받은 후에 하나님의 뜻과 권위를 따랐다.141

기름 부음 받는 것은 하나님으로부터 감당할 일을 부여받는 것이다.142 특별한 사명을 위해서 다른 이들과는 다르게 살아가는 것도 기름 부음 받음의 일부이며, 이러한 일은 세례를 통해 성령으로 기름 부음 받으신 예수님의 사역에서도 볼 수 있다(눅 3:21-22). 기름 부음 받음은 우리의 사명과 하나님의 역사하심을 잇는 일이다. 다윗의 이야기에서도 볼 수 있듯이, 리더십은 하나님의 기름 부으심으로 시작된다. 다윗의 왕위를 향한 길은 기름 부음 받음으로 시작되었고, 기름 부음은 사울왕의 궁궐로 다윗을 이끌었다. 기름 부음 받은 다윗이 한 처음 일은 훌륭하지 않은 왕을 섬기는 일이었다. 사무엘로부터 왕으로 기름 부음 받았지만 다윗은 20년을 넘는 시간 동안 왕으로 인정받지 못하였다. 20년이라는 시간 동안 다윗은 왕처럼 보이지 않

는 왕이었다.143 다윗은 종으로서 사울의 궁궐에 들어왔고 그에게
주어진 첫 번째 일은 왕을 기쁘게 하는 일이었다. 하지만 다윗의 종
으로서의 삶이 왕으로서의 삶과 상반되는 것은 아니었다. 다윗에게
있어서 섬김이란 것은 기름 부음 받은 왕으로서 통치하는 견습기간
이 아니었다. 다윗에게 있어서 섬김은 그 자체로 통치하는 것이었다.
종인 동시에 왕이었다. 다윗은 자신을 하나님의 종이라고 불렀다.144
궁극적으로 그가 인간 왕을 섬기는 동안에 자신이 하나님의 종임을 깨
달았던 것이다.

자신의 정체성이 하나님 안에서 이루어짐을 알았기 때문에 다윗
은 기름 부으시는 하나님이 그의 삶의 리더임을 깨달았다. 골리앗과
의 싸움에서 다윗은 오직 블레셋 장수를 그의 손에 넘기신 하나님의
능력만을 믿었다(삼상 17장). 이러한 경험이 다윗을 더욱더 지혜롭게
했으며 하나님 안에서 믿음과 본질이 그를 더욱 강하게 하였다.145
살아계신 하나님을 대표하여 블레셋 군대 앞에 서 있을 때 다윗은
자신이 누군지를 아는 것보다 더 큰 이유, 즉 하나님이 진정한 리더
되심을 알았으므로 믿음에 근거한 확고한 행동을 취했다.146 다윗은
이미 자신이 누구인지 알았고 그의 하나님이 어떤 분인지 알았다.

리더의 개인 내면 차원에 있어서 우리는 다윗을 통해 하나님의
뜻에 순종하는 것이 얼마나 중요한 일임을 배울 수 있다. 이것은 하
나님 앞에서 사는 우리의 정체성과 우리 삶을 향한 하나님의 소명에
대한 우리의 태도와 연관되어 있다. 하나님 앞에서 우리의 모습을 확
실히 알고 있지 않으면 우리는 우리를 향한 하나님의 계획에 대해
겸손한 마음가짐을 가질 수 없다. 개인 내면 차원에서 다윗은 리더십

의 기초는 하나님으로부터 시작됨을 보여주었다. 다윗은 하나님이 어떤 분이시고 그 하나님이 자신의 삶을 주관하신다는 것을 알고 있었기 때문에 자신의 정체성과 하나님의 소명을 잊지 않고 다른 왕을 섬길 수 있었다(삼상 16:13-23).

(2) 일대일 관계 차원: 팔로워들을 섬기고 원수를 포용하는 리더십

일대일 관계 차원에서 나타나는 다윗의 리더십은 동료들(삼상 18:1-4; 20:1-22)과 팔로워들(삼하 19:1-19)을 섬기고 원수를 포용하는 리더십이다. 다윗은 사울의 아들이자 유력한 후계자인 요나단을 포함한 동료와 따르는 사람들 없이는 이스라엘의 왕이 될 수 없었을 것이다. 팔로워들이 자연스럽게 모이는 리더는 구성원들이 리더에게 솔직하게 말해줄 수 있는 편안한 분위기를 만든다. 리더에게 이렇게 말할 수 있는 팔로워들에게 용기가 필요하듯이 리더 또한 이러한 말을 경청하기 위해서 용기가 필요하다. 팔로워들의 모습은 리더가 어떤 사람인지를 알 수 있는 결정적인 요소다. 처음에는 다윗이 사울의 몇몇 군대를 지휘했었다(삼상 18장). 후에 다윗이 사울로부터 도망쳤을 때에는 공식적인 권위를 행세할 수 없었지만, 고통받거나 빚이 있거나 혹은 불만을 품은 자들이 다윗에게로 몰려왔고, 다윗은 그들의 리더가 되었다(삼상 22:2). 제사장이었던 아비아달마저도 사울에게서 도망쳐 다윗에게로 왔다(삼상 22:20-23). 다윗이 사울을 피하여 십 광야 숲으로 도망했을 때 사울의 아들 요나단이 일어나 숲에 들어가서 다윗에게 하나님을 힘 있게 의지하도록 하였다(삼상 23:16).

요나단은 다윗의 동료로서 다윗에게 영감을 주고 그의 아버지보다 다윗에게 더욱더 충실했다.

피터슨_{Eugene H. Peterson}은 "요나단이 되는 것은 귀한 일이다"라고 계속적으로 말하고 있다.[147] 우리의 리더십이 최대치를 발휘하게 해주는 참된 친구를 만드는 것 또한 리더의 자질이다. 예수님 또한 제자들에게 "이제부터는 너희를 종이라 하지 아니하고… 너희를 친구라 하였노니"라고 말씀하심으로 그들을 자신과 동등한 위치에 세우셨다(요 15:15). 이렇듯 다윗의 주위에는 서로 섬기고 신뢰하는 동료와 팔로워가 많았다.

다윗은 그가 하는 일에 있어서 자신이 가진 권위를 다른 이들과 공유하였다(삼하 23:8-17). 이것은 다윗은 자신의 책임감과 권위를 따르는 이들과 공유함으로써 다윗왕의 '30명 용사들'을 만들어갔다(삼하 23:8).[148] 다윗은 요압과 삼십 명의 리더들에게 권위를 허락함으로써 그들에게 중요한 업무와 책임을 맡겼다. 이 일은 조직 안에 있는 자들에 대한 믿음과 신뢰를 요구한다. 또한 다윗은 적이었던 사울, 아브넬을 포용하는 리더십을 보여준다. 사울의 죽음 앞에 기뻐하기보다는 슬퍼하는 모습(삼하 1장), 사울왕의 죽음 이후 적장이었던 아브넬을 포용하는 장면(삼하 3장), 요나단의 아들 므비보셋을 끝까지 지켜주는 모습(삼하 4장)을 통해서 원수들도 자신의 친구로 만드는 통합의 리더십을 잘 보여주고 있다.

다윗에게는 또한 용감한 팔로워들이 있었으며 그들은 자발적으로 다윗을 따랐다(삼하 19:1-19). 다윗은 '환난당한 모든 자와 빚진 모든 자와 마음이 원통한 자'가 다윗에게 몰려들었을 때, 그들을 돌보고 섬기는 리더가 되었다(삼상 22:2). 기독교의 리더십에서 팔로워들의 필요를 섬기는 것은 그들의 은사를 발전시키며, 그들이 하나님을 위해 더 큰 사명을 감당할 수 있도록 격려하는 것과 연관이 있다. 리더십을 발휘하는 일에서 "통치하는 것은 우리가 해야 하는 일이고 섬김은 우리가 통치를 하는 방법이다."[149] 섬김이 아니고서는 리더십을 제대로 발휘할 수 없다. 성경에서 리더의 이미지로 목자의 모습을 소개한 사람은 다윗이다. 필립스Phillips는 다윗과 예수님과의 관계를 목자의 모습에 비유했다.[150] 다윗으로부터 시작된 목자의 모습이 예수님을 통해 정점을 찍었다. 다윗의 이러한 모든 행동들은 "목자는 그의 양들을 알며 그의 양들은 그를 알고 그들의 필요를 위해 자신을 내어 놓는다"는 핵심으로 모아진다.

(3) 공동체 차원: 공동체를 세우고 통합하는 리더십

윌키스는 팀 리더십이야말로 성경적인 리더십을 가장 잘 표현한 것이라고 말한다.[151] 공동체 차원에서 우리는 다윗의 삶을 통해 공동체를 세우는 통합하는 리더십을 보게 된다(삼하 5:5; 삼상 30:1-30). 다윗은 헤브론(남유다의 주요 도시)에서 예루살렘으로 수도를 옮기는데(삼하 5:5), 이것은 열두 지파를 하나로 묶고 모두 잘 통합할 수 있도록 한 조치였다. 다윗이 사울로부터 도망하여 블레셋 땅에 그를 따르는 600여 명과 함께 망명하여 정착하게 된다(삼상 27장). 그 와중에 블레셋이 이스라엘로 쳐들어가게 되고 아기스는 블레셋 땅 시글락에 머물고 있는 다윗의 출전을 요청하게 된다. 다윗이 부하들을 데리고 출정하려고 아백이라는 곳으로 가게 되는데, 블레셋의 지휘관들이 아기스왕에게 다윗의 출전을 반대해서 사흘 만에 다윗과 그의 일행은 시글락으로 돌아오게 되는데, 아말렉이 시글락을 습격하여 성을 태우고 성읍 다윗의 아내와 자녀들을 포함한 모든 사람들을 인질로 데리고 간다. 이에 다윗과 그 부하들이 아말렉을 습격하여 크게 승리하고 다친 사람 없이 가족과 전리품을 가지고 돌아온다는 이야기다. 이 본문을 통하여 다윗은 팀과 공동체를 세우는 리더십의 비결을 우리에게 보여준다.

사무엘상 30장에는 팀과 공동체를 세우고자 하는 리더들이 명심해야 할 세 가지 단계를 소개하고 있다. 그것은 리더가 철저히 하나님과 친밀함이 있어야 하고, 따르는 구성원들이 하나님께 연결될 수 있도록 하며, 공동체의 연약한 자들을 따뜻하게 섬기는 모습이 있어야 한다는 것이다. 첫째로 리더가 철저히 하나님과 친밀함으로 연결되기 위해서는 하나님께 대한 전적인 의탁(삼상 30:6)[152]과 하나님 뜻에 대한 분별(삼상 30:8),[153] 하나님 뜻에 대한 실행의 모습(삼상 30:9)[154]이 있어야 한다. 다윗이 성읍에 이르렀을 때 백성들이 자녀들이 사로 잡혀간 것으로 인해 마음이 슬퍼서 다윗을 돌로 치려 했을 때, 다윗은 자신을 따르던 사람들의 위협 속에서 당황했지만, 그의 하나님 여호와를 힘입어 용기를 얻었다(삼상 30:6). 둘째로 다윗은 자신을 따르는 자들이 전적으로 하나님께 연결되도록 했다. 다윗은 이 상황에서 하나님의 일하심을 공동체의 구성원들이 잊지 않고 기억하도록 하고(삼상 30:21a), 더 나아가 자신의 공로가 아닌 하나님의 은혜를 보도록 만들어 주었다(삼상 30:21b).[155] 셋째로 다윗은 공동체의 연약한 자들을 따뜻하게 대했다.156 다윗은 지쳐서 뒤떨어진 자들이 비록 전쟁에 직접적으로 기여한 바가 없지만 전쟁을 통해 성취한 모든 것들을 똑같이 나누게 했다. 다윗은 또한 그들의 추종자들 가운데서 공동체를 갈라놓으려 하는 자들을 꾸짖으며 이 모든 것이 하나님께로부터 난 것임을 설명했다(삼상 30:23-25). 그들이 취득한 전리품들(신 20:14)을 나가서 싸운 자나 뒤에 남은 자들이나 모두 똑같이 나눠 가졌다. 지쳐서 브솔 시내를 건너가지 못하고 남겨진 200명의 군사들은 남아서 혹시 모를 아말렉의 기습공격으로부터 후방부를 지켰으며(출 17장; 삼상 15장),157 이 일은 나가서 싸운 것만큼 영광스러운 일은 아니지만 군대를 지키기 위해서 꼭 필요한 일이었다.158

효과적인 공동체는 모든 사람이 각자의 특별한 역할을 가지고 있다. 진정한 공동체 안에서는 리더들이 사역에 있어 서로의 성장과 성공을 위해 최선을 다한다.159 다윗은 팔로워들이 서로에게 최선을 다해 헌신토록 했다. 팀의 역동성에 있어서 구성원들의 상호관심과 헌신은 팀과 공동체를 위해서 필수적인 요소다.160 이것은 때때로 다른 이들을 은혜롭게 대하는 모습으로 나타나기도 한다. 피터슨 Peterson은 다윗을 "인정 많은 사람compassionate person"이라고 표현했다.161 브솔 시내에서도 다윗은 아말렉에 대한 승리를 전체 공동체의 일이라고 여겼으며 지쳐서 남겨진 자들도 따뜻하게 대하는 모습을 보여주었다.162 다윗은 하나님 앞에 나오는 열정과 마찬가지로 다른 사람들에게 인정을 베풀었다. 다윗은 팀과 공동체를 세우는 사람이었다. 이끌기 쉽게 준비된 팀은 없지만 좋은 영적 리더가 있다면 하나님이 이끄시는 팀이 될 수 있다. 그런데 더 중요한 것은 우리의 리더십으로 이끄는 것이 아니라 우리가 하나님의 귀한 도구가 되어 주님이 이끄시는 공동체가 되는 것이다. 기독교의 조직은 효과적이면서도 동시에 진정한 기독교 공동체이어야 한다.163 교회가 효과적이며 중요한(vital) 공동체가 되기 위해서는 일에 있어 효율적이어야 하며 성령이 하나님의 사람들에게 임하심이 나타나는 믿음의 공동체가 되어야 한다. 성경에 나타난 다윗의 리더십은, 하나님은 리더이시고 기름 붓는 자이심을 믿고(개인 내면 차원), 팔로워를 섬기며 원수를 포용하고(일대일 관계 차원), 팀과 공동체를 세우는(공동체 차원) 통합하는 리더십이다.

2) 예수의 섬김의 리더십(신약)

기독교인들은 성경 말씀을 통해 성경적 리더십 모델과 리더십의 원칙을 찾으려고 한다.164 성경에서 나타난 중요한 리더십의 이미지로는 선한 목자Shepherd, 종Servant 그리고 신실한 청지기Steward 등을 생각해 볼 수 있다.165 기독교인들이 따라야 하는 리더십의 원칙은 무엇이고, 누가 그 원칙을 보여주는가? 바로 예수 그리스도께서 우리에게 탁월한 리더십 모델이 되어주신다.166 예수께서 삶과 사역으로 보여주신 리더십의 모습은 일반 리더십과 매우 다르다(마 20:28; 막 10:45; 요 10:15-18; 13:1-5; 빌 2:7).

예수님의 사역과 가르침의 중심 주제는 하나님 나라the kingdom of God 이다.167 하나님 나라는 특정 장소를 가리키는 하나님의 자리가 아니라 하나님의 역동적인 통치행위다. 그 나라는 하늘에서 오는 나라, 곧 지금 여기서 번성하는 나라로서 사람들이 하나님의 뜻에 자신의 삶을 바치는 모든 곳에서 하나님의 나라는 이루어진다.168 하나님의 통치는 어떤 모습으로 나타날까? 우리는 예수의 삶과 가르침을 배움으로써 하나님 나라의 의미를 파악하게 된다. 예수님의 말씀과 행위는 하나님 나라의 수수께끼를 푸는 최고의 실마리이며 하나님 나라는 예수님의 가르침과 사역 전체를 꿰뚫고 흐른다.169 그런데 예수님은 하나님 나라를 옛날의 관습과 가치와 고정관념을 깨뜨리고 뒤집어 버리는upside-down 새로운 질서로 하나님 나라를 제시하신다.170 예수님의 비유에 나오는 일들은 거꾸로 뒤집혀 있는 경우가 많다. 가장 작은 자가 가장 큰 자가 되고, 천국에 갈 것 같던 사람이 지옥으로 떨어지고, 부도덕한 사람이 용서받고 복을 누리며, 착한 인물이 나쁜 인물로 드러나며, 경건하다고 여겨졌던 사람들이 저주를 받는다. 예수님의 가르침은 역설과 놀람으로 가득 채워져서 우리의 고정 관념들을 무너뜨린다. 사람은 하나님의 형상을 지닌 존재로서 세상에 하나님의 주권적 통치를 반사해야 한다. 그 일들이 이뤄지는 것은 사람들이 자신의 의지와 관계를 하나님의 방식에 복종시킬 때 하나님 나라의 표지들이 나타난다. 즉, 하나님 나라를 찾는다는 것은 우리의 삶 속에서 행하시는 하나님의 활동들을 우리 안과 주변에서 보고 그것을 분별하여 하나님 뜻에 순종하는 마음으로 거기에 협력하는 것이다.171 그런데 하나님의 뜻에 순종하는 것은 예수 그리스도의 주권에 순종하는 삶이 된다. 그리스도의 주권에 순종하는 삶은 하나님을 사랑하고 이웃을 사랑하라(고전 9:21; 10:31-33; 갈 5:14; 6:2; 롬

12:1-2; 13:8-10)는 말로 요약할 수 있다. 결국 복음을 받아들여 하나님 나라를 살아간다는 말은 결국 주 예수 그리스도께서 요구한 이중 사랑 계명을 지키며 사는 것을 의미한다(마 22:34-40; 막 12:28-34; 눅 10:25-28).

하나님 뜻에 순종하는 것이 예수 그리스도의 주권에 순종하는 삶이라고 한다면 그 삶은 어떻게 리더십의 측면에서 나타나야 할 것인가? 기독교 리더십은 그것을 몸소 가르쳐 주시고 스스로 모델이 되어 주셨던 예수님한테서 찾을 수 있다. 그런데 세상의 문화가 원하는 리더십과 예수님께서 삶과 사역으로 보여주신 리더십의 가장 큰 차이점은 하나님 아버지로부터 맡겨진 사명을 위해 스스로 종의 모습을 띠신 사랑의 '섬김'일 것이다. 나우웬Henri Nouwen은 예수님의 리더십을 이야기하면서 "수동적이거나 심리학적으로 연약한 리더십"이 아니라 하나님과 사람들을 사랑하기 때문에 사랑의 섬김을 위해 "권위와 힘을 계속해서 내려놓는 것"으로 묘사하고 있다.[172] 예수님의 삶을 통해 나타난 리더십의 표준모델은 한마디로 '사랑의 섬김'으로 표현할 수 있다.[173] 기독교 리더십의 포기할 수 없는 가장 핵심적인 요소가 무엇인가라고 했을 때 '사랑의 섬김servanthood, service'이라고 할 수 있을 것이다. 이 장에서는 예수님의 가르침과 사역을 통해서 예수께서 가르쳐주신 리더십의 원칙을 통합적 관점을 통해 알아보고자 한다. 먼저 개인 내면 차원에서 예수님의 정체성에 대한 핵심요소는 무엇인지 살펴보고, 일대일 관계 차원에서는 일상에서 예수님이 제자들과 맺은 관계의 필수적인 요소는 무엇인지 알아볼 것이다. 그리고 마지막으로는 공동체 차원에서 예수님이 공동체에 두고 있는 핵심

가치를 살펴볼 것이다.

(1) 개인 내면 차원: 삶의 주인 되신 주님을 믿는 리더십

개인 내면의 차원에서 예수님의 리더십을 살펴볼 때 핵심은 '하나님께서 리더이시고, 그리스도인은 겸손한 마음으로 하나님을 따라야 한다'는 것이다. 리더의 자아개념과 정체성은 리더 자신의 자화상, 자존감 그리고 자기 인식을 통해 표현된다.[174] 따라서 리더의 정체성은 자신의 생각, 믿음 그리고 가치관을 얼마만큼 이해하고 있느냐에 달려 있다.[175] 개인 내면 차원, 즉 리더의 정체성에 대한 부분이 결국에는 리더의 행동을 결정하고 그 행동이 리더가 속한 공동체, 더 나아가 사회에까지 영향을 미치게 되기 때문이다. 기독교인은 자신의 신앙에 대한 자각, 즉 신앙에 대한 정체성 없이는 기독교적인 삶을 살 수가 없다. 따라서 기독교인의 삶은 기독교 신앙의 자기 정체성 및 소명에 대한 자각에서부터 시작되고, 그것을 어떻게 해석하고 이해하고 있는지가 리더의 행동을 유발하게 된다. 이러한 리더십에 대한 새로운 경향으로 인해서 최근 강조되는 리더십은 리더와 팔로워follower 정체성에 초점을 맞춘 리더십 이론들이 새롭게 등장하고 있다.[176] 그 일례로 정직한 리더십, 윤리적 리더십, 섬김의 리더십과 같은 새로운 리더십 이론이 등장하고 있다. 위의 리더십 모두 그 리더십 발현의 핵심을 리더의 정체성에 두고 있다.

예수님은 종의 형체를 가지셨고 하나님 아버지의 뜻을 겸손히 따르셨는데, 그 이유는 자신이 누구인지를 명확히 알고 계셨기 때문이다. 스토트John Stott는 『제자도 *Radical Discipleship*』라는 책에서 "왜 제자인가?"라는 원초적 질문을 던진다. 내가 누구인가라는 정체성에 대한 고찰로부터 삶과 사역이 재정립되지 않으면 진정한 제자는 만들어질 수 없기 때문이다.[177]

개인 내면의 차원에서 예수님이 보여주신 모습은 하나님과의 관계와 깊은 관련이 있다. 그것은 예수님이 아버지 하나님을 위하여(계 1:6), 하나님으로부터 왔다는 요한의 주장에서 잘 나타난다(요 8:42). 또한 보내신 이의 의지를 행하고(요 4:34) 아버지께서 하시는 것을 본 것들로만 행하며(요 5:19), "아버지와 나는 하나다"(요 10:30)라는 말씀에서 정점을 이룬다. 예수님은 하나님이 자신의 삶의 주인이심을 믿으셨기 때문에 그 어떤 명예와 지위에 대한 기대 없이 하나님을 섬기는 일에 자신을 드릴 수 있었다. 당시 사람들은 예수님을 그들이 고대하던 왕권을 가진 강력한 메시아로 기대했지만, 복음서의 저자들이 이야기해주듯, 예수님은 이런 모든 기대에 반대로 행하셨다(요 6:15). 이러한 개념에서 볼 때, 성경적인 섬김의 리더는 자신을 낮추고, 오직 하나님이 자신을 높여주시길 기다리는 사람이다(눅 14:7-11). 이것은 예수님이 "그는 근본 하나님의 본체시나 하나님과 동등됨을 취할 것으로 여기지 아니하시고, 오히려 자기를 비워 종의 형체를 가지사 사람들과 같이 되셨다"(빌 2:6-7)고 한 말씀에 잘 나타난다. 이러한 정체성에 대한 깊은 자기 이해로 예수님은 하나님이 자신의 삶의 주인이심을 믿으셨기 때문에 하나님의 뜻을 이루는 일에 자신을 드릴 수 있었다. 예수께서 이렇게 행하실 수 있었던 것은 그가 하나님 앞에서 어떠한 모습임을 정확히 이해하셨기 때문이다.[178] 이러한 개념에서 볼 때, 그리스도인은 하나님 앞에서 자신의 모습과 자신의 삶을 향한 하나님의 부르심을 이해하는 것에서부터 출발한다.[179] 진정한 겸손은 하나님 앞에서의 우리의 모습과 우리의 삶을 향한 하나님의 부르심을 이해하는 것으로 출발한다.[180]

다수의 저자들이 섬김의 리더십의 동기가 되는 원천은 개인의 겸손함과 영적인 통찰력(personal humility and spiritual insights)이라고 주장한다.[181] 섬김의 사랑과 예수님을 보지 않고 믿는 것은 모두 겸손에서 나온다.[182] 겸손 없이는 하나님께서 개인의 삶에서 역사하실 수 없으신데 그 이유는 사람들 개인의 이기심이 그들의 신이 되었기 때문이다. 자기 세계로 꽉 찬 사람은 섬기지 않고 오만한 사람은 자기가 보지 않는 것을 믿지 않는다. 그러므로 겸손은 하나님께서 개인의 삶에서 일하실 수 있도록 하는 데 꼭 필요한 것이다. 그래서 나우웬(Henri Nouwen)은 많은 기독교 사역자들로 하여금 기독교 리더십의 가장 중요한 요소로 겸손(humility)을 꼽도록 격려한다. 그 겸손은 효율과 지배가 아닌 무력함(powerlessness)에 그 근본을 두고 있다.[183] 겸손함이 있기 위해서는 내 생각을 꺾고, 내 욕망을 비우고 내 삶의 방향과 방식이 바뀌어야 한다. 그러나 그렇게 하지 못하는 것은 하나님이 만만하기에 인생의 주도권을 하나님께 넘겨 드릴 필요가 없다고 보기 때문이고, 믿지 않기 때문이다. 내가 거듭나지 않는다면 그 섬김의 사랑이 가장 인간다운 승리의 길이고, 구원의 길이며 영생의 길이라는 것을 깨달을 수 없다. 내가 그리스도인인지 아닌지, 내 삶이 영생인지 아닌지를 알기 원한다면, 예수님의 삶, 자신을 비우고 낮추는 삶이 참다운 하나님 나라를 누리고 구원의 기쁨을 맛보는 길이라는 사

실을 진심으로 믿고 있는지 스스로에게 물어보면 된다.[184]

성경적으로 구분된 리더들은 리더십과 함께 따라오는 명예나 지위를 찾는 것 대신에 사랑의 섬김이라는 더 고결한 것에 관심을 둔다. 이러한 리더들은 리더십이 하나님으로부터 주어지는 선물임을 인정하고(롬 12:1-16) 섬김의 목적을 위해서 그들 자신의 리더십 위치를 포기할 준비가 되어 있다.[185] 하나님이 자신의 삶에서 완전한 통치권을 갖고 계심을 진정으로 믿으면 두려움 없이 담대하게 다른 사람을 섬기는 일에 자신을 내어드릴 수 있다. 이러한 모습이 예수께서 보여주신 리더십의 중요한 원칙을 보여주는데 그것은 '하나님께서 믿는 자들의 삶의 리더가 되신다'는 것이다. 그런 예수님을 닮은 리더들에게 나타나는 특징은 예수 안에 머물러 있는(요 15:4-5) 모습이다. 그 머물러 있음은 평범한 일상의 삶 가운데 하나님의 임재를 경험하며 친밀한 사귐과 예수 안에서 안식을 누림을 포함한다.[186] 예수 그리스도께서 '하나님이 나의 리더다'(God is leader)라는 정체성을 가지고 사셨던 것처럼 그리스도인들은 주님께서 믿는 자들의 삶의 리더가 되심을 정체성 가운데 항상 새겨야 할 것이다. 따라서 내가 누구이고, 우리가 누구인지를 아는 길은 우리에게 하나님의 자녀라는 정체성을 부여하신 예수님을 아는 것이다. 사랑의 섬김의 리더십은 맨정신으로 할 수 없는 일이다. 의무감과 생존을 위해서 한다면 수치심과 굴욕감을 느낄 뿐이다. 그러나 내가 얼마나 큰 섬김을 받아 여기까지 왔는지를 깨닫는다면, 내가 얼마나 큰 선물을 받아 누리고 있는지를 안다면, 내가 영접을 받았듯이 나도 이웃과 형제를 영접할 수 있을 것이다. 사랑의 섬김의 리더십을 실천하길 원하는 성도는 힘의 근원이 하나님께로부터 오고 하나님의 도움 없이 아무 일도 할 수 없음을 고백하며 오직 하나님의 뜻을 이루는 것을 삶의 목적과 영광으로 삼는 사람들이다.

(2) 일대일 관계 차원: 따르는 이들을 섬기는 리더십

일대일 관계 차원에서 예수께서 보여주신 리더십은 따르는 사람들을 섬기는 모습이다. 예수님이 제자들의 발을 씻기신 예언적 사건이 섬김의 사랑을 보여주신 섬김의 리더십의 모본이다. 섬김의 사랑이란 우리가 섬겨야 할 상대방의 수준까지 내려가는 것임을 가르쳐 주심으로 섬김의 자세를 알려주신다. 예수님은 우리를 섬기기 위해 하나님의 수준에서 사람의 수준까지 내려오셨다. 바울은 빌립보 교회를 향한 그의 편지에서 "예수님이 가지셨던 자세"를 가지라고 격려한다. 예수님은 "하나님 그 자체"이시지만 오히려 자기를 비워 "종의 모습"으로 자신을 낮추셔서 당신이 섬겨야 할 사람의 수준까지 내려오셨음을 상기시켰고, 이것은 초대교회의 중심 사상이 되었다(빌 2:5-7). 성경에 나타난 섬김의 리더들은 자신의 발전에 초점을 맞추거나 더 높은 자리로 올라가고자 하지 않고, 오히려 사랑으로 그들을 섬기려 한다. 그들은 다른 사람의 필요를 충족시키기 위해 자신을 드리기까지 헌신한다.[187] 예수님은 세상의 이끎과 그의 제자들이 따라야 할 이끎의 차이를 분명히 보이셨다. 세상의 섬김의 법칙은 낮은 자가 높은 자를 섬기고, 힘이 없는 약한 자가 힘이 있는 강한 자를 섬겨야 한다. 그러나 예수께서 말씀하신 섬김의 법칙은 세상의 법칙을 전복시킨다. 주님은 섬김이란 높은 자가 낮은 자를 섬기는 것과 같이 권력, 지위, 힘이 있는 자가 없는 자를 섬겨야 한다고 하신다. 예수님은 지배하여 섬김을 받으려고 이 땅에 오신 것이 아니라 오히려 많은 사람을 섬기기 위해 오셨다.

이 세상의 지도자들은 대부분 개인적인 이익과 보존을 위해 지위와 권력을 행사한다. 심지어는 사람들을 섬기기 위해 자신들의 권력과 힘을 사용하는 가장 훌륭한 리더들조차 자신들의 일차적인 정체성을 지도자의 역할에서 찾는다.188 하지만 예수님을 따르기를 원하는 리더들은 자신의 정체성을 리더의 역할에서 찾지 않는다. 오히려 자신의 기본적인 정체성을 섬기는 종의 역할에서 찾는다. 예수님이 몸소 이 땅에 오심으로 보여주신 사랑의 섬김이란 상대방의 자유를 위해 자신의 자유를 제한하시고, 상대방을 섬기기 위해 낮은 자리까지 내려가는 것임을 알려주셨다. 또한 그를 믿는 모든 사람을 하나님의 자녀라는 수준까지 올려 주셨다. 참된 섬김이란 섬겨야 할 상대방의 수준까지 내려가서 상대방의 수준을 나의 수준으로 올려주는 삶이다.

따라서 사랑의 섬김의 삶이란 허리에 두르는 수건을 선택하는 삶이다. 예수님이 이 땅에서 하나님 나라를 이루기 위해 선택하신 무기는 종의 신분과 더불어 그에 걸맞는 섬김의 삶이었다. 하나님 나라를 상징하는 세 가지, 대야, 십자가, 무덤 중에서 단연 기독교의 으뜸되는 상징은 대야이다.189 왜냐하면 예수님은 당신이 행하시는 사역의 의미를 정확하게 밝히기 위해 자발적으로 대야를 택하셨기 때문이다. 비록 여러 세기 동안 십자가 처형이 기독교인의 관심을 사로잡아

왔지만, 구원받은 기독교인들이 예수님의 공생애 동안 눈여겨봐야 할 중요한 순간은 최후의 만찬이다.[190] 이 극적인 식사 자리에서 예수님은 자신의 삶과 사역의 의미를 몸으로 보여주셨다. 그날 밤, 예수님은 저녁 잡수시던 자리에서 일어나 겉옷을 벗고 수건을 가져다가 허리에 두르시고 이에 대야에 물을 떠서 허리를 숙여 제자들의 발을 씻으시고 그 두르신 수건으로 닦으셨다(요 13:1-11). 여기서 '겉옷을 벗고'에서 '벗다'(티세미)는 문자적으로 '내려놓다'는 의미이다. 바울이 빌립보서에서 예수님의 성육신과 그분의 삶을 가르칠 때 '자기를 비워 종의 형체를 가지사'(빌 2:7) 하신 것처럼 겉옷을 벗으신 예수님의 행동은 나중에 자기 생명을 양들을 위해서 버리시는 행동으로 나타날 것을 요한은 암시하고 있다. 수건과 대야는 종이 사용하는 도구이고, 허리를 숙이는 것은 굴종하여 섬긴다는 의미이다. 만약에 제자들이 선생님께 이렇게 한다면 그것은 극도의 존경이나 헌신을 표현하는 것이었다. 따라서 예수님의 이러한 모습은 '네가 나에게 잘하면 나도 너를 도와주겠다'는 식의 교만한 태도와는 거리가 먼 일이다. 예수님은 섬김을 말로 가르치신 것이 아니라 가룟 유다를 포함한 제자들의 발을 씻기심으로 몸소 보여주셨다. 예수님의 사랑이 자신을 죽여서 남을 살리는 사랑이라면, 가룟 유다의 사랑은 먼저 받기 전에는 주지 않는 사랑이었다. 예수님은 스스로 섬김을 상징하는 종의 수건을 허리에 두르고, 머리를 숙이고, 무릎을 꿇음으로 제자들을 이끄셨다.

예수님은 사랑의 섬김의 삶이 위대한 삶임을 선포하신다. 예수님은 위대함과 섬김을 동의이로 취급하심으로 위대함을 새롭게 정의하셨다. "너희 중에 누구든지 크고자 하는 자는 너희를 섬기는 자가 되라"고 강조하셨다(막 10:43). 위대함과 섬김이 같은 것임을 말씀하신다. 기독교 관점에서 리더의 위대함은 다른 사람을 섬기고자 하는 헌신의 정도로 측정된다.191 라이트Walter C. Wright는 "하나님의 나라에서 가장 위대한 이들은 섬기는 자이며, 다른 사람을 위해 자신을 헌신했던 사람이고, 리더의 위치가 아닌 섬김의 자리에 있는 사람"이라고 주장한다.192 또한 진정한 변화는 지배나 권력을 통해 이루어지지 않고, 개인적 섬김의 관계로 이루어진다고 주장한다.193 브라이너Bob Briner와 프리챠드Ray Pritchard는 "하나님의 나라에서는 올라가는 길이 내려가는 길이다. 예수님은 권위와 관련된 개념을 섬김의 리더십이란 모순된 개념으로 바꾸셨다. 예수님에 의하면 누가 어떤 지위를 갖는 것은 의미가 없다. 섬김의 마음을 가진 사람을 찾으라, 그러면 당신은 당신의 리더를 발견할 수 있을 것이다"라고 주장한다.194 그렇다고 해서 사랑의 섬김을 성공하는 리더십의 원칙이나 기술로 만들어버리는 것은 잘못된 일이다. 예수님은 성공적인 리더십의 기술을 전수한 것이 아니라 누가 위대한 사람인지 이야기해 주신 것이다.195 그러므로 예수님이 보여주는 일상에서의 섬김의 모습은 섬김의 마음을 가진 삶의 방식이지, 성공적인 리더십을 위해 필요로 하는 기술의 집합이 아닌 것이다.196 진정한 사랑의 섬김의 삶은 낮아지는(내려가는) 길에서 찾을 수 있고, 그곳에서 예수님이 보이실 것이다. 섬김의 삶이 진정 위대한 삶이다.

예수님은 위대함은 먼저 종이 되어 섬기는 것이라고 정의하셨다.197 당시의 사람들이 기대하던 메시아적인 모습과 달리 예수님은 다른 사람을 섬기는 모습을 통해서 위대함의 성취를 보여주셨다. 예수님은 무릎을 꿇고 수건을 취하셔서 제자들의 더러운 발을 붙들고 씻기심으로 몸소 이 섬김을 보여주셨다. 그리고 나서 제자들에게 "내가 너희에게 행한 것 같이 너희도 행하게 하려 하여 본을 보였노라"고 말씀하셨다(요 13:15). 예수님이 세족식이라는 충격적인 행동을 하신 이유를 우리를 믿도록 하기 위해서, 감동을 받도록, 깨닫도록 하기 위해서가 아니라 우리가 행하게 하려고 하셨다고 말씀하신다. 믿음은 순종이고, 행함이고, 열매로 드러나는 것이다. 우리가 진정으로 예수님과 한 몸된 공동체가 되려고 한다면 우리는 손수 자신의 대야와 수건을 챙겨야 한다. 각자 있는 자리가 사랑의 공동체가 되게 하기 위해 자신이 섬기겠다고 자청한 그것이 바로 나의 대야와 수건이다. 자신이 맡은 역할, 은사, 해보겠다고 나선 일, 직장 등의 영역에서 누가 인정을 해주든 그렇지 않든 천하게 여기든 고상하게 여기든 많은 적든 상관없이 서로가 서로를 위해서 대야와 수건을 준비한다면 그 공동체와 가정과 직장은 하나님 나라가 될 것이다.198

(3) 공동체 차원: 하나님 나라를 위한 위임과 비전의 리더십

섬김의 리더들은 다른 사람들로 하여금 그들과 동일한 방법으로 이끌 수 있도록 권한을 위임함으로써 그들의 리더십을 배가시킬 수 있다.199 예수님은 다른 이들이 이끌 수 있도록 권한을 부여함으로 세상을 향한 임무를 이룰 수 있는 공동체를 만드셨다. 예수님은 열두 제자를 불러서 당신의 임무를 수행하도록 하셨다. 예수님은 한 분이

셨지만 제자들로 하여금 자신의 사역을 확장시키셨다. 우리는 여기서 예수님이 "열두 제자를 부르사 둘씩 둘씩 보내신"(막 6:7) 사실에 주목해야 할 것이다. 우리는 자주 둘씩 보냄을 받았음을 잊곤 하는데 혼자만의 힘으로는 복음을 감당할 수 없다. 우리는 복음전파를 위해 공동체로 부름을 받았으며,200 예수님께서 제자들을 복음전파를 위해 보내셨을 때, 그들은 예수께서 하시던 능력의 일들을 감당할 수 있었다(막 6:7; 마10). 윌키스Gene C. Wilkes는 팀 리더십 또는 공동체 리더십이야말로 성경적 리더십의 "가장 고결한 표현"이라고 정의하고 있다.201

사람들은 보통 그들이 가진 힘을 다른 사람을 위해 사용할 때는 서로의 관계를 강화하게 되지만 그 관계를 지배하려 할 때는 힘을 다른 사람 위에 사용하게 된다.202 최근의 리더십 연구가들은 "예수님이 다른 이에게 권한을 부여하는 데 열중하셨던 것"은 카리스마의 부재를 가리키는 것이 아니고 제자들과 신뢰를 쌓고, 은사대로 사역하게 하시기 위함이었다는 것을 강조한다.203 권한의 위임은 구성원들로 하여금 새로운 권한과 능력으로 공동의 목표를 이루어가는 데 일조할 수 있게 한다.204

포드Leighton Ford는 권한 위임이 예수님의 리더십의 가장 중심적 역할을 했다고 강조했다.205 왜냐하면 권리 이양과 권한 부여를 위해서는 내적인 자기 신뢰와 더불어, '내가 가진 권위는 다른 사람보다 내가 우월하기 때문에 가진 것이 아니다'라는 자각이 필요하기 때문이다.206 공동체가 효과적이지 않은 이유는 이러한 신뢰를 바탕으로 한 내어줌이 부족해서다.207 공동체가 공동의 비전, 공동의 기억, 공동의 의식을 가지는 것도 중요하지만, 신뢰가 형성될 때 진정한 공동체가 회생될 수 있다.[208] 신뢰가 있을 때 더불어 함께 하려는 나눔과 들음의 생활을 필요로 한다. 예수님은 받은 힘을 다른 사람을 지배하는 데 사용하기보다는 다른 사람을 섬기는 데 사용하고, 권한을 부여하는 데 사용하였다.[209] 블랜차드Blanchard와 호지스Hodges는 공동체가 효과적이지 않은 이유는 권한 위임이 제대로 이루어지지 않았기 때문이라고 역설한다.[210] 예수님은 이 땅에 계실 때와 하늘로 승천하신 이후에도 계속해서 책임과 권위를 그의 제자들과 나누셨다.[211] 예수님은 제자들에게 성령을 부어주심으로 그들로 하여금 주님의 일들을 그들의 일처럼 여기고 섬길 수 있도록 권한을 부여하셨다. 공동체에서 권위와 그에 따른 책임감을 나누게 될 때, 비로소 믿음의 공동체가 하나님께서 맡겨주신 소명을 이룰 수 있게 된다. 성경적 섬김의 리더들은 주님이 주신 비전을 이루기 위해서 그들이 이끄는 형제와 자매들과 함께 그 책임과 권위를 나누어 가진다(행 6:1-6; 눅 9:1-2). 성경적인 이해가 바탕이 된 섬김의 리더십은 예수님께서 몸소 보여주신 팀사역 이야말로 하나님의 나라가 이 땅에 이루어짐을 보여주는 가장 좋은 모델임을 보여준다.[212] 팀사역이란 하나님께서 맡기신 사역과 임무를 다른 사람과 함께 감당하는 것을 의미한다. 윌키스Wilkes에 의하면 공동체 차원에서 보여지는 리더십이 섬김의 리더십의 가장 고차원적인 표현인데,[213] 그 이유는 팀 리더십이 예수님의 사역을 통해 정의된 섬김의 리더십의 각 원칙을 잘 보여주기 때문이다.[214] 섬김의 극치는 사람을 세우고, 팀을 세우는 것이다. 섬김의 리더들은 다른 사람과 팀과 공동체를 이룰 때 섬김을 가장 잘 발휘할 수 있다. 성경적인 이해가 바탕이 된 섬김의 리더십은 공동체적인 사역을 권장하고, 리더십의 위치에 있지 않은 사람들도 하나님의 사역을 위해 노력하고 교회 내의 리더들을 돕도록 격려한다.

공동체 차원의 리더십에 있어서 두 번째 중요한 부분은 공통의 비전을 갖도록 격려하는 문화를 형성하는 것이다. 예수님에게 있어서 주된 공통의 비전은 하나님 나라였다. 하나님 나라는 예수님의 삶과 가르침에서 중심 주제이며 비전이다. 섬김으로써 이기고, 내어줌으로써 승리를 거두는 예수님이 바라본 하나님 나라는 거꾸로 된 나라였다. 우리의 비전은 예수 그리스도께서 말씀하신 대로 '삶으로서 세상을 소란하게 한 사람들'(to be a people "who [turn] the world upside down")이 되어야 할 것이다(행 17:6). 예수님이 보여주신 비전, 즉 하나님 나라의 삶의 방식은 뒤집히고 거꾸로 되어 있는 기존의 사회질서에 도전이 되는 일이었다. 하나님 나라는 안다고 끝나는 것이 아니라 삶으로 살아야하는 것이다. 예수님의 섬김은 한 사람이 홀로 펼친 개혁운동이 아니었다. 많은 제자와 군중들이 힘을 합한 운동이었다. 그래서 예수님은 다락방에서 제자들의 발을 씻기신 후 그들에게 자기를 본받아 따르라고 초청했다. "주이며 선생인 내가 너희의 발을 씻어 주었으니, 너희도 서로 남의 발을 씻어 주어야 한다. 내가 너희에게 한 것과 같이 너희도 이렇게 하라고, 내가 본을 보여 준 것이다"(요 13:14-15).

예수님은 제자들에게 각자 자기의 대야를 들고 그 운동에 참여하라고 초청한다.[215] 더 나아가 하나님 나라에 대한 예수님의 강령은 산상수훈을 통해 나타난다. 종말론적 비전의 회복은 교회가 세상과 어떻게 관계를 맺어야 하는지를 알려준다.216 팔복의 주제는 예수께서 세상을 통치하기 원하시는 방법이다. 예수님은 그분을 꼭 닮은 사람들을 통해 그 일을 하기 원하신다. 산상수훈은 예수를 따르는 사람들이 세상의 빛과 소금으로 자신의 사명을 감당해야 한다는 부름이다. 다시 말해서 그들은 하나님 나라에 대한 예수님의 비전이 현실로 바뀌는 통로가 된다는 것이다. 죄와 죽음의 세력을 이기신 예수의 승리가 바로 그들을 통해 온 세상에 실현되는 것이다.217 성경의 섬김의 리더들은 그 팀의 공동체의 구성원들과 함께 권위를 나누어 가짐으로 중요한 결정들을 함께 해나가게 되는 것이다. 하나님을 사랑하는 것, 오직 그것을 통해서만 우리는 하나님을 보는 비전을 지킬 수 있고, 항상 하나님을 우리의 생각 앞에 둘 수 있다.218 하나님이 보여주신 하나님 나라에 대한 비전은 우리로 하여금 겸손하게 한다. 하나님을 그분의 모습대로 보면 우리 자신도 우리의 모습대로 볼 수 있다.219

좀 더 자세히 보면 우리는 예수님의 모습 속에서 권위와 섬기고자 하는 의지를 동시에 발견할 수 있다. 포드Ford는 예수님께서 "여전히 리더십은 섬김에서 비롯된다는 중심원칙을 지키시면서, 지켜야할 세부사항과 함께 명령을 주심"에 주목했다.220 예수님은 제자들에게 하나님의 사랑을 사람들에게 전하라고 나누어주었다. 하지만 예수님은 그 책임뿐만 아니라 권한도 함께 나누어 주셨다. 권위 없는 책임은 팔로워들을 무능력하게 만들어버린다. 예수님은 세상을 향한 임무를 수행할 수 있도록 제자들을 준비시키셨고 모든 사람들로 제자를 삼을 수 있도록 하셨다.221 예수님은 제자들과 당신의 권위

뿐만 아니라 책임 또한 나누셨다. 예수님은 하나님 아버지께서 주신 사명의 청지기로 남으셨지만,[222] 다른 이들로 하여금 당신의 권위를 나눔으로 그들로 하여금 계속해서 하나님의 일을 할 수 있도록 했다. 우리가 일을 팔로워에게 위임을 해주면, 팔로워들을 세워갈 수 있겠지만, 만약 우리가 조직의 비전을 위해서 가진 권위를 위임해 주면, 팔로워들이 탁월한 리더로 성장할 것이다.

결론적으로 성경에 나타난 예수님 리더십은, 하나님이 리더이심을 받아들이고(개인 내면 차원), 예수님을 따르는 사람들을 섬기며(일대일 관계 차원), 권한 위임을 통한 섬김의 하나님 나라를 만들기 위한 비전(공동체 차원)을 만들어 가는 모습이다. 예수님은 섬김의 리더의 표본이자 가장 좋은 모델이며 완벽한 리더가 되신다.[223] 하나님 아버지와의 생명의 관계를 통해 다른 이들을 섬기셨으며, 다른 이들 역시 섬김으로 부르신다. 예수님의 섬김의 리더십의 모습은 지위와 명예에 입각한 리더십을 상호보완의 관계에 있는 복음의 동역자적인 모습으로 변화시킴으로써 공동의 목표를 가질 수 있도록 만든다.[224] 그러므로 성경적인 섬김의 리더십은 예수님과의 친밀한 관계와 하나님을 사랑함으로 예수님을 따름에서 출발한다.

맺음말

　코로나19로 인하여 한국 사회는 두려움과 불확실성 속에서도 그 흐름을 거스를 수 없을 정도로 변하는 중이며, 앞으로는 더욱 빠르게 변할 것이다. 변화를 거부하고 현재에 머무르길 고집하는 조직은 결국 소멸하게 될 것이다. 따라서 새로운 뉴노멀의 시대에 복음을 전하기 위해서 한국교회가 변해야 함에는 재론의 여지가 없다. 하지만 모든 조직은 익숙한 방식대로 행동하고 싶어하는 관성inertia을 갖고 있기 때문에 본질을 회복하기 위한 교회의 변화가 쉬운 일은 아니다. 미국에서 한 해에 관상동맥 우회수술을 받은 환자 60만 명 중에 삶의 스타일을 바꿔서 건강을 회복한 사람들이 있다. 하지만 수술을 받은 사람들 중 90퍼센트는 건강을 위해 어떠한 변화의 노력도 하지 않고 죽음을 맞이한다는 놀라운 결과를 글을 통해 읽은 적이 있다. 병이 낫기 위해 수술을 받았지만, 그 이후에 삶의 습관을 바꾸는 노력은 좀처럼 하지 않는다는 것이다.[1] 교회도 마찬가지다. 변화할 수 있는데도 변화해야 하는 현실을 받아들이지 않고 죽어가는 길을 택하는 경우가 너무 많다. 코로나19를 경험하면서 불과 몇 주 만에 많은 교회가 그동안 주저해 왔던 온라인 예배와 헌금 등 사역에 새로운 변화를 경험하게 되었다. 그러나 사람은 기본적으로 변화를 두려워한다. 코로나로 인해가 교회가 온라인 예배를 드리면서도 교인들은 자유롭게 드리던 회중 예배와 언제든 친밀하게 나눴던 공동체의 교제를 그리워하고 있다.

하지만 우리가 코로나19를 경험하면서 '하나님께서 나와 교회에 원하시는 것은 무엇일까?'라는 고민을 놓치지 말아야 한다. 포스트 코로나 시대, 아니 코로나와 함께 살아가야 하는 시대는 교회가 본질을 회복하기 위해 변화를 시도하기 위한 최적의 시간이다. 교회의 리더는 본질적 사명에 헌신하는 교회 공동체로 변화하기 위해서 문화적 요소들을 잘 이해할 뿐만 아니라 필요에 따라 기존의 문화를 강화하거나, 혹은 변화시킬 책임을 갖는다. 그렇다면 교회의 리더들은 교회의 문화를 변화시키기 위해서 무엇을 먼저 해야 할까? 스테처와 라이너(Ed Stetzer and Thom S. Rainer)는 리서치를 통하여 변화하는 교회들의 공통적인 특징은 사람을 변화시키는 '복음의 능력'에 탁월하게 집중한 교회들이었다고 주장한다.[2] 변화하는 교회들은 복음을 강조하며 구성원들의 정체성 교육을 강조하고 있다. 변화하는 교회들은 일상의 삶 속에서 어떻게 살아가는 것이 복음에 합당한 삶인지를 경험하게 하며 또한 신실한 삶을 살아가도록 돕는다. 또한 지역사회와의 나눔을 통해 교회가 그들의 필요를 채우는 공동체가 되고자 애쓰는 모습을 보여준다. 우리도 그와 같은 모습이 필요하다. 그 일을 감당하기 위해서 먼저 리더의 변화가 필요하고, 성경적 원칙principles에 합당한 기독교 리더십의 발휘가 필요하다. 리더십의 핵심 가운데 하나는 변화를 가져오는 것이며 참된 변화는 본질을 훼손시키지 않는다. 그러기 위해서 우리는 건강한 신학과 복음은 항상 간직하고 지켜내되, 현실에 응답할 수 있는 해석된 복음을 세상 속에서 세워나가는 것이어야 한다. 성경적 원칙에 입각한 기독교 리더는 하나님의 뜻을 이루기 위해서 섬기라고 부르심을 받은 자이다. 한국교회는 하나님으로부터 받은 소명을 다시금 일깨우고, 그 하나님의 뜻을 이루기 위한 기독교 리더십을 발휘하기 위해 리더십 리콜Leadership Recall을 해야 할 때이다.

기독교 리더십은 하나님의 뜻을 이루기 위해서 소명을 받은 이들이 하나님께서 주신 능력과 책임감을 가지고 공동체의 구성원들에게 영향력을 행사하는 과정이다. 따라서 기독교 리더십은 공동체와 개인의 삶을 향한 하나님의 목적을 발견하고 성취하도록 돕는 역할을 해야 한다. 기독교 리더십의 방향성에 대해서 교회 변화의 첫 걸음은 리더의 신념과 태도를 바꿈으로써 나타난다는 전제하에 리더의 개인 내면 차원에서는 리더의 정체성과 소명에 초점을 맞춘 기독교 리더십이 되어야 하고, 일대일 관계 차원에서는 팔로워들과 소통하고 위임하는 기독교 리더십이 되어야 하며, 공동체 차원에서는 감정적 차원까지 살피는 공동체를 만드는 기독교 리더십이 되어야 할 것이다. 이러한 기독교 리더십의 방향성 속에서 교회를 변화시키기 위해서는 많은 부분에 초점을 맞추기보다는 핵심이 되는 작은 행동 하나부터 바꾸는 것이 필요하다. 각 차원에서 중요한 핵심요소가 되는 중점은 개인 내면 차원에서는 영성 개발Spiritual Formation, 일대일 관계 차원에서는 신뢰Trust, 공동체 차원에서는 위임Empowerment과 비전Vision으로 나타나고 있다.

머리말

1 Thom S. Rainer, *Anatomy of A Revived Church: Seven Findings of How Congregations Avoided Death* (Spring Hill, TN: Rainer Publishing, 2020), 14.

2 위의 책, 16.

3 위의 책, 138.

4 국립국어원은 뉴노멀(New Normal)을 '새 기준, 새 일상'이라는 쉬운 우리말로 사용하기로 했다. 뉴노멀은 2008년 글로벌 금융위기 이후 새롭게 나타난 세계 경제의 특징을 이르는 말로, 저성장, 규제 강화 등 시대변화에 따른 새 기준이나 표준의 의미를 담고 있다.

5 2020년 한국교회의 사회적 신뢰도 여론조사 결과 자료집(기독교윤리실천운동). 개신교는 종교별 신뢰도 조사에서도 꼴찌를 기록했다. '개신교 · 가톨릭 · 불교 중 가장 신뢰하는 종교는 무엇이냐'는 질문에서, 가톨릭 30%, 불교 26.2%를 기록했으나 개신교는 2017년과 같은 18.9%에 그쳤다. 개신교는 과거 조사에서 2009년 26.1%, 2013년 21.3%를 기록했다. 목사와 개신교인에 대한 세부적 신뢰도 역시 한국교회 전반을 향한 인식과 비슷했다. 목사를 신뢰한다는 응답은 30%, 개신교인을 신뢰한다는 응답은 32.9% 수준이었다. https://cemk.org/15641/ (2020년 2월 13일 접속).

6 한국기독교목회자협의회, "한국기독교분석리포트 한국인의 종교 생활과 의식 조사 1998~2018"(2018.7.2.), http://mhdata.or.kr/bbs/board.php?bo_table=gugnae&wr_id=30 (2020년 2월 16일 접속). 교회를 떠난 이유가 전체적으로 '개인적인 이유'가 61%, '교회 부정적 요인'이 35%로 조사된다. 가나안 성도 중 73%는 기독교 입문 층 수준의 신앙을 갖고 있고, 기독교 신앙 유지 의향에 대해 90%가 유지하길 원하고, 10%만 떠나고 싶다고 응답했다.

7 http://mhdata.or.kr/mailing/Numbers61th_200828_Full_Report.pdf (2020년 8월 28일 접속).

8 지용근, "한국인의 종교생활과 의식조사 요약보고서"(2013.01.31.), http://www.kpastor.org/news/articleView.html?idxno=481 (2019년 7월 2일 접속).

9 원지현, "조직의 변화, 구성원의 구체적 행동 변화에서부터", 『LG Business Insight』 (2014.11.12.), 36-37.

10 Gary Yukl, *Leadership in Organizations*, 8th Edtion (San Francisco, CA: Pearson Education Inc, 2013), 20.

11 Peter G. Northouse, *Leadership: Theory and Practice*, 8th Edition (Thousand Oaks, CA: Sage Publications, 2019), 5.

12 원지현, "조직의 변화, 구성원의 구체적 행동 변화에서부터", 40.

I. 코로나19와 함께 온 뉴노멀(New Normal), 목회자가 할 일

1 Ed Stetzer and Thom S. Rainer, *Transformational Church* (Nashville, Tennessee: B&H Publishing Group and LifeWay Research, 2010), 18.

2 Peter G. Northouse, *Leadership*, 5.

3 J. Robert Clinton, *The Making of a Leader* (Colorado Springs: NavPress, 1988), 14.

4 국립국어원은 웨비나(Webinar)를 '화상토론회'라는 쉬운 우리말로 사용하기로 했다. 화상토론회는 zoom과 같은 도구를 이용해서 웹사이트에서 진행되는 세미나를 의미한다. 4월 22일의 참석자는 1,233명 정도였고, 그중 50%가 담임목사였다.

5 Timothy Keller, *Center Church*, 오종향 역, 『팀 켈러의 센터처치』 (서울: 두란노, 2016), 25. 팀 켈러(Timothy Keller)는 리디머 교회(Redeemer Church)의 오랜 목회 경험을 통해서 "한 사람의 교리적 믿음과 사역 방법들 사이에는, 어떻게 복음을 특정 문화적 상황과 역사적 순간 안으로 가져갈 것인가에 대한 잘 고안된 비전"이 있어야 한다고 주장했다.

6 위의 책, 38.

7 카카오, "라이언이 만난 브라이언"(2020. 4. 23.), https://brunch.co.kr/@andkakao/156 (2020. 5. 1. 접속).

8 https://edstetzer.com. 'Reopening the Church'라는 화상토론회에서 스테처가 강조한 부분이다.

9 CBS 특집좌담, (2020. 4. 12.), "한국교회와 코로나19", http://www.mhdata.or.kr/bbs/board.php?bo_table=week1&wr_id=96 (2020. 4. 20. 접속).

10 온라인예배는 물론이요 SNS를 통한 교회의 각종 회의 진행 등이 자연스럽게 현실화되었다.

11 김용섭, 『언컨택트』 (서울: 퍼블리온, 2020), 7.

12 위의 책, 135.

13 http://mhdata.or.kr/mailing/Numbers42th_200410_Full.pdf (2020.7.10. 접속).

14 http://mhdata.or.kr/mailing/Numbers52th_200619_A_Part.pdf (2020.7.10. 접속). 목회데이터 연구소는 6월 15일 대한예수교장로회 통합 총회에서 대토론회를 개최했는데, 그 자리에서 교단 소속 담임목사들을 대상으로 코로나19에 대한 인식조사 결과를 발표했다(2020.6.15.).

15 Thom S. Rainer, "Ten Pieces of Good News We are hearing from churches during the pandemic" (2020.4.13.), https://thomrainer.com/2020/04/ten-pieces-of-good-news (2020.4.21. 접속). 4월 첫째 주 한국교회의 경우는 3명 중 1명 정도(34%)만이 '계좌 이체하여 헌금했다'고 응답해 지금 한국교회가 얼마나 큰 어려움에 처해 있는지를 가늠할 수 있게 해줬다. 문화선교연구원, "[통계로 교회 읽기] '코로나19의 한국교회 영향도 조사' 결과발표"(2020.4.2.) (2020.4.20. 접속).

16 http://mhdata.or.kr/mailing/Numbers52th_200619_A_Part.pdf (2020.7.10. 접

속).

17 1982년부터 지금까지 미국 전역에 방송되는 토크쇼 프로그램.

18 CBS노컷뉴스, "코로나19 사태 개신교인들의 인식변화"(2020.4.10.), http://www.mhdata.or.kr/bbs/board.php?bo_table=koreadata&wr_id=94 (2020.4.11. 접속).

19 https://church-answers.s3.amazonaws.com/Webinar+Slides/Reaching+Your+Community+Post+COVID-19.pdf.

20 Brené Brown, *Dare To Lead*, 강주헌 역, 『리더의 용기』 (서울: 갤리온, 2019), 23-38.

21 Thom S. Rainer, *Anatomy of a Revived Church*, 117.

II. 리더십이란 무엇인가?

1 Joseph. C. Rost, *Leadership for the Twenty-first Century* (Westport: Praeger, 1991), 1-7.

2 Warren Bennis & Burt Naus, *Leaders: The Strategies for Taking Charge*, 김원석 역, 『워렌 베니스의 리더와 리더십』 (서울: 황금부엉이, 2005), 25.

3 Peter G. Northouse, *Leadership*, 5.

4 위의 책, 5.

5 Walter C. Wright, "Introduction: Mentor to Mentor," in: *The Three Tasks of Leadership: Worldly Wisdom for Pastoral Leaders*, ed. Eric O. Jacobsen, (Grand Rapids: Eerdmans, 2009), 2.

6 Gary Yukl, *Leadership in Organizations* (Singapore: Pearson Education, 1998), 11.

7 Peter G. Northouse, *Leadership: Theory and Practice* (Thousand Oaks: Sage Publications, Inc., 2007), 15-37.

8 위의 책, 11-27.

9 Peter G. Northouse, *Introduction to Leadership Concepts and Practice* (Thousand Oaks: Sage Publications, Inc., 2009), 2.

10 J. D. Mayer, P. Salovey, & D. R. Caruso, "Models of emotional Intelligence," In R. J. Sternberg (Ed.), *Handbook of Intelligence* (Cambridge, England: Cambridge University Press, 2000), 396-420.

11 Peter G. Northouse, *Introduction to Leadership Concepts and Practice*, 2.

12 F. J. Yammarino, "Leadership Skills: Introduction and Overview," *Leadership Quarterly* 11 (2000/1), 5-9.

13 Gary Yukl, *Leadership in Organizations*, 12.

14 Peter G. Northouse, *Leadership: Theory and Practice*, 69.

15 Ronald E. Riggio, Ira Chaleff, and Jean Lipman-Blumen, eds., *The Art of Followership* (San Francisco: Jossey-Bass, 2008), 337.

16 W. E. Rosenbach and R. L. Taylors, eds., *Contemporary Issues in Leadership*

Research (Oxford:Westview Press, 1993), 137-140.

17 Ronald E. Riggio, Ira Chaleff, and Jean Lipman-Blumen, *The Art of Followership*, 53-65.

18 위의 책, 5.

19 Walter C. Wright, *Introduction: Mentor to Mentor*, 2.

20 S. P. Robbins, *Organizational Behavior: Concepts, Controversion and Applications*, 8th Ed. (Prentice Hall, 1998).

21 peter G. Northhouse, *Leadership: Theory and Practice*, 7th ed., 김남현역, 『리더십 이론과 실제 (7판)』(서울:경문사, 2008), 497.

22 E. A. Fleishman, M. D. Mumford, S. J. Zaccaro, K. Y. Levin, A. L. Korotkin, & M.B. Hein, "Taxonomic efforts in the description of leader behavior: A synthesis and functional interpretation," *Leadership Quarterly* 2 (1991), 245-287.

23 Dennis C. Kinlaw, *Superior Teams: What They Are and How to Develop Them* (Wales: Gower Pub Co, 1998).

24 Peter G. Northhouse, 『리더십 이론과 실제』 7판, 127.

25 Peter G. Northhouse, 『리더십이론과실제 (7판)』, 157.

26 Victor Harold Vroom, *Work and motivation* (New York: Wiley, 1964).

27 John M. Jermier, "The Path-goal Theory of Leadership: A Subtextual Analysis," *The Leadership Quarterly* 7 (1996/3), 311-316.

28 2001년 10월 16일, 미국의 건실한 에너지, 물류 기업으로 알려져 있던 엔론사는 2001년 3분기 6억 1,800만 달러의 손실이 났음을 공시했으며 2억 달러 규모의 자본감소, 즉 감자를 하겠다는 발표를 해 거래소를 발칵 뒤집어놓았다. 엔론의 기록적인 매출 성장세와 이익 대부분은 회계조작의 산물이었다. 그리고 그 중심에는 휴스턴 내추럴 가스 CEO 출신으로 엔론의 회장 자리에 오른 케네스 레이와 맥킨지 컨설턴트 출신으로 엔론의 CEO의 자리에 오른 제프리 스킬링이 있었다.

29 지능, 자신감, 결단력, 성실성, 사교성, 감성지능 등.

30 Peter G. Northhouse, 『리더십 이론과 실제 (7판)』, 449.

31 M. E. Brown, "How to avoid potential pitfalls," *Organizational Dynamics* 36/2 (2007), 140-155.

32 Joanne B. Ciulla, *Ethics, the Heart of Leadership* (Westport, Conn. : Quorum Books, 1998).

33 Peter G. Northhouse, 『리더십 이론과 실제 (7판)』, 468.

34 Carol Gilligan, *In a Different Voice: Psychological Theory and Women's Development* (Cambridge, MA : Harvard University Press, 1982).

35 Peter G. Northhouse, 『리더십 이론과 실제 (7판)』, 271.

36 B. J. Avolio, W. L. Gardner, F. O. Walumbwa, F. Luthans, & D. R. May, "Unlocking the mask: A look at the process by which authentic leaders impact follower

attitudes and behaviors," *The Leadership Quarterly* 15 (2004), 801-823.

37 L. William, T. Gardner, Bruce J. Avolio, Fred Luthans, Douglas R. May, Fred Walumbwa, "Can you see the real me? A self-based model of authentic leader and follower development," *The Leadership Quarterly* 16 (2005), 343- 372, 특히 345.

38 F. Luthans, & B. J. Avolio, *Authentic leadership development* (San Francisco: Berrett-Koehler, 2003).

39 B. Shamir, & G. Eilam, "What's Your Story? to Life-Stories Approach to Authentic Leadership Development," *The Leadership Quarterly* 16 (2005).

40 F. Walumbwa, B. Avolio, W. Gardner, T. Wernsing, & S. Peterson, "Authentic Leadership: Development and Validation of a Theory-based Measure," *Journal of Management* 34 (2008), 89-126.

41 W. Zhu, B. J. Avolio, R. E. Riggio, & J. J. Sosik, "A theoretical consideration of the effect of transformational leadership on follower and group ethics," *The Leadership Quarterly* 22 (2011), 801-817.

42 섬김의 리더십이라 용어를 처음으로 만든 사람은 그린리프(Robert K. Greenleaf)이 다. 그는 1964년에 실천윤리센터(Center for Applied Ethics)를 창립하였고, 지금은 이 기구가 "Greenleaf Center for Servant Leadership"으로 확대 발전하였다. 이곳은 섬김의 리더십에 대한 정보교환 센터가 되고 있고 섬김의 리더십에 관한 연구 및 저술의 발표 장소와 교육의 장이 되고 있다.

43 경청(listening), 공감(empathy), 치유(healing), 자각(awareness), 설득 (persuasion), 개념화(conceptualization), 선견지명(foresight), 청지기 정신 (stewardship), 인력성장에 헌신(commitment to the growth of people), 공동체 및 지역사회의 구축(building community).

44 Robert C. Liden, Sandy J. Wayne, Hao Zhao, & David Henderson, "Servant leadership: Development of a multidimensional measure and multi-level assessment," *The Leadership Quarterly* 19 (2008), 161-177.

III. 기독교 리더십이란 무엇인가?

1 영어로 표현된 리더의 정의는 다음과 같다. 'Leadership is a process whereby an individual influences a group of individuals to achieve a common goal.' Peter G. Northouse, op. cit., 5.

2 J. Robert Clinton, *The Making of a Leader,* 14.

3 이 정의를 영어로 표현하면 다음과 같다. 'A Christian leader is someone with God-given abilities and God-given responsibilities to influence a specific group of people towards the purposes of God for that group.'

4 Erik H. Erikson, *Childhood and Society* (New York: Norton, 1963), 263. 정체성 (identity)이라는 용어는 1950년대에 미국의 정신분석학자인 에릭슨이 정신분석학자 적 자아심리학의 기본개념으로 사용하기 시작하였다. '자기 자신의 독특성에 대해

비교적 안정된 느낌을 갖는 것', '행동과 사고, 감정의 변화에도 불구하고 자신에 대해서 갖는 일관성'을 정체성이라 한다. Erik H. Erikson, *Identity and the Life Cycle* (New York: International University Press, 1959), 22. 그는 정체성을 "자기의 연속성, 단일성 또는 독자성, 불변성이고, 또 이와 같은 개인의 동일성에 대한 의식적 감각 (conscious sense of individual identity)"이라 말한 바 있다. Erik H. Erikson, *Identity: Youth and Crisis* (New York: Norton, 1968), 183.

5 Anthony Giddens, *Modernity and Self-Identity* (Polity Press, 1992), 52.

6 Os Guinness, *The Call*, 홍병룡 역,『소명』(서울: IVP, 2000), 44.

7 위의 책, 44.

8 Gerald L. Sittser, *The Will of God as a Way of Life*, 윤종석 역,『하나님의 뜻』(서울: 성서유니온선교회, 2001), 35.

9 위의 책, 39.

10 위의 책, 35-36.

11 위의 책, 74.

12 Timothy G. Dolan, "Call to Lead: How Do I Know?," in: *Organizational Leadership: Foundations & Practices for Christians*, ed. John S. Burn, John R. Shoup and Donald C. Simmons, Jr. (Downers Grove: Inter Varsity Press, 2014), 17-26.

13 Os Guinness,『소명』, 13.

14 Os Guinness, *The Call: Finding and Fulfilling the Central Purpose of Your Life* (Nashville: W Publishing Group, 1998), 31.

15 Kevin Brennflick and Kay Brennflick, *Live Your Calling: A Practical Guide to Finding and Fulfilling Your Mission in Life* (San Francisco: Jossey-Bass, 2005), 5.

16 "예수께서 이르시되 네 마음을 다하고 목숨을 다하고 뜻을 다하여 주 너의 하나님을 사랑하라 하셨으니 이것이 크고 첫째 되는 계명이요 둘째도 그와 같으니 네 이웃을 네 자신 같이 사랑하라 하셨으니"(마 22:37-39).

17 Os Guinness,『소명』, 67.

18 Mark Labberton, *Called: The Crisis and Promise of Following Jesus Today*, 하보영 역,『제일소명: 세상을 위한 하나님 백성의 제자도』(서울:IVP, 2014), 29.

19 Ruth Haley Barton, *Strengthening the Soul of Your Leadership: Seeking God in the Crucible of Ministry* (Downers Grove, IL: IVP Books, 2008), 79.

20 Darrell L. Guder, *Called to Witness*, 허성식 역,『증인으로의 부르심』(서울: 새물결플러스, 2016), 267.

21 한국일,『선교적 교회의 이론과 실제』(서울: 장로회신학대학교출판부, 2016), 28.

22 Mark Labberton,『제일소명: 세상을 위한 하나님 백성의 제자도』, 59.

23 Darrell L. Guder,『증인으로의 부르심』, 290.

24 위의 책, 290.

25 위의 책, 279.

26 Os Guinness, 『소명』, 76.

27 Mark Labberton, 『제일소명: 세상을 위한 하나님 백성의 제자도』, 167.

28 Os Guinness, 『소명』, 78.

29 위의 책, 81-86.

30 Timothy G. Dolan, *Call to Lead*, 18.

31 R. Paul Stevens, *The Other Six Days: Vocation, Work, and Ministry in Biblical Perspective* (Vancouver: Regent College Publishing; Grand Rapids: Eerdmans, 1999), 72.

32 Darrell L. Guder, 『증인으로의 부르심』, 279.

33 John Calvin, *Institutes of the Christian Religion*, ed. John T. McNeill, trans. Ford Lewis Battles (Philadelphia: Westminster Press, 1960), III.11.6.725.

34 Os Guinness, 『소명』, 76-77.

35 "너희는 세상의 소금이니 소금이 만일 그 맛을 잃으면 무엇으로 짜게 하리요 후에는 아무 쓸데 없어 다만 밖에 버려져 사람에게 밟힐 뿐이니라 너희는 세상의 빛이라 산 위에 있는 동네가 숨겨지지 못할 것이요… 이같이 너희 빛이 사람 앞에 비치게 하여 그들로 너희 착한 행실을 보고 하늘에 계신 너희 아버지께 영광을 돌리게 하라"(마 5:13-16).

IV. 팬데믹 상황에서 필요했던 섬김의 리더십은 기독교 리더십일까?

1 Larry C. Spears and Michele Lawrence, ed., *Practicing Servant Leadership: Succeeding Through Trust, Bravery, and Forgiveness* (Indianapolis: Jossey-Bass, 2004), 22-23.

2 Larry C. Spears, ed., *Reflections on Leadership: How Robert K. Greenleaf's Theory of Servan-Leadership Influenced Today's Top Management Thinkers* (New York: Wiley, 1995), 8-9.

3 섬김의 리더십이라는 개념은 그린리프(Greenleaf 1977), 블락(Block 1993), 데프리 (DePree 1989), 쿠제스와 포즈너(Kouzes and Posner 1995), 러셀과 스톤(Russell & Stone 2002) 그리고 센다야와 사로스(Sendjaya & Sarros 2002) 등이 저서를 통해 초석을 닦아놓았다. Larry C. Spears and Michele Lawrence, *Reflections on Leadership*, 18.

4 Robert K. Greenleaf, *Servant Leadership: A Journey into the Nature of Legitimate Power and Greatness, 25 Anniversary Edition* (New York: Paulist Press, 2002), 28.

5 위의 책, 27.

6 Bass, 1996; Bass and Avolio, 1994; Laub, 1999; Graham, 1991; Spears, 1995.

7 James C. Hunter, *The Servant: A Simple Story about the True Essence of Leadership* (New York, NY: Crown Business, 1998), 166.

8 Sen Sendjaya and James C. Sarros, "Servant Leadership: Its Origin, Development, and Application in Organizations," *Journal of Leadership & organizational Studies*

9 (2002/2), 59.

9 James K. Dittmar, "An Interview with Larry Spears," *Journal of Leadership and Organizational Studies* 13/1 (2006), 109.

10 Bennett J. Sims, *Servanthood: Leadership for the Third Millennium* (Eugene: Cowley Publications, 1997), 13.

11 Sen Sendjaya and James C. Sarros, "Servant Leadership," 61.

12 Barbara Kellerman, *Followership: How Followers Are Creating Change and Changing Leaders* (Boston: Harvard Business Press, 2008), 67.

13 Robert K. Greenleaf, "Servant: Retrospect and Prospect," in: *The Power of Servant Leadership*, ed. Larry C. Spears (San Francisco: Berrett-Koehler, 1998), 51-52.

14 Larry C. Spears and Michele Lawrence, ed., *Practicing Servant Leadership*, 156.

15 Larry C. Spears, ed., *Reflections on Leadership*, 258.

16 J. Barbuto and D. Wheeler, "Scale Development and Construct Clarification of Servant Leadership," *Group and Organization Management* 31/3 (2006), 300-26.

17 R. F. Russel and A. G. Stone, "A Review of Servant Leadership Attributes: Developing a Practical Model," *Leadership & Organization Development Journal* 23/3(2002), 145-157.

18 Larry C. Spears and Michele Lawrence, ed., *Practicing Servant Leadership*, 13-16.

19 보편적인 섬김의 리더십의 열 가지 특성은 경청(listening), 공감(empathy), 치유(healing), 자각(awareness), 설득(persuasion), 개념화(conceptualization), 선견지명(foresight), 청지기 정신(stewardship), 인력 성장에 헌신(commitment to the growth of people), 공동체 및 지역사회의 구축(building community)이다.

20 Robert K. Greenleaf, *Servant Leadership*, 31.

21 위의 책,

22 James K. Dittmar, "An Interview with Larry Spears," 113.

23 James C. Hunter, *The World's Most Powerful Leadership Principle:How to Become a Servant Leader* (New York, NY: Crown Business, 2004), 114-115.

24 계재광, 『리더십 리셋』 (서울: 한국장로교출판사, 2018), 166-167.

25 R. Scott Rodin, *The Steward Leader: Transforming People, Organizations and Communities* (Downers Grove, IL: IVP Academic, 2010), 81.

26 Robert K. Greenleaf, *Servant Leadership*, 27.

27 Siang-Yang Tan, *Full Service: Moving from Self-Serve Christianity to Total Servanthood* (Grand Rapids: Baker Books, 2006), 50-51.

28 위의 책, Hayner quoted in Tan.

29 위의 책, 54-55.

30 위의 책, 52.

31 위의 책, 59-60. Greenman quoted in Tan.

32 계재광, "리더십에 있어서 신앙정체성의 중요성에 대한 연구", 「신학과 실천」 제38권 (2014), 204.

33 David S. Young, *Servant Leadership for Church Renewal* (Scottdale: Herald Press, 1999), 14.

34 Don N. Howell, Jr., *Servants of the Servant: A Biblical Theology of Leadership* (Eugene: Wipf & Stock, 2003), 29.

35 Ken Blanchard, "Servant-Leadership Revisited," in: *Insights on Leadership: Service, Stewardship, Spirit, and Servant-Leadership*, ed. Larry C. Spears (New York: Wiley, 1998), 27-28.

36 Leighton Ford, *Transforming Leadership: Jesus' Way of Creating Vision, Shaping* (Downers Grove: InterVarsity Press, 1991), 153.

37 Robert K. Greenleaf, *Servant Leadership*, 28-29. 동방순례의 개략적인 내용은 순례에 나선 일행 중에 눈에 띄는 하인이 한 명 있었는데 그의 이름은 '레오'였다. 그는 짐을 나르는 등 순례자들을 위해 궂은일을 도맡아 하는 하인으로서 다정하고 겸허한 사람이었다. 레오는 지식과 경험이 많았으나 섬기는 자세가 몸에 배어 있었다. 그런데 순례단의 이상적인 하인 레오가 여행 보따리와 함께 사라지게 되었다. 그런데 순례단은 순례길을 계속해야 할 의미를 상실한 것처럼 보였다. 단지 하인 한 명이 사라졌을 뿐인데… 이것이 책 전반부의 내용이다.

38 John S. (Jack) Burns, "The Leadership River: A Metaphor for Understanding the Historic Emergence of Leadership Theory," in: *Organizational Leadership: Foundations & Practices for Christians*, ed. John S. Burn, John R. Shoup and Donald C. Simmons, Jr. (Downers Grove: Inter Varsity Press, 2014), 117.

39 Sen Sendjaya and James C. Sarros. "Servant Leadership", 61.

40 Thom S. Rainer, *Breakout Churches: Discover How To Make The Leap* (Grand Rapids, Michigan: Zondervan, 2005), 191. 톰 라이너는 또 '교회에서 더 나은 섬김의 리더가 되기 위한 일곱 가지 방법'을 제시한다. "Take the initiative with hurting people. Offer genuine apologies. Do not speak ill of others publicly. Seek out real accountability. Give sacrificially to your church. Be the first to give up your personal preferences. Volunteer for menial tasks." https://thomrai ner.com/2020/05.

41 Jim Collins, *Good to Great* (New York: HarperCollins, 2001), 39.

42 Thom S. Rainer, *Breakout Churches*, 33.

43 Siang-Yang Tan, *Full Service*, 59.

44 하웰(Howell)은 성경적 리더십을 "이 세상 속에서 하나님 나라의 확장을 촉진하기 위해서 또 사람들이 영적으로 성숙할 수 있도록 영향을 끼치는 데 주도권을 갖는 것"이라고 정의하고 있다. Don N. Howell, Jr., *Servants of the Servant*, 3.

45 George Barna, *Leaders on Leadership* (Ventura, CA: Regal, 1997), 25.

46 Gene G. Wilkes, *Jesus on Leadership* (Wheaton, Illinois: Tyndale House Publishers, INC., 1998), 25.

47 Sen Sendjaya and James C. Sarros, "Servant Leadership," 59.

48 James K. Dittmar, "An Interview with Larry Spears," 103.

49 Ken Blanchard, *Servant-Leadership Revisited*, 23.

50 Larry C. Spears, *Reflections on Leadership*, 12.

51 Gary Yukl, "An Evaluation of Conceptual Weakness in Transformational and Charismatic Leadership Theories," *The Leadership Quarterly* 10/2 (1999), 287.

52 통합적 사고란 "전체적인 것이 어떻게 구성되었고, 각 부분(구성원)들이 서로 어떻게 연관되었는가를 생각하는 방법"으로 하나의 시스템(system)을 이루는 각 부분들과의 관계가 과연 어떤 새로운 것을 창출해내는가를 알아보는 방법이다. 그리스어로 systema는 "whole"의 의미를 가지고 있다. Peter M. Senge, et al., *The Fifth Discipline Field- book: Strategies and Tools for Building a Learning Organization* (New York:Currency and Doubleday, 1994), 90.

53 Richard Boyatzis and Annie McKee, *Resonant Leadership* (Boston: Harvard Business School Press, 2005), 21.

54 조벽, 『인성이 실력이다』 (서울: 해냄, 2016), 66.

55 Gary Yukl, *Leadership in Organizations*, 13-16.

56 위의 책, 15.

57 위의 책.

V. 포스트코로나 시대, 기독교 리더십의 방향은 어디인가?

1 Gary Yukl, *Leadership in Organizations*, 296.

2 H. M. Trice and J. M. Beyer, "Cultural Leadership in Organizations," *Organization Science* 2 (1991), 163.

3 R. T. Keller, "Transformational Leadership and the Performance of Research and Development Groups," *Journal of Management* 18 (1992), 489-501.

4 Gary Yukl, *Leadership in Organizations*, 280-281. 리더십 전문 학술지 *Leadership Quarterly*에 2012년까지 게재된 논문의 1/3이 변혁적 리더십에 대한 것이었다. 그 이후 전통적인 경영과 사회심리학 분야뿐만 아니라 간호, 교육, 산업공학 분야에서도 변혁적 리더십을 인용하기 시작했다. Peter G. Northouse, *Leadership: Theory and Practice*, 8th Edition (Thousand Oaks, CA: Sage Publications, 2019), 163.

5 Gary Yukl, *Leadership in Organizations*, 503.

6 위의 책, 494-498.

7 Robert Kegen & Lisa Lahey, "The Real Reason People Won't Change," *HBR November* 2001.

8 Leighton Ford, *Transforming Leadership*, 33.

9 Gary Yukl, *Leadership in Organizations*, 7th edition (San Francisco, CA: Pearson, 2010), 300-305.

10 B. Trahant, W. Burke, and R. Koonce, "12 Principles of Organizational Transformation," *Management Review* 86 (1997/8), 17-21.

11 Alan J. Roxburgh and Fred Romanuk, *The Missional Leader* (San Francisco, CA: Jossey-Bass, 2006), 114.

12 Peter M. Senge. *The Fifth Discipline: The Art & Practice of the Learning Organization* (New York: Currency and Doubleday, 1990), 139.

13 성경에서 예수님은 내면에 초점 맞출 것을 이미 말씀하셨다. "화 있을진저, 외식하는 서기관들과 바리새인들이여, 잔과 대접의 겉은 깨끗이 하되 그 안에는 탐욕과 방탕으로 가득하게 하는도다. 눈 먼 바리새인이여, 너는 먼저 안을 깨끗이 하라. 그리하면 겉도 깨끗하리라"(마 23:25-26). Dallas Willard and Don Simpson, *Revolution of Character*, 16.

14 Peter M. Senge, et al. *The Necessary Revolution: How Individuals and Organizations Are Working Together to Create a Sustainable World* (New York: Doubleday, 2008), 339.

15 Bruce A. Tucker and Robert F. Russell, "The Influence of the Transformational Leader," *Journal of Leadership and Organizational Studies* 10/4 (2004), 104.

16 저자는 영어로는 직역이 불가능한 눈치(Noonchi)를 "다른 사람으로부터 신뢰를 얻고 인간관계를 형성하기 위하여 필요하며 다른 사람의 생각과 느낌을 가늠하기 위해서 필요한 미묘한(subtle) 기술"이라고 정의한다. Euny Hong, *The Power of Nunchi: The Korean Secret to Happiness and Success* (UK, London: Penguin Random House, 2019), 1.

17 Peter G. Northouse, *Leadership: Theory and Practice 8th Edition*, 3.

18 이 정의를 영어로 표현하면 다음과 같다. "A Christian leader is someone with God-given abilities and God-given responsibilities to influence a specific group of people towards the purposes of God for that group."

19 www.christianitytoday.com/bcl/features/pollarchive.html (accessed August 22, 2007).

20 Marilynn B. Brewer and Wendi Gardner, "Who is This 'We'?: Levels of Collective Identity and Self Representations," *Journal of Personality and Social Psychology* 71/1 (1996), 83-93.

21 Ronit Kark and Boas Shamir, "The Dual Effect of Transformational Leadership: Priming Relational and Collective Selves and Further Effects on Followers," in: *Transformational and Charismatic Leadership: The Road Ahead*, ed. Bruce J. Aolio and Francis J. Yamarino (New York: Oxford: Elsevier Science Ltd, 2002), 83.

22 위의 책, 69.

23 내면이 중요함을, 더 나아가 영성 개발을 강조하는 성경 말씀은 "마음을 새롭게 함으로 변화를 받아"라는 구절이 그 대표적인 예이다(롬 12:2; 갈 4:19; 마 28:19; 골 1:28-29; 엡 4:13).

24 Peter M. Senge, *The Fifth Discipline*, 114.

25 Ken Blanchard and Phil Hodges, *Lead Like Jesus* (Nashville, TN: W Publishing Group, 2005), 20.

26 James M. Kouzes and Barry Z. Posner, (San Francisco, CA: Jossey-Bass, 2002), 49-52.

27 Geert Hofstede, *Culture's Consequences*, 2nd edition (Thousand Oaks, CA: Sage Publications, 2001), 263.

28 Leighton Ford, *Transforming Leadership*, 32.

29 달라스 윌라드 저/ 윤종석 역, 『잊혀진 제자도』(서울: 복있는 사람, 2007), 96.

30 Ronit Kark and Boas Shamir, *The Dual Effect of Transformational Leadership*, 68.

31 Eugene H. Peterson, *The Jesus Way* (Grand Rapids, MI: Eerdmans, 2007), 22.

32 Siang-Yang Tan, *Full Service*, 70.

33 Walter C. Wright, *Relational Leadership: A Biblical Model for Influence and Service*, 2nd edition (Colorado Springs, CO: Paternoster, 2009), 15.

34 계재광, "한국교회 변혁을 위한 새로운 리더십 시각에 대한 연구", 「신학과 실천」 제24권 (2010), 385.

35 Craig Dykstra, *Faith Development Issues and Religious Nurture* (Nashville: Abingdon Press, 1984), 74.

36 "… 이것은 우리가 하나인 것같이 그들도 하나가 되게 하려는 것입니다"(요 17:22b, 우리말 성경), "나는 그들에게 아버지를 알렸고 또 앞으로도 계속 아버지를 알게 해 나를 사랑하신 아버지의 그 사랑이 그들 안에 있고 나도 그들 안에 있게 하려는 것입니다"(요 17:26, 우리말성경).

37 제레드 다이아몬드/ 강주헌 역, 『대변동 위기, 선택, 변화』(서울:김영사, 2019),

38 우리나라 최대교단인 장로교 통합측은 2018년 102회기에 '거룩한 교회 다시 세상속으로'라는 주제를 결정했는데, 2016-2018년 3년 동안 선교적 교회가 되기 위해 노력해 왔었다. 선교적 측면에서 보자면 "거룩한 교회, 다시 세상 속으로"는 교회의 거룩함이 세상 속에서 선교적인 빛으로 드러나야 함을 의미한다. 또한 이 사역을 더 감당하기 위해서 한국교회가 다시금 깨어 교회의 본질을 회복하고, 복음과 말씀으로 돌아가야 할 때임을 강조하기 위해 2020년 104회기는 "말씀으로 새로워지는 교회"라는 주제로 결정했다.

39 계재광, 『리더십 리셋』(서울: 한국장로교출판사, 2018), 39.

40 Craig Van Gelder, Dwight J. Zscheile, *Missional Church in Perspective: Mapping Trends and Shaping the Conversation*, 최동규 역, 『선교적 교회론의 동향과 발전』(서울: CLC, 2015), 36.

41 Darrell L. Guder, 『증인으로의 부르심』, 267.

42 이 말씀에 대한 부분을 구더는 그의 책 7장에서 뜻풀이를 하고, 8장에서는 소명을 '부르심에 합당하게 행하는 것'이라는 주제로 내세우고 선교적 공동체의 합당한 삶에 대해 강조하고 있다. 위의 책, 222-288.

43 위의 책, 270.

44 2020년 5월 4일, 국내외 미래 전문가 9인과의 대담에서 니콜라스 베드민톤은 기업과 조직의 환경이 "더 젊고, 더 진보적이고, 덜 계층적인 관리 구조가 자리 잡게 될 것이다. 이에 따라 조직 관리를 위한 새로운 역량과 이를 돕는 지능형 시스템의 사용이 보편화할 것"이라고 주장했다. http://economychosun.com/cl ient/news/view.php?boardName=C00&t_num=13608841.

45 김용섭, 『언컨택트』(서울: 퍼블리온, 2020), 273.

46 http://mhdata.or.kr/bbs/board.php?bo_table=uses&wr_id=22 (2020.2.15. 접속).

47 David Kinnaman & Mark Matlock, *Faith for Exiles: 5 Ways for a New Generation to Follow Jesus in Digital Babylon* (Grand Rapids, MI: Baker Books, 2019), 34-37.

48 위의 책, 34-35.

49 Gary Yukl, *Leadership in Organizations*, 289.

50 위의 책, 494-497.

51 Walter C. Wright, *Relational Leadership*, 2.

52 Ronald E. Riggio, Ira Chaleff, and Jean Lipman-Blumen, eds., *The Art of Followership*, 337.

53 W. E. Rosenbach and R. L. Taylors, eds., *Contemporary Issues in Leadership Research* (Oxford: Westview Press, 1993), 137-140.

54 Ronald E. Riggio, Ira Chaleff, and Jean Lipman-Blumen, eds., *The Art of Followership*, 53-65.

55 John P. Kotter, *Leading Change* (Boston, MA: Harvard Business School, 1996), 94.

56 한국과 같은 수직적 집단주의 문화에서 사람들은 나이, 연공서열, 그 집단에 대한 공헌도에 따라 결정된 계급과 지위를 중요하게 생각하기 때문에 이러한 요소들에 기초한 차별적이고, 차등적인 취급을 당연한 것으로 여긴다. 계재광, 『리더십 리셋』, 77-106.

57 Barbara Kellerman, *Followership: How Followers Are Creating Change and Changing Leaders* (Boston, MA: Harvard Business Press, 2008), 46, 242. 바바라 켈러만은 팔로워를 정의하길 "힘과 권위와 영향력이 그들의 상사보다 적음으로 어쩔 수 없이 윗사람에게 동조해야 하는 종속된 사람들"이라고 정의한다. *Ibid.*, xx.

58 James M. Kouzes and Barry Z. Posner, *Credibility* (San Francisco: Jossey-Bass, 1993), 22.

59 http://economychosun.com/client/news/view.php?boardName=C00&t_nu m=13608841. 게르트 레온하르트는 2006년 월스트리트저널이 선정한 가장 유망한

미디어 부문 미래학자이다.

60 김용섭, 『언컨택트』, 76.

61 Daniel Goleman, *Working with Emotional Intelligence* (New York: Bantam Books, 1998), 320.

62 브레네 브라운/ 강주헌 옮김, 『리더의 용기』 (서울: 갤리온, 2019), 203.

63 위의 책, 214.

64 학원복음화협의회, 청년트랜드리포트, 2017. http://www.kcen.or. kr/bbs/board.php?bo_table=data_s&wr_id=48&ckattempt=1 (2020.7.8. 접속).

65 Leighton Ford, *Transforming Leadership*, 32.

66 Jim Collins, *Good to Great* (New York: HarperCollins, 2001), 17-38.

67 Alan J. Roxburgh and Fred Romanuk, *The Missional Leader*, 114.

68 James C. Hunter, *The World's Most Powerful Leadership Principle* (New York, NY: Crown Business, 2004), 49.

69 위의 책, 145.

70 Daniel Goleman, *Working with Emotional Intelligence* (New York: Bantam Books, 1998), 40.

71 https://go.belaysolutions.com/church-va-service (2020.3.7. 접속). ① 관리 작업: 이메일 관리, 스케쥴 관리, 내용 작성, 여행 계획, 경비보고, 팀 및 자원봉사자들과의 후속 통화 일정 수립, 직원에게 보내는 후속적인 일들에 대한 기도 요청, 담임목사가 전화해야 하는 목록 및 소통에 대한 관리, ② 행정 작업: 데이터베이스 관리 및 업데이트, 지역사회에서의 행사용품, 초청연사, 책 및 이벤트 자료 찾기, 인사를 나눠야 하는 새 가족의 요청, 신규 방문자에게 교회 및 소규모 단체 정보 제공, 주요 업무수행 결과의 보고, 작업 목록 추적 및 결과물, 자원봉사 조정, 청년부, VBS 조정 등 기타 부서 지원, ③ 마케팅 & 소셜 미디어: 소셜 미디어 콘텐츠 포맷, 편집 및 게시, 소셜 미디어 콘텐츠 주요업무 수행결과의 보고 및 추적, 소셜 미디어 게시물에 응답, 도움말 이미지를 바꾸는 작업, 컨텐츠 추가, 설교 노트 추가 및 교회의 앱에 개요 추가하기, 교회 게시판 및 뉴스레터 작성 및 형식 지정, ④ 개인: 예약 스케줄링, 생일 알림 & 선물 구매, 휴가 계획이다. ① **Administrative Tasks**: Email Management, Calendar Management, Content Curation, Travel Planning, Expense Reporting, Schedule Follow-up Calls With Teams & Volunteers, Tracking And Emailing Prayer Requests To Staff, Manage 'Pastor On-Call' List & Communication. ② **Operational Tasks**: Database Management & Updating, Research For Finding Event Supplies, Guest Speakers, & Resources For Book Tables & Events In The Community, Calling New Visitors To Say Hello, Provide Church & Small Group Information To New Visitors, Reporting on Key Metrics, Task List Tracking & Deliverables, Volunteer Coordination, Support Other Depart- ments, Like Youth Ministry, VBS Coordination & More. ③ **Marketing & Social Media**: Social Media Content Formatting, Editing, & Posting, Social Media Content Metrics & Tracking, Responding To Social Media Posts, Help Swap Out Images, Add Content, Add Sermon Notes, &

Add Outlines To The Church's App, Creating & Formatting Church Bulletins & Newsletters. ④ **Personal**: Appointment Scheduling, Birthday Reminders & Gift Buying, Vacation Planning.

72 "Delegation is easily one of the most effective tools a church leader can leverage. It not only empowers your team, but it helps you get back to what brought you to ministry in the first place: Kingdom work." 위 사이트.

73 Brené Brown, *Dare To Lead*, 강주헌 역,『리더의 용기』(서울: 갤리온, 2019), 29-30.

74 골먼과 그의 친구들은 인간관계를 조정하는 능력을 탁월한 리더의 필수 요건으로, 공동체의 분위기를 바꿀 수 있는 남다른 능력이라고 정의하고 있다. Daniel Goleman, Richard Boyatzis, and Annie McKee, *Primal Leadership: Realizing the Power of Emotional Intelligence* (Boston, MA: Harvard Business School Press, 2002), 247-248.

75 김용섭,『언컨택트』, 251.

76 매리 미커는 모건스탠리 출신으로, 그녀가 1995년부터 매년 발행한 '인터넷 트렌드 보고서'는 IT종사자나 투자자들에게 중요한 자료로 꼽힌다. 매리 미커,『코로나바이러스 트렌드 보고서』. https://www.axios.com/mary-meeker-corona virus-trends-report-0690fc96-294f-47e6-9c57-573f829a6d7c.html (2020.5. 8. 접속).

77 http://www.alainelkanninterviews.com/minouche-shafik/.

78 Daniel Goleman, Richard Boyatzis, and Annie McKee, *Primal Leadership*, 192.

79 Chip Heath & Dan Heath, *Switch: How to Change Things When Change is Hard* (New York: Broadway Books, 2010), 9, 17-18.

80 자기인식 능력은 다음의 세 가지 요소를 가지는데, 첫째는 감성적 자기인식 능력으로 자신의 감정을 읽고, 그것의 영향력을 깨닫는 것을 의미한다. 둘째는 정확한 자기분석 능력으로 자신의 장점과 한계를 아는 것이다. 셋째는 자기 확신 능력으로 자신의 가치와 능력에 대해 긍정적으로 생각하는 것이다. Daniel Goleman, Richard Boyatzis, and Annie McKee, *Primal Leadership*, 39-40.

81 위의 책.

82 Daniel Goleman and Richard Boyatzis, "Social Intelligence and the Biology of Leadership," *Harvard Business Review* (2008/September), 75.

83 Daniel Goleman, Richard Boyatzis, and Annie McKee, *Primal Leadership*, 5.

84 Daniel Goleman, *Working with Emotional Intelligence*, 320.

85 Daniel Goleman, Richard Boyatzis, and Annie McKee, *Primal Leadership*, 248.

86 Brené Brown, *Dare To Lead*, 강주헌 역,『리더의 용기』, 203.

87 위의 책, 214.

88 위의 책, 250.

89 John P. Kotter and Dan S. Cohen, *The Heart of Change: Real-Life Stories of How People Change Their Organizations* (Boston: Harvard Business School, 2002),

2-3.

90 2020년 5월 8일 어버이날 최종현 학술원과 중앙일보가 공동주최한 '코로나19 위기와 대응, 그리고 미래'라는 온라인화상토론(Webinar)에서 서울대 심리학과의 최인철 교수가 '코로나 사태가 불러온 행복과 마음의 패적'이라는 세션에서 코로나19 기간 동안에 한국 사람들의 행복 궤적 변화에 대해서 이렇게 설명하고 있다.

91 '감성지능을 갖춘 리더'에 대해서 골만은 "적절한 사람을 대상으로 적절한 방법을 가지고 적절한 시간에 사람들의 관계와 인격을 통해서 영향을 끼칠 수 있는 능력을 발휘할 줄 아는 사람"이라고 정의한다. 그러한 리더들은 낡은 모습을 고집하는 리더들에 비해 훨씬 가치 지향적이고 유연하며 어깨에 힘이 들어가 있지 않고 개방적이며 솔직하다. Daniel Goleman, Richard Boyatzis, and Annie McKee, *Primal Leadership*, 248.

92 최종현 학술원과 중앙일보가 공동주최한 온라인화상토론(Webinar)에서, 서울대 심리학과의 최인철 교수는 일상활동을 통해서 행복을 유발하는 정도를 30-40대의 2017년 대답과 비교했을 때, 종교활동, 나들이/여행, 자원봉사, 쇼핑, 가사/육아, TV/컴퓨터/스마트폰, 출퇴근/이동, 휴식/아무것 안 하기, 업무/공부/수업 부분에서는 특별한 차이가 없었는데 유독 운동과 먹기 부분에서 2020년 코로나19 기간 동안의 대답이 10배 가까운 압도적인 차이가 나타났다고 밝혔다.

93 미간행물, 2013년 「윌로우크릭 글로벌 리더십 서밋」 강연 내용 중.

94 Dallas Willard and Don Simpson, *Revolution of Character: Discovering Christ's Pattern for Spiritual Transformation* (Colorado Springs, CO: Navpress Books & Bible Studies, 2005), 16.

95 Dallas Willard, *Knowing Christ today*, 홍병룡 역, 『그리스도를 아는 지식』 (서울: 복 있는 사람, 2009), 238-240.

96 John H. Westerhoff III, *Bringing Up Children in the Christian Faith*, 정웅섭 역, 『교회의 신앙교육』 (서울: 대한기독교교육협회, 1989), 102-104.

97 Thomas H. Groome, *Christian Religious Education*, 『기독교적 종교교육』 (서울:장로교출판사, 1983), 267-287.

98 Henri Nouwen, *Sabbatical Journey* (New York: Crossroad, 1998), 219-220.

99 Brené Brown, *Dare To Lead*, 강주헌 역, 『리더의 용기』, 23-38.

100 위의 책, 239.

101 Larry Crabb, *Becoming a true spiritual community: a profound vision of what the church can be*, 김명희 역, 『영혼을 세우는 관계의 공동체』 (서울: IVP, 2013), 62.

102 Brene Brown, *Daring Greatly: How the Courage to Be Vulnerable Transforms the Way We Live, Love, Parent, and Lead*, 최완구 역, 『완벽을 강요하는 세상의 틀에 대담하게 맞서기』 (서울: 명진출판, 2013). 58.

103 위의 책, 26. 원문에서 브레네 브라운은 아래와 같이 취약성(연약함)을 정의하고 있다. "I define vulnerability as uncertainty, risk, and emotional exposure"(나는 취약성을 불확실성, 위험성 및 정서적 노출로 정의한다). Brene Brown, *Daring Greatly* (New York: Gotham Books, 2012), 34.

104 위의 책, 29.

105 위의 책, 44-46.

106 신뢰 관계를 통하여 리더십을 행사하는 리더들에게 공통적으로 나타나는 요인들은 다음과 같다. 1. 개방을 실천한다(Practice openness), 2. 공정해야 한다(Be fair), 3. 느낌을 전한다(Speak your feelings), 4.진실을 말한다(Tell the truth), 5. 일관성을 보인다(Show consistency), 6. 약속을 지켜야 한다(Fulfill your promise), 7. 확신을 준다(Maintain confidence), 8. 능력을 보여준다 (Demonstrate competence). S.P. Robbins, *Essentials of Organizational Behavior* (Upper saddle River: Prentice Hall, 2003), 145.

107 Parker J. Palmer, *The Courage to Teach 10th Edition* (San Francisco, CA: Jossey-Bass, 2007), xvi. 원문을 살펴보면 "Believing "relational trust" to be a vital but neglected factor in school success"이다.

108 Brene Brown, *Daring Greatly*, 65.

109 Dietrich Bonhoeffer, *Life Together* (New York: Harper & Row, 1954), 97.

110 위의 책.

111 James C. Hunter, *The World's Most Powerful Leadership Principle*, 115.

112 Warren Bennis and Burt Nanus, *Leaders: The Strategies for Taking Charge* (New York: Harper Collins Publisher, 2003), 40.

113 황인경, "리더십 이너샤(Leadership Inertia) - 조직 변화를 가로막는 벽을 깨려면", *LG Business Insight* 2012 (12) (서울: LG경제연구원), 16.

VI. 뉴노멀 시대, 기독교 리더십의 중점은 무엇인가?

1 Eddie Gibbs and Ryan K. Bolger, *Emerging Churches: Creating Christian Community in Postmodern Cultures* (Grand Rapids, MI: Baker Academic, 2005), 19-20.

2 Ed Stetzer and Thom S. Rainer, *Transformational Church*, 18.

3 원지현, "조직의 변화, 구성원의 구체적 행동 변화에서부터", 37.

4 Malcom Gladwell, *Tipping Point: How Little Things Can Make A Big Difference* (Little, Brown and Company, 2002), 7. 글래드웰은 정점에 대해서 'the biography of an idea, the idea is very simple'라고 정의한다.

5 글래드웰은 유행이라는 현상을 전염(contagiousness)에 비유한다. 그리고 전염에는 일종의 임계점이 존재한다고 주장한다. 가스가 일정 농도를 넘어서야 비로소 폭발하는 것처럼 전염도 특정 수치를 넘어서면 이전보다 훨씬 급속도로 진행된다는 것이다. 그렇다면 전염의 임계점을 넘기 위해서는 무엇이 필요한가? 저자는 감염자(감염 인자를 옮기는 사람), 감염 인자, 환경이 중요하다고 지적한다. 그리고 각각의 요인을 소수의 법칙, 고착성 요소, 상황의 힘이라는 법칙으로 확장시켜 논지를 전개한다. 소수의 법칙이란 전염에 핵심적인 역할을 하는 감염자가 소수의 몇 사람이라는 주장이다. 활동적이고 타인과 관계 맺기 좋아하는 이들은 감염 인자를 순식간에 퍼뜨린다. 저자는 이들을 커넥터, 박식한 사람(mavens), 세일즈맨이라고 지칭한다. 고착성 요소(the stickiness factor)는 사람들 사이에서 오래 남을 수 있는 어떤 특성을 지칭하는

말이다. 기억하기 쉬운 메시지나 재치 있는 광고문구, 중독성 있는 노래 등이 이에 해당한다. 상황의 힘은 환경적 요소를 일컫는다. 조성된 환경이 전염을 촉진할 수도, 억제할 수도 있다는 주장이다. 저자는 이 세 가지 법칙을 고려하면 작은 변화로도 충분히 유행을 창조할 수 있다고 주장한다. 위의 책, 9-13.

6 위의 책, 7-8.

7 Peter M. Senge, *The Fifth Discipline*, 13.

8 위의 책, 114.

9 Ken Blanchard and Phil Hodges, Lead Like Jesus, 20.

10 Shelley G. Trebesch, *Developing Persons in Christian Organizations: A Case Study of OMF International* (Ph.D. diss. Fuller Theological Seminary, 2001), 195.

11 위의 책, 116.

12 Daniel Goleman, Richard Boyatzis, and Annie McKee, *Primal Leadership*, 195.

13 Daniel Goleman, *Emotional Intelligence: Why It Can Matter More Than IQ* (New York: Bantam Books, 1995), 80.

14 A. Farnham, "Are You Smart Enough to Keep Your Job?," *Fortune* 15/Jan (1996), 36.

15 Peter M. Senge, *The Fifth Discipline*, 114.

16 Peter M. Senge, "Creating Learning Communities," *Executive Excellence* 14/3(1997), 17-18.

17 Peter M. Senge, "Creating Learning Communities", 17.

18 Alan Andrews, ed. al, 『제자도와 영성형성』, 15-6.

19 James C. Hunter, *The World's Most Powerful Leadership Principle*, 49.

20 Gary Yukl, *Leadership in Organization*, 34-35.

21 Ronit Kark and Boas Shamir, *The Duel Effect of Transformational Leadership*, 68.

22 Daniel Goleman, *Working with Emotional Intelligence*, 80.

23 Daniel Goleman, Richard Boyatzis, and Annie McKee, *Primal Leadership*, 40.

24 위의 책, 39-40.

25 David Dotlich, "Creating a Theory for Change," in: *The Art and Practice of Leadership Coaching*, ed. Howard Morgan (Hoboken, New Jersey: John Wiley, 2005), 174.

26 위의 책.

27 Gary Yukl, *Leadership in Organization*, 197.

28 Daniel Goleman, Richard Boyatzis, and Annie McKee, *Primal Leadership*, 39-40.

29 Shelley G. Trebesch, *Developing Persons in Christian Organizations*, 185.

30 Peter Scazzero, *The Emotionally Healthy Church* (Grand Rapids, Michigan:

Zondervan, 2003), 19.

31 위의 책.

32 Ken Blanchard and Phil Hodges, *Lead Like Jesus*, 20.

33 위의 책, 21.

34 위의 책.

35 Richard H. Niebuhr, *The Responsible Self: An Essay in Christian Moral Philosophy* (San Francisco, CA: Harper & Row Publishers, 1963), 44.

36 Iris V. Cully, *Education For Spiritual Growth* (New York, NY: Harper & Row, 1984), 102.

37 Shelley G. Trebesch, *Developing Persons in Christian Organizations*, 14-15.

38 위의 책, 133.

39 James M. Kouzes and Barry Z. Posner, *The Leadership Challenge 3rd Edition*, 49-51.

40 Shelley G. Trebesch, *Developing Persons in Christian Organizations*, 21-22.

41 위의 책, 133.

42 "God's agenda for development as well as the expectation that Christians pursue growth." 위의 책, 132.

43 Richard J. Mouw, "Introduction," in: *Traditions in Leadership*, ed. Richard J. Mouw and Eric O. Jacobsen (Pasadena, CA: De Pree Leadership Center, 2006), 1.

44 위의 책, 2.

45 Richard McBrien, *Lives of the Saints* (HarperSanFrancisco, 2001), 18.

46 Dallas Willard, 『잊혀진 제자도』 (서울: 복 있는 사람, 2012), 84.

47 Dallas Willard, *The Great Omission: Reclaiming Jesus's Essential Teachings on Discipleship* (New York: HarperCollins, 2006), 53. Dallas Willard, 『잊혀진 제자도』, 85.

48 예수님은 내면에 초점을 맞추라고 가르치셨다(마 23:25-26). Dallas Willard and Don Simpson, *Revolution of Character*, 16.

49 Dallas Willard, *Renovation of the Heart: Putting on the Character of Christ* (Colorado Springs, CO: Navpress Books & Bible Studies, 2002), 19. Dallas Willard, *The Great Omission*, 56.

50 Dallas Willard, *The Great Omission*, 57.

51 Dallas Willard and Don Simpson, *Revolution of Character*, 16.

52 Dallas Willard, 『잊혀진 제자도』, 95.

53 위의 책, 55.

54 위의 책, 113.

55 Dallas Willard, *The Great Omission,* 43.

56 Gerald G. May, *Care of Mind, Care of Spirit* (Harper, 1982), 6.

57 갠젤과 윌호이트에 의하면 영성개발은 교회의 사역을 바라보는 새로운 근본적인
패러다임의 변화로 나타낸다고 이야기한다. 세 가지 요소가 영성 개발로 불리워지는
기독교인의 성숙과 제자화에 접근법을 나타낸다(Three elements mark the
approach to Christian nurture and discipleship called spiritual formation).
① 전체 교회의 사역과 관련된다. ② 지식은 기독교인의 성장의 도구로 보지 목표로
생각하지 않는다. 그리고 ③ 영적 개발의 과정에서 하나님의 은혜에 대한 뚜렷한
두드러짐이 있다. Kenneth O. Gangel and James C. Wilhoit, *The Christian
Educator's Handbook on Spiritual Formation* (Wheaton, IL: Victor Books, 1997),
11.

58 위의 책, 16.

59 Iris V. Cully, *Education For Spiritual Growth* (1984), 114-115.

60 위의 책, 115.

61 Dallas Willard, 『잊혀진 제자도』, 121. 여기서 영성 개발을 논할 때 구별해야 할
세 가지 국면을 윌라드는 놓치지 않고 알려주고 있다. 첫째, 특정한 활동들을 영적인
작업 내지 연습으로 보고, 그런 특별한 영적 활동들을 수련하는 것을 영성 개발로
보는 시각이다. 둘째, 인간의 내면생활, 심령, 영적인 면을 형성하는 것을 영성 개발로
볼 수 있다는 것이다. 셋째, 형성의 주체가 심령 내지, 영적인 차원 그리고 성령과
기타 영적인 매개물일 때 그것을 영성개발로 볼 수 있다는 것이다. 그러나 윌라드는
이 모든 의미의 영성 개발이 반드시 기독교 영성 개발은 아님을 인식해야 한다고
주장하며 영성 개발은 영성 개발의 주체가 그리스도 안에서 하나님의 성령이고,
전인적인 변화로서 그리스도께 명백히 순종하는 삶을 지향한다고 주장한다. Dallas
Willard, 『잊혀진 제자도』, 107-113.

62 Alan J. Roxburgh and Fred Romanuk, *The Missional Leader,* 114.

63 존슨은 형성(formation)은 기독교인이 되는 일상적 연속성에 대해 이야기하는 방식인
반면, 변화(transformation)는 불연속, 즉 "큰 사건"에 대해 이야기하는 방식이라고
설명한다. 형성과 변화는 우리 삶 동안 기독교적 성품을 형성하는 과정과 사건으로
함께 짜여 있는 것이라고 주장한다. Susanne Johnson, *Christian Spiritual Formation
in the Church and Classroom* (Nashville, TN: Abingdon, 1989), 117.

64 라이트에 따르면, 성숙과 연관해서 리더십의 성공은 팔로워들의 성장, 즉 "여러분이
얼마나 많은 팔로워를 가지고 있느냐가 아니라, 팔로워가 리더 밑에서 얼마나 많이
성장하느냐"로 측정될 수 있다고 주장한다. Walter C. Wright, *Relational Leadership*
(Waynesboro, GA: Paternoster, 2000), 39-40.

65 Dallas Willard, 『잊혀진 제자도』, 113.

66 F. Shults and S. J. Sandage, *Transforming Spirituality: Integrating Theology and
Psychology* (Grandrapids, Michigan: Baker Academic, 2006), 16.

67 Greg L. Hawkins and Cally Parkinson, *Follow Me: What's Next For You?*
(Barrington, IL: Willow Creek Resources, 2008), 89.

68 David Kinnaman & Mark Matlock, *Faith for Exiles: 5 Ways for a New Generation*

to Follow Jesus in Digital Babylon (Grand Rapids, MI: Baker Books, 2019), 34-37.

69 예를 들면 깁스(Eddie Gibbs)와 볼저(Ryan K. Bolger)는 *Emerging Churches*에서 영성은 이머징 교회의 주요한 강조점이라고 이야기하면서 영성이라는 것은 개인적이며 동시에 공동체적이라고 강조한다. 영성은 공동체의 역사의 과거, 현재, 미래의 시간 동안 공동체 구성원의 영성 형성에 영향을 끼쳐왔기 때문이다. Eddie Gibbs and Ryan K. Bolger, *Emerging Churches*, 221-232.

70 Walter C. Wright, *Relational Leadership*, 2.

71 Robert E. Kelley, "Rethinking Followership," in: *The Art of Followership*, eds. Ronald E. Riggio, Ira Chaleff, & Jean Lipman-Blumen (San Francisco, CA: Jossey-Bass, 2008), 5.

72 Bruce J. Avolio and Rebecca J. Reichard, "The Rise of Authentic Followership," in: *The Art of Followership*, 337.

73 Daniel Goleman, Richard Boyatzis, and Annie McKee, *Primal Leadership*, 45.

74 Gary Yukl, *Leadership in Organization*, 196.

75 Daniel Goleman, Richard Boyatzis, and Annie McKee, *Primal Leadership*, 46.

76 "an authentic openness to others about one's feelings, beliefs, and actions," 위의 책, 47.

77 Gary Yukl, *Leadership in Organization*, 187.

78 Max De Pree, *Leadership Jazz* (New York: Dell Publishing, 1992), 10.

79 Daniel Goleman, Richard Boyatzis, and Annie McKee, *Primal Leadership*, 47.

80 Ken Blanchard and Phil Hodges, *Lead Like Jesus*, 24.

81 Robert Simons, *Levers of Organization Design*, 172-173.

82 Ken Blanchard and Phil Hodges, *Lead Like Jesus*, 25.

83 Gary Yukl, *Leadership in Organization*, 109.

84 James M. Kouzes and Barry Z. Posner, *Credibility*, 1.

85 위의 책, 22.

86 위의 책, xiii.

87 위의 책, 26.

88 위의 책, 25.

89 Eddie Gibbs, *Leadership Next: Changing Leaders in a Changing Culture* (Downers Grove, Illinois: InterVarsity Press, 2005), 96.

90 Max DePree, *Leadership is an Art* (New York, NY: Currency and Doubleday, 1987), 101.

91 위의 책, 103.

92 위의 책, 102.

93 위의 책, 107.

94 위의 책.

95 James M. Kouzes and Barry Z. Posner, *The Leadership Challenge: How to Keep getting Extraordinary Things Done in Organizations* (San Fransco, CA: Jossey-Bass, 1995), 165.

96 Max DePree, *Leadership is an Art*, 115.

97 Walter C. Wright, *Relational Leadership* (2000), 53.

98 John C. Maxwell, *The 360° Leader: Developing Your Influence from Anywhere in the Organization* (Nashville, Tennessee: Thomas Nelson, Inc., 2006), 265.

99 위의 책, 268

100 Gary Yukl, *Leadership in Organization*, 306.

101 James C. Collins and Jerry I. Porras, *Good to Great* (New York: Harper-Business Essentials, 2001), 88.

102 Alan J. Roxburgh and Fred Romanuk, *The Missional Leader*, 63.

103 Ken Blanchard and Phil Hodges, *Lead Like Jesus*, 88.

104 Warren Bennis and Burt Nanus, *Leaders*, 82.

105 위의 책, 84.

106 위의 책.

107 위의 책, 84-85.

108 James C. Collins and Jerry I. Porras, *Good to Great*, 195.

109 위의 책, 52.

110 Daniel Goleman, Richard Boyatzis, and Annie McKee, *Primal Leadership*, 39.

111 Gary Yukl, *Leadership in Organization*, 197.

112 Daniel Goleman, Richard Boyatzis, and Annie McKee, *Primal Leadership*, 50.

113 위의 책.

114 Ken Blanchard and Phil Hodges, *Lead Like Jesus*, 26.

115 Gary Yukl, A. Gordon, and T. Taber, "A Hierarchical Taxonomy of Leadership Behavior: Integrating a Half Century of Behavior Research," *Journal of Leadership and Organizational Studies* 9/1 (2002), 27.

116 Ken Blanchard and Phil Hodges, *Lead Like Jesus*, 27.

117 Max DePree, *Leadership Jazz*, 154.

118 John Kramp, *On Track Leadership: Mastering What Leaders Actually Do* (Nashville, TN: Broadman & Holman Publishers, 2006), 4-5.

119 James M. Kouzes and Barry Z. Posner, *Credibility*, 157.

120 Eddie Gibbs, *Leadership Next*, 100-101.

121 Walter C. Wright, *Relational Leadership*, 56.

122 Life Church의 담임목사인 그로쉘(Craig Groeschel, *Let Leaders Lead*)이 남긴 유명한 위임에 대한 혜안이다.

123 James C. Collins and Jerry I. Porras, *Credibility*, 195.

124 Max DePree, *Leading Without Power* (San Francisco: Jossey-Bass, 2003), 116.

125 Dallas Willard, 『잊혀진 제자도』, 139.

126 Walter C. Wright, *Relational Leadership*, 116.

127 Eddie Gibbs, *Leadership Next*, 210.

128 Jae Kwang Kye, "Principles from Jesus Christ's Life that Inform a Biblical Perspective on Servant Leadership," *Korean Journal of Christian Studies* 72 (2010), 278-9.

129 Leighton Ford, *Transforming Leadership*, 219-220.

130 존 코터의 『변화의 기술 *The Heart of Change*』 중에 변화의 여섯 번째 단계로 '단기적 성공사례'(short term win)에 대해서 이야기한다.

131 K. W. Whitelam, "Israelite Kingship: The Royal Ideology and its Opponents," in: *The World of Ancient Israel*, ed. R.E. Clements (Cambridge: Cambridge University Press, 1989), 135.

132 위의 책, 129-130.

133 위의 책, 135.

134 위의 책, 131.

135 Lester L. Grabbe, *Prophets, Diviners, Sages: A Socio-Historical Study of Religious Specialists in Ancient Israel* (Valley Forge: Trinity Press International, 1995), 28.

136 Sen Sendjaya and James C. Sarros, "Servant Leadership," 58-59.

137 위의 책, 24.

138 위의 책, 23.

139 Houston, *King David: Lessons on Leadership from the Life of David* (Tiptree, Colchester: MARK Europe, 1987), 17.

140 Calvin Miller, *The Empowered Leader: 10 Keys to Servant Leadership* (Nashville, Tennessee: Broadman & Holman Publishers, 1995), 14.

141 Nicholas T. Wright, *Simply Jesus: (who he was, what he did, why it matters)*, 윤종석 역, 『톰 라이트가 묻고 예수가 답하다』 (서울: 두란노, 2013), 91.

142 Eugene H. Peterson, *Leap Over A Wall* (New York: HarperCollins Publisher, 1997), 28.

143 위의 책, 32.

144 Calvin Miller, *The Empowered Leader*, ix.

145 Houston, *King David*, 28.

146 Calvin Miller, *The Empowered Leader*, 27.

147 Eugene H. Peterson, *Leap Over A Wall*, 54.

148 교회에서 권위(authority)는 회중의 의사결정에 영향을 미치는 능력이다. 권위가 어떻게 사용되느냐에 따라서 권위는 소수의 손에 집중되거나, 혹은 전체 회중에게 분산되는 모습으로 나타난다. George Parsons & Speed B. Leas, *Understanding Your Congregation As A System* (New York: The Alban Institute, Inc., 1993), 30.

149 Eugene H. Peterson, *Leap Over A Wall*, 33.

150 Richard D. Phillips, *The Heart of an Executive: Lessons on Leadership from the Life of King David* (New York: Doubleday, 1991), 11.

151 Gene C. Wilkes, *Jesus on Leadership* (Wheaton, Ill.: Tyndale House Publishers, INC., 1998), 217.

152 백성들이 자녀들 때문에 마음이 슬퍼서 다윗을 돌로 치자 하니 다윗이 크게 다급하였으나 그의 하나님 여호와를 힘입고 용기를 얻었더라(삼상 30:6).

153 다윗이 여호와께 묻자와 이르되 내가 이 군대를 추격하면 따라잡겠나이까 하니 여호와께서 그에게 대답하시되 그를 쫓아가라 네가 반드시 따라잡고 도로 찾으리라 (삼상 30:8).

154 이에 다윗과 또 그와 함께 한 육백 명이 가서 브솔 시내에 이르러 뒤떨어진 자를 거기 머물게 했으되(삼상 30:9).

155 다윗이 이르되 나의 형제들아 여호와께서 우리를 보호하시고 우리를 치러 온 그 군대를 우리 손에 넘기셨은즉 그가 우리에게 주신 것을 너희가 이같이 못하리라(삼상 30:23).

156 다윗이 브솔 개울 가까이에 이르니, 전에 다윗을 따라갈 수 없을 만큼 지쳐서 그 곳에 남아 있던 낙오자 이백 명이 나와서, 다윗을 환영하고, 다윗과 함께 오는 군인들도 환영하였다. 다윗도 그 군인들에게 가까이 나아가, 따뜻하게 문안하였다 (삼상 30:21, 새번역).

157 Eugene H. Peterson, *Leap Over A Wall*, 109.

158 Ralph W. Klein, *1 Samuel*, Word Biblical Commentary Vol. 10 (Waco, Texas: Word Books, 1983), 284.

159 George Barna, *Leaders on Leadership*, 25.

160 위의 책, 26.

161 Eugene H. Peterson, *Leap Over A Wall*, 110.

162 위의 책.

163 Walter C. Wright, *Relational Leadership* (2000), 116-117.

164 Efrain Agosto, *Servant Leadership: Jesus and Paul* (St. Louis, MO: Chalice, 2005), 1.

165 Owen Phelps, *The Catholic Vision for Leading Like Jesus: Introducing S3 Leadership - Servant, Steward, Shepherd* (Huntington, IN: Our Sunday Visitor Publishing Division, 2009), 45-56.

166 John S. (Jack) Burns, "The Leadership River: A Metaphor for Understanding the Historic Emergence of Leadership Theory," in: *Organizational Leadership: Foundations & Practices for Christians*, ed. John S. Burn, John R. Shoup and Donald C. Simmons, Jr. (Downers Grove: Inter Varsity Press, 2014), 116.

167 Donald B. Kraybill, *The upside-down kingdom*, 김기철 역,『예수가 바라본 하나님 나라』(서울: 복 있는 사람, 2010), 25. 신약성경 학자들은 예수의 가르침의 중심 주제는 하나님 나라라는 데 의견의 일치를 보인다. Borg and Wright (1999: 33-36), Crossan (1992: 265-266), Vermes (2001: 215-224), Wright (1999: 34-35), Crossan (1992: 457-460).

168 위의 책, 28. 하나님 나라에 대해서 'already but not yet'의 견해를 동시에 받아들이면 서 '지금 여기'를 강조하고자 한다.

169 위의 책, 30.

170 Donald B. Kraybill,『예수가 바라본 하나님 나라』, 33.

171 Dallas Willard,『잊혀진 제자도』, 270.

172 Henri Nowen, *In the Name of Jesus: Reflections on Christian Leadership* (New York: The Crossroad Publishing Company, 1989), 82.

173 예수님의 리더십에 대한 변지 않는 원칙은 마가복음 10:45이 증거하고 있다. 영어로는 다음과 같이 나타나 있다. "the Son of Man [who] did not come to be served, but to serve, and to give his life as a ransom for many" (Mark 10:45). Leighton Ford, *Transforming Leadership: Jesus' Way of Creating Vision, Shaping* (Downers Grove, IL: InterVarsity Press, 1991), 151; John S. (Jack) Burns, "The Leadership River: A Metaphor for Understanding the Historic Emergence of Leadershp Theory," in: *Organizational Leadership: Foundations & Practices for Christians*, ed. John S. Burn, John R. Shoup and Donald C. Simmons Jr. (Downers Grove: Inter Varsity Press, 2014), 116.

174 Sen Sendjaya and James C. Sarros, "Servant Leadership," 58-59.

175 M. L. Farling, A. G. Stone, and B. E. Winston, "Servant Leadership: Setting the Stage for Empirical Research," *Journal of Leadership Studies* 6 (1991 1/2), 49-71.

176 그 예로 피터 노스하우스(Peter G. Northouse)의 리더십 이론의 개론서인 *Leadership*을 보면 4판(2007)까지는 없었던 '정직한 리더십'이 5판에 추가되었고, 6판에는 '섬김의 리더십'이 추가 되었다. Perter G. Northouse, *Leadership* (CA, Thousand Oaks: Sage Publications, Inc, 2013).

177 John R. W. Stott, *The radical disciple: some neglected aspects of our calling*, 김명희 역,『변함없는 핵심자질 8가지: 제자도』(서울: IVP, 2010), 15-17.

178 Jack O. Balswick, Pamela Ebstyne King, and Kevin S. Reimer, *The Reciprocating Self: Human Development in Theological Perspective* (Downers Grove, IL: InterVarsity Press, 2005), 32.

179 Gene C. Wilkes, *Jesus on Leadership: Becoming a Servant Leader* (Nashville, TN: LifeWay, 1996), 41.

180 위의 책.

181 J.W. Graham, "Servant Leadership in Organizations: Inspirational and Moral Leadership," *Leadership Quarterly* 2/2 (1991), 105-119.

182 너는 나를 본 고로 믿느냐, 보지 못하고 믿는 자들은 복되도다(요 20:29).

183 Henri Nowen, *In the Name of Jesus*, 62-3, 82-3. 나우웬은 기독교 리더들은 그들의 정체성을 하나님의 사랑에 뿌리내리고 있어야 하고, 그들은 예수 그리스도와의 영구적이고 친밀한 관계에 바탕을 두어야 한다고 주장한다. 위의 책, 28, 31.

184 박대영, 『예수님을 따라가는 요한복음』(서울: 두란노, 2017), 3권 36.

185 Gene C. Wilkes, *Jesus on Leadership: Becoming a Servant Leader*, 132.

186 Ryan Shaw, *Spiritual Equipping for Mission: Thriving as God's Message Bearers* (Downers Grove, IL: InterVarsity Press, 2014), 50-53.

187 Jerry C. Wofford, *Transforming Christian Leadership: 10 Exemplary Church Leaders* (Grand Rapids, MI: Baker, 1999), 18.

188 Alan Andrews, ed al., 『제자도와 영성형성』, 365.

189 Donald B. Kraybill, 『예수가 바라본 하나님 나라』, 384-5. 십자가는 로마의 상징으로 범죄자를 처벌하는 국가 권력을 나타내는 가혹한 표지다. 지배 권력은 예수님이 선택한 대야에 대응하는 처형의 도구인 십자가를 사용했다. 텅 빈 무덤은 악의 세력에 대한 하나님의 지배를 나타내는 표지로 오랜 세월 동안 사용되어 왔다.

190 요한복음에는 공관복음서에 비중 있게 나오는 성만찬 장면이 기록되어 있지 않고, 대신 세족식이 나온다. 요한은 세족식이야말로 성만찬과 세례가 주는 의미와 같다고 본 듯하다.

191 Sendjaya and James C. Sarros, "Servant Leadership," 58-59.

192 Walter C. Wright, *Relational Leadership*, 83.

193 위의 책.

194 Bob Briner and Ray Pritchard, *Leadership Lessons of Jesus* (New York, NY: Random House, 1998), 296.

195 Dallas Willard, *The Great Omission*, 60.

196 Ken Blanchard, *Leading at A Higher Level* (Upper Saddle River, NJ: Prentice Hall, 2007), 269-271.

197 너희 중에 누구든지 크고자 하는 자는 너희를 섬기는 자가 되고 너희 중에 누구든지 으뜸이 되고자 하는 자는 모든 사람의 종이 되어야 하리라(막 10:43-44).

198 박대영, 『예수님을 따라가는 요한복음』, 3권 (서울: 두란노, 2017), 32.

199 Gene C. Wilkes, *Jesus on Leadership: Becoming a Servant Leader*, 214.

200 Henri Nouwen, *In the Name of Jesus*, 40.

201 Gene C. Wilkes, *Jesus on Leadership: Becoming a Servant Leader*, 217.

202 Jack O. Balswick, Pamela Ebstyne King, and Kevin S. Reimer, *The Reciprocating Self*, 60-61.

203 Pierluigi Piovanelli, "Jesus' Charismatic Authority: On the Historical Applicability of a Sociological Model," *Journal of the American Academy of Religion* 73/2 (2005), 395-427.

204 Doohan, *Spiritual Leadership: The Quest for Integrity* (Mahwah, NJ: Paulist Press, 2007), 93.

205 Leighton Ford, *Transforming Leadership*, 162-163.

206 Ira Chaleff, *The Courageous Follower: Standing Up To & For Our Leaders* (San Francisco, CA: Berrett-Koehler Publishers, Inc, 2003), 63.

207 Ken Blanchard and Phil Hodges, *Lead Like Jesus*, 27.

208 Robert D. Putam, *Bowling Alone: The Collapse and Revival of American Community* (New York: Simon & Schuster, 2000), 19, 402-414.

209 Balswick, King, and Reimer, *The Reciprocating Self*, 61. 볼즈윅과 그의 친구들은 "권한을 부여하는 과정은 다른 사람들에게 힘의 증가를 촉진하며, 권한 부여는 다른 사람들이 자신의 강점과 잠재력을 인식하고 권력을 획득하도록 돕는 과정인데, 그 힘이 생긴 후 다른 사람들에게 봉사하고 권한을 부여하는 데 사용될 수 있다"고 주장한다. *Ibid.*, 62.

210 Ken Blanchard and Phil Hodges, *Lead Like Jesus*, 27.

211 Bruce J. Malina, "Jesus as Charismatic Leader?," *Biblical Theology Bulletin* 14/4 (1984), 58.

212 Gene C. Wilkes, *Jesus on Leadership: Becoming a Servant Leader*, 214-215.

213 윌키스가 이야기한 예수님이 보여주신 일곱 가지 리더십 원칙은 다음과 같다: 예수는 겸손하게 스스로를 낮추어 하나님을 높이게 했다. 예수는 자리를 구하기보다는 아버지의 뜻에 따랐다. 예수는 자신이 하나님의 아들이라는 것을 알았기 때문에 다른 사람들을 섬길 위험을 무릅썼다. 예수는 위대함을 종으로, 첫 번째가 되는 것을 노예가 되는 것으로 정의했다. 예수는 다른 사람들의 필요에 답하기 위해 그의 자리를 식탁에 남겨두었다. 예수는 세계적인 비전을 수행하기 위해 팀을 만들었다. 예수는 그가 이끌라고 부르는 사람들과 책임과 권위를 함께 나누었다. 위의 책, 11-12.

214 위의 책, 217-8.

215 Donald B. Kraybill, 『예수가 바라본 하나님 나라』, 391.

216 Stanley Hauerwas, *Approaching The End: Eschatological Reflections on Church, Politics, and Life* (Grand Rapids, Michigan: Cambridge, U.K., 2013), xi.

217 Nicholas T. Wright, 『톰 라이트가 묻고 예수가 답하다』, 341.

218 Dallas Willard, 『잊혀진 제자도』, 147.

219 위의 책.

220 Leighton Ford, *Transforming Leadership*, 127.

221 윌키스는 다섯 가지의 단계를 통해 리더로서의 우리의 책임과 권위를 그 팔로워들과 나누는 방법을 소개하고 있는데, 격려하기, 자격과 권한을 주기, 그들의 필요를 알기, 훈련시키기 그리고 그들을 위해 기도해주기가 바로 그것이다. Wilkes, *Jesus*

  on Leadership, 189.

222 The terms 'servant' and 'steward' are reciprocal at some levels.

223 Bennett J. Sims, *Servanthood*, 16.

224 Thomas R. Hawkins, *Faithful Leadership: Learning to Lead with Power* (Nashville, TN: Discipleship Resources, 2001), 49.

맺음말

1 Thom S. Rainer, *Anatomy of A Revived Church*, 13.

2 Ed Stetzer and Thom S. Rainer, *Transformational Church*, 10.